LA REFORMATION DE L'EGLISE

Par le

PASTORAT.

Contenuë

En deus Letres Paſtorales de

JEAN de LABADIE,

Miniſtre de Jeſus Chriſt.

Ecrites à quelques ſiens Intimes
Amis & Paſteurs zélez.

SECONDE LETRE.

A MIDDELBOURG,

Chés HENRY SMIDT, Libraire, de-
meurant ſur le Wal. 1668.

A U X
Nobles, & Puiſſans Seigneurs;
Les Seigneurs Deputés
ordinaires des Etats de la Province de
ZELANDE.

REYNIER vander BEKE, Deputé de la ville de Middelbourg.

CORNELIS STAEFVENISSE, Deputé de la ville de Ziericzee.

GERARD vander NISSE, Deputé de la ville de Tergoes.

WILHEM van VRYBERGEN, Deputé de la ville de Tholen.

GASPAR INGELS, Deputé de la ville de Vliſſingen.

JOHAN de MAUREGNAULT, Deputé de la ville de Vere.

PIERRE de HUYBERT, Penſionaire de la Province de Zelande.

JUSTUS de HUYBERT, Secretaire de la Province de Zelande.

MESSEIGNEURS,

Il eſt bien juſte, qu'aprez vous avoir cauſe de la triſteſſe par la decouverte de

nos

DEDICACE.

nos Maus, je vous cause de la joye par
cele de nos Remedes, & que l'Esperance de nôtre guerison vous done cele, que
nos travaus peuvent reüssir, si vous dai-
gnez les aprouver.

Vous ne pouvez (mes Seigneurs)
qu'etre touchez du mal des Peuples, &
sur tout de ceus dont vous avez soin. Il
n'en arrivoit point à l'Ancien Israël, que
Moyse n'en fût touché, & David de son
tams montra, que Ierusalem afligée, qu'il
apeloit son troupeau & ses Brebis, luy
fut toujours un sujet de s'afliger. Le
Roy Iosafat montra bien qu'il avoit la
meme tandresse, disant à Dieu lors qu'il
vid son Peuple serré de prez, Seigneur
nous ne savons que devenir, mais
nos yeus sont uniquemant tor-
nez vers toy.

2 Chran.
c. 20.

Il m'est avis (mes Seigneurs) que je
vous oi dire la meme chose aprez avoir
veu les maus en general du Peuple Chrétien, qui s'apele Reformé, & qui ne sou-
tient

DEDICACE.

tient pas affez pour le prefant la dignité de fon Nom; & en particulier ceus, de notre Etat, qu'en Gens d'Etat vous fou-heteriez bien de voir meilleur.

Il le peut devenir fi vous voulez, & s'il vous plait d'apuyer nos bons defirs, & d'autorifer nos faints eforts. Quand le Roy Iofias ouyt ce que Hulda la Pro-feteffe, luy avoit remontré, il demanda ce qu'il y avoit à faire, & fur fes reponfes & fur celes des bons facrificateurs il fe mit à reformer Ifraël.

Il pleura le premier, & dona l'ex-ample de pleurer à toute fa Cour, qui fut fuivie du Peuple, & enfuite d'une ge-nerale Reformation. Ie ne doute point que vous ne foyez (mes Seigneurs) dif-pofez à faire le meme, pourveuque les Sacrificateurs, qui font les Pafteurs & les Conducteurs Eclefiaftiques foient en Etat de feconder vôtre Zele; & je m'affeure, qu'il ne tiendra pas à vous, qu'Ifraël ne foit converti.

* 3

Ie

DEDICACE.

Ie n'antans pas seulemant le Iuif,
mais le Chretien, puisque tous deus sont
andurcis, & ont besoin de ramolir leur
cœur dur, aussi bien que de ployer leur
col roide. Ils sont bien sujets aus lois des
homes, pourquoy ne le seroient ils pas aus
lois de Dieu? & s'ils vous obeyssent &
à ceus de votre Ordre dans le Politique
& le Civil, pourquoy ne vous obeyroient
ils pas dans le Spirituel & le Divin?

Quand nos discours & vos Edits ne
les y forceroient pas, vos exemples les y
atireroient; & il seroit dificile & meme
impossible qu'ils resistassent à nos bouches
& à vos mains à la fois. Il y a longtams,
que je panse & que je dis, que si le Siecle
est d'acord avec le Ciel, & les Grans du
monde avec Dieu, Jesus Christ est le plus
fort, & le monde meme randu bon Chretien.

I'insiste d'autant plus (mes Seigneurs)
sur cete condition, qu'il y a des choses à
faire en notre Reformation, qu'il n'est,
gue-

gueres que l'Etat, & que des mains qui
le conduisent, qui puissent ou doivent
fournir. Car come en la Medecine corporele il est des Remedes, qu'on ne peut
tirer que des mains riches, qui portent
des joyaus aus doits; & que des Cabi-
nets ou sont les Perles, le Coral, & le Be-
soar; de meme en la Medecine Spirituele
il est de puissans Remedes, qu'on ne tire
que des Puissans, c'est à dire des Homes
d'Etat, qui peuvent tout pour le leur, &
beaucoup pour celuy de Dieu.

En efet (mes Seigneurs) quand cete
Seconde Partie d'Ouvrage, que je prans
la hardiesse de vous dedier, come il est bien
juste aprez la premiere, propose les Remedes des Seminaires & de leur
bone conduite, aussi bien que de
leur Etablissemant, de l'Inspection
exacte sur les Conducteurs & les
Pasteurs, & sur le soin efectif de
l'Observation de leurs Devoirs
suivant les Lois; & meme de leurs

ju-

DEDICACE.

juſtes Chatimans s'ils les violent,
ou s'ils les laiſſent violer; *Qui eſt ce
qui dans la foibleſſe des Corps des Egliſes
& des Conſiſtoires, peut tenir la main à ces
choſes, que celes des Souverains?* & qui
peut reduire les Maries & les Aarons
detraquez à la raiſon, que Moyſe &
ſes ſamblables, qui ont la verge de l'autorité antre les mains?

D'ailleurs il eſt viſible, que Dieu vous
ayant fait Superieurs & premiers Mobi-
les, vous à doné l'avantage de mouvoir les
Inferieurs & les ſecons; & qu'outre que
votre Example peut beaucoup, votre Parole d'Ampire ſoumet fort les cœurs avec
les corps, & vous done le moyen d'etre
ecoutez & obeys. Quant à Nous, on
void bien, que nous avons la Parole, ancore n'eſt ele que d'Exortation, & ſa plus
grande force meme ne porte pas plus loin
qu'une Cenſure, qui bien ſouvant, n'eſt
qu'un eclat de tonerre, qui ne fait qu'un
peu de-bruit.

Mais

DEDICACE.

Mais vous & ceus de votre Ordre (mes Seigneurs) avez l'Autorité & la Puiſſance, & aprez que vous avez parlé, vous pouvez agir. La Force eſt une des Qualitez du Tribunal & du Trone, auſſi bien que la Majeſté & la Iuſtice ; & votre Sceptre à une main à ſon bout, au lieu que le notre n'a qu'une langue, & n'eſt ſouvant luy meme qu'un Roſeau.

Puis qu'il y a long tams que vous dites avec nous, que la Reformation pure quant à la Doctrine a beſoin de Reformation quant aus Mœurs ; il eſt juſte, que vous metiez la main à cete derniere, come vos Predeceſſeurs ont mis la main à la premiere : Il ſe ſont randus illuſtres autant par ele, que par leurs Armes, & n'ont pas ramporté mains de victoires ſur l'Erreur que ſur la tyranie par ſon moyen.

Vous ne le ſerez pas moins, (mes Seigneurs) ſi vous faites la guerre aus vices, & triomfez de ces grans Enemis d'un Etat Chretien. Le Seigneur vous ayant

* 5

doné

doné de voir la fin d'une si facheuse guerre, que cele dont vous estes aussi glorieuse-
mant qu'heureusemant sortis par sa benediction & par sa conduite, samble ne vous
avoir doné la paix, que pour vous angager en cete guerre, qui pour estre intesti-
ne, n'est ni cruele, ni dangereuse, puis
qu'ele ne tue que le peché.

Vous avez souvant ancore dit avec
nous, qu'il n'y avoit que ce Domestique
Enemi, qui nous avoit randu d'Ami Enemi le Peuple voisin, & qui avoit alumé
antre nous & luy le Feu d'une guerre,
qui a brulé meme sur l'eau : & que le
moyen d'eteindre cet incendie etoit d'etoufer l'Incendiaire, capable de le ralumer
ancore soit avec luy, soit avec un autre,
s'il n'est eteint : Travaillez donc (mes
Seigneurs) à l'etoufer, & comandez
nous extraordinairemant d'y porter extraordinairemant de l'eau.

Il n'est pas dificile d'eteindre du Feu
sur tout en des lieus, come vos Isles, où il
y a

DEDICACE.

y a tant d'eau. Il eſt aiſé de l'aſſieger la
mer l'anceignant de tous cotez : mais
l'eau dont j'antans propremant parler
n'eſt pas cele de cet Elemant, mais bien
cele d'une ſource plus abondante & plus
vive, qui eſt la Grace de Dieu, & la vertu de ſa Parole.

Nous ne manquons pas plus de cete
eau en notre Zelande que de l'autre, &
ſi nos Iſles y ſamblant de perpetueles Viles, tant toute ſorte de maiſons, &
de batimans, de Bourgs, & de Bourga-
des y anvironent les grandes & beles qui
y ſont, nous pouvons dire qu'eles ſont come de perpetueles Egliſes, & que leurs
nombreus Clochers les font prandre pour
des Tamples auſſi grands que celuy de Ie-
ruſalem.

En tous ces ſacrez lieus on prie, on
preche, & on ſert Dieu en diverſes langues, & par conſequant la Parole ſainte
y coule auſſi continuelemant que l'eau :
mais ele ne lave pas aſſez toutes ordures ;
ſi come

DEDICACE.

ſi come des Ezechias, vous n'y metés ordre
(mes Seigneurs) & n'autoriſez les Sa-
criſicateurs Spirituels de l'Eternel de
purifier tous les coins & les recoins de ſa
maiſon.

   Ce n'eſt pas que Graces à Dieu la Zelande ne ſoit toûjours Zelée à la Religion, &
ne ſoûtiene la bone reputation, qu'ele à de
ſervir auſſi puremant à Dieu qu'Etat
Reformé du monde. Mais au tams que
tout autre eſt corrompu quant aus
mœurs, le ſien n'eſt pas en eles tout à fait
pur.　Queque ſeparée qu'ele ſoit des autres Climats par ſon eau, cele du vice à
coulé juſqu'à ſes bors, & ne les a pas
ſeulemant touchez, mais paſſez.　Ele
n'a pas pourtant éteint ſon Feu de Zele
pour la Vertu. Son lumignon fume ancore, & memes eſt alumé aiſé à reprandre
flame, pour peu qu'on le ſoufle, & que
des Bouches come les votres & les notres
pleines de l'Eſprit ſaint, ou vant de Dieu,
en excitent la Chaleur.

   Nous avons dequoy loüer Dieu de nous
avoir preſervés juſques icy du mauvais

vant

DEDICACE.

vant de Doctrine, & pour le moins d'en
avoir rabatu l'esort en sorte, qu'il ne fait
en ces Iles ni remuëmant, ni bruit : Les
Dogmes memes, qui ont pris tant de terre ailleurs, n'ont point passé notre bras de
mer, & ne sont pas venus jusques à nous.
Cela n'est pas deu à notre eau, ou à nos
Dunes, qui n'ont pàs assez de sable pour
arreter de ces flots. Ces digues vienent
de Dieu, & il n'est rien que son bras, qui
a repoussé de teles vagues, & ampeché de
tels vaisseaus de prandre port.

Nous ne savons Dieu merci pour ancore ce que c'est que combatre les mysteres de la Foy par la Raison, ou que luy
doner l'avantage d'etre l'Interprete de
l'Ecriture. Nous n'avons garde de Reconoitre la Phylosofie pour l'Arbitre de
la Religion, & le sens humain non seulemant pour Eplucheur, mais pour Maitre
du Divin, come font certains Auteurs,
dont nous ne connoissons les livres, que
pour les abominer, & pour en combatre,
& confondre les erreurs.

Ce Depot des Ecritures, qui fut mis antre

DEDICACE.

tre les moins de Moyse Gouverneur du
Peuple Juif, & qui passa des sienes en celes de Josüé son grand Chef de guerre,
mis aussi antre les votres, come et ans Chefs
d'un Peuple Chretien ; & vous est come
il vous doit être si precieus & si sacré
que vous n'avez garde de soufrir, qu'on
l'acompare antre nous aus ecrits profanes des Payens, des Polibes & des Tites
Lives ; ny qu'on prene pour ses Interpre-
tes des Demons, & des Esprits (come on
parle) blancs ou noirs.

Vous êstes trop Religieus, pour suporter une si grande Irreligion, & je ne doute point que come des Josiás, puis que
vous en tenez la place, & en maniez
l'autorité, vous ne pleuriez à la veüe de
cete Loy, non seulemant mal gardée, mais
mal traitée de ceus qui sont les plus obligez non seulemant à la garder religieu-
semant eus memes, mais à la faire garder
aus autres & par les paroles de leur bouche, & par les examples de leur vie.

Certes ces mauvaises Doctrines demandent d'etre reformées, aussi bien que
les

DEDICACE.

les mauvaises mœurs, qui sont parmi
ceus qui s'apelent Reformez. Il ne tiendra pas à moy que ceus qui vraimant le
sont, & qui en ont les efets avec les titres
n'en soient les Reformateurs; & principalemant vous (mes Seigneurs) qui avés
en main l'Autorité, pour l'amployer au
plus juste & plus saint usage, auquel éle
se puisse, & meme se doive amployer.

Vous n'avez qu'à vous proposer huit
grans Chefs du peuple de Dieu, come
vous estes huit en Nombre qui represan-
tez l'Illustre corps de notre Etat. Josüé,
Samuël, David, Aza, Josafat, Ezechias, Josias, & Zorobabel qui refor-
merent tous en leur tams Israël decheu.

Meme œuvre vous reste à faire, &
vous en avez les moyens. Ce Livre (mes
Seigneurs) vous les indique, & vous n'a-
vez qu'à y jeter s'il vous plait les yeus,
pour en voir la Tablature & l'antier De-
chifremant. Vous les jetez bien sur les
Cartes de votre pays, ou de l'etranger
pour voir leurs antrées, leurs sorties, &
ce qu'ils ont d'avenant pour vous, soit

pour

pour y faire, ſoit pour y afermir la paix.
Ne dedaignez donc pas de voir icy d'un
coup d'œil le moyen de faire la Guerre au
Diable, & de vous conſerver la paix
de Dieu. Le priant non ſeulemant de
vous en continuer, mais de vous en augmanter l'heureuſe Poſſeſſion je ſuis &
ſerai toûjours en luy.

MESSEIGNEURS

De mon Cabinet de
Middelbourg ce
1 d'Avril, & jour
de Paques. 1668.

Vôtre tres-humble, tres-
obeiſſant & tres-obli-
gé Serviteur

JEAN de LABADIE, Paſteur.

L E

LA
REFORMATION
De l'Eglise par le Pastorat.

Contenuë

En deus Letres Pastorales de
JEAN de LABADIE,
Ministre de Jesus Christ.

Ecrites à quelques siens Intimes Amis & Pasteurs zelez.

SECONDE LETRE.

Tres Chers, & Honorés Freres en Dieu
*nôtre comun Pere, en nôtre comun Frere Ainé JESUS,
en qui nous somes unis come Anfans de Dieu, &
come Freres par l'union du S. Esprit.*

Ous ne seriés pas satisfaits de moy, & je ne le serois pas de Moy moy-méme, si ayant decouvert en Sincere Medecin les Maus du Christianisme Malade, & en hardi Chirurgien sondé ses playes ; je ne m'ofrois ancore en Medecin, & en Chirurgien aussi Charitable que fidele à le traiter, & à tâcher de le guerir.

J'ay trop à cœur, aussi bien que

A   vous

vous, sa Guerison, pour le laisser là demi-mort, come l'Home deffandant de Jerusalem en Jerico couvert de Playes; & sans ne faire pas vers luy l'ofice *du Samaritain*, estant sur tout come je suis *Levite*, *& Sacrificateur de Jesus Christ*, qui m'anseigne, qu'il me faut *verser de l'huyle & du vin sur ses blessures*, & prandre un tel soin de luy, qu'il ne tiene pas à moy, qu'il ne guerisse, & ne reviene en pleine vie, & en parfaite Santé.

C'est pour cela, que me voici derechef (Mes Freres) come Medecin, la Plume; & come Chirurgien, le Baume en la main; pour faire en sa faveur *une Ordonance*, qui marque tous les Remedes, dont je croy qu'il a besoin; & pour ensuite moy méme luy apliquer mes Onguans, non pas à dessein de l'anbaumer come un mort; mais de l'Oindre come ancore un peu vivant, afin de l'ampecher méme de mourir.

C'est à l'Imitation des Saints Profetes, & de Jesus Christ, que je le fais, come c'est à leur Example, qu'il nous faut estre *Medecins*, traiter les Ames, & travailler d'autant plus à guerir Jerusalem, que plusieurs d'eus se font

font apliqués à guerir méme Babilon.

Delaissons la (dit un d'antr'eus) *nous* Jean 5.9.
l'avons Médicamantée , mais elle n'a
pas voulu guerir ; le meme esperant
bien mieus de la Cure de Sion, alors
qu'il dit, *Je suis tout desconforté, &* Jerem. 8.
deslé pour la desolation , & la Froissure v. 33, &
de la Fille de mon peuple : J'en suis en 34.
dueïl, & en grand Estonemant ; Mais
n'y a-t'il point de baume en Galâad? N'y
a-t'il point là de Médecin ? Hè pourquoy
donc n'est consolidée sa playe , & son mal
gueri?

Nous pouvons dire le meme du
Monde Chrétien , que les Ecritures
apelent souvant *Jerusalem , & Sion ;*
& nous Informer avec Jeremie, si étant
Malade, & blessé au point, qu'il est,
il n'y a point de Baume , & de Medecin
pour luy? Et il nous sera répondu sans
doute, *Qu'il y en a*, JESUS meme se
produisant pour tel, quand il dit, *Ceus*
qui se portent bien , n'ont pas besoin de
Medecin ; mais ceus , qui se portent Matt. 9.
mal. Car je suis venu apeler à Repantan-
ce, non les justes, mais les Pêcheurs.
Voilà *le Médecin & le Baume* tout ansamble. *Sa Medecine & la Nôtre*, puis

qu'en éfet *la Penitance* eſt la Premiere,
qu'il faut ordoner à nôtre Malade, &
qu'il doit prandre pour guerir. Comme
en matiere de Cure, il ne faut pas tar-
der long-tams à Ouvrir ſes boëtes, &
à produire ſes onguans, pour ſoula-
ger un bleſſé; Ainſi ne fai je pas Grande façon à dire vite, ce que je croi dé-
voir faire l'Apareil le Premier, & le
plus propre à guerir les Maus, que
Nous avons découverts en notre Premiere viſite, c'eſt à dire en nôtre
Precedante Lettre, qui en a fait le
Raport.

PREMIER REMEDE,

*Aus maus du Chriſtianiſme, & Re-
mede Univerſel; à ſçavoir,*

Une Penitance Univerſelle

*pour une Reformation Uni-
verſelle.*

COme Nous avons veu ci devant
la *Maladie, ou la Playe du Monde
Chrétien Univerſelle,* j'ay creu, qu'il
luy faloit *une Medecine Univerſelle,*
que la Grace fournit mieus, que la Nature, en laquele on ſe travaille en
vain

vain à en trouver. Elle n'eſt autre, que
cele, que tous *les Patriarches, les Profetes, les Apôtres, & J E S U S Chriſt
meme* ont ordonée à tous les Malades,
& à tous les maus de leurs Tams : Ce
qui fait qu'elle porte à juſte Titre le
Nom *de Medecine Univerſelle*, puis
qu'elle l'eſt de deus cotés, & de celuy
de tous les vrais Medecins, & de celuy
de tous les Malades ; & ancore de la
part de ſon éfet, qui n'eſt rien moins,
qu'*une Gueriſon Univerſelle* au regard
de tous les Malades, qui ont voulu s'en
ſervir.

La Choſe eſt claire en tout l'Ancien
Teſtamant, & en ſes deus Lois, la
Naturele, & l'Ecrite ; où *Nöé & Lot*
paroiſſent en la Premiere *Herauts de la
Penitance*, l'un au Monde des Geans,
l'autre à celuy de Sodome, qui euſſent
peu échaper le Deluge d'eau, & de
Feu, dont ils furent abimez, s'ils ſe
fuſſent noyés de larmes, & n'euſſent
pas rejeté le Moyen, qui leur fut ofert,
de s'en garantir, en arrétant la Grande
Inondation de leurs pechés.

Jacob, & *Joſef* en la meme Loy In-
diquent, l'un à ſes Anfans, l'Autre à
ſes Freres, ce Reméde, quand ils leur

me-

metent devant les yeus leurs Crimes
vers les Etrangers, & Domestiques,
& sans doute aussi ils s'en servirent,
soit lors qu'ils pleurerent *sur Josef,*
soit lors que *Jacob* pleûra pour eus. Il
avoit déja fait faire Penitance à sa Famille, quand il luy osta ses Marmou-
zets; & quoy qu'ils *fussent d'or & d'Ar-*
gent, ne laissa pas de les ansevelir, non
de vray tous vifs, mais Morts, & Ina-
nimés come ils estoient, & come en éfet
tous Morts doivent estre ansevelis, sur
tout quand ils sont de puants *Dieus*
de fiante, ainsi que l'estoient ceus-là.

    Moyse en la Loy Ecrite n'exorte
pas seulemant Israël à Penitance, mais
la luy fait faire, aprés l'adoration du
veau d'or, & ses danses au tour de luy.
Il l'oblige d'en avoir de la douleur, &
luy fait avaler ses cendres avec de l'eau
du Torrant, qui luy figure, qu'il en
doit faire un de ses Larmes, & noyer
son Idole, & son Idolatrie en leurs
flots.

    Si *Josué* fut Successeur de Moyse, il
en fut aussi l'Imitateur, metant le
Peuple en Penitance à la sortie du
Desert, lieu propre à la faire faire, aussi
bien qu'à la figurer; & un peu devant
son

son Antrée en la Terre de Canaän, où depuis des Juges, & des Profetes le firent pleurer ameremant, quand il pécha abondamant. C'est ainsi que Samuël luy anjoignit de le faire en Mispa; Elie, Jeremie, & d'autres Saints en d'autres lieus de la meme Terre; Et Esdras meme, & Nehemie en sortant de Babilone, & rantrant en Jerusalem.

Que si l'Ancien Testamant en ses deus Lois, *la Naturele, & l'Ecrite,* est si exprés pour l'Ordonance, & pour la Pratique *de cete Medecine Universelle;* combien plus l'est le Nouveau en la loy Euangelique, en laquele ce Remede doit estre d'autant plus d'Usage, qu'il y a plus de valeur, & qu'il la prand de JESUS meme *le Souverain Medecin;* qui la prepare, & l'aplique beaucoup mieus, que *Moyse & les Profetes,* qui n'en sont ni les Auteurs, come lui, ni les Distributeurs en sa fasson.

Il en fait visiblemant l'Ordonance, dés qu'il comance à précher disant, *Amandés vous, & croyés à l'Euangile.* C'est le Premier Remede, qu'il ofre, à ces Troupes de Malades, qui cherchoient en luy leur Guerison. Il le presante

sante à d'autres Infirmes , & en plus
Grand Nombre , à sçavoir à tous les
Juifs ; quand il leur dit, *Si vous ne vous*
répantés, vous perirés samblablemant:
Et en particulier il guérit & *Paraliti-*
ques, & Aveugles, & tous autres lan-
guissans en leur disant , *Que leurs pe-*
chés leur sont remis (moyenant sans
doute *Foy & Repantance*) & *qu'ils ail-*
lent, & ne pechent plus.

Il l'ordone aus Homes Pecheurs, &
aus Fames Pecheresses ; aus Mathieus,
& aus Zachées, aussi bien qu'aus *Sa-*
maritaines , aus Publiques , & aus *A-*
dulteresses de Jerusalem. Il en auto-
rise la Pratique ; devant la siene ; en
Iean Batiste au Jordain. C'est cet Home, qui choisit exprés les lieus abon-
dans en eau , pour figurer, qu'il ve-
noit faire pleurer les Pecheurs abondamant ; & qui en éfet ne leur ordona,
dés qu'ils les vid , d'autre Remede,
que celuy *de la Penitance* leur disant,
Amandés vous car le Royaume des cieus
est proche. Repantés vous, & faites des
fruits convenables à Repantance ; qui
fassent voir par vos Oeuvres, que vous
ne vous contantés pas des seuls Desirs, qui n'en sont que les fueilles, ou
les fleurs.　　　　　　　　　　　La

La Merveille est, qu'ancore que les Tamperamans des Malades Spirituels, qui couroient à luy, fussent divers, aussi bien que l'estoient leurs Conditions, n'y ayant rien de si diferant d'un Farisien, qu'un Soldat; & que des Troupes de Peuple, & de Guerre; il faisoit neamoins pour Tous eus meme Ordonance, & leur apliquoit meme Remede, pour les guerir de diferans, & meme de contraires maus.

S. Pierre suivant sa Metode, ou plutôt cele de Jesus, dont il adminiſtroit en Apôtre le Batéme, a usé *du même Remede*, & qui plus est de meme faſſon, l'apliquant à tous ceus, qui de tout Sexe, & de tout Etat acoururent au bruit de la Pantecôte, dont le feu fondit la Glace de beaucoup de cœurs, & les fit couler en Eau. Luy ayans demandé avec autant d'humilité, *Aa. 2.* que d'ardeur, *ce qu'ils fairoient pour étre* *v. 38.* *sauvés,* il leur répondit, *qu'ils n'avoient qu'à s'amander, & à estre batisés.*

Tous les Apôtres dez lors ordonerent par sa bouche, come plusieurs Medecins par Un. Saint Paul pour tous eus aſſeure, *qu'ils sont Anvoyés précher la Repantance vers Dieu, & la*

Foy en Jesus Christ. Il met luy meme en Penitance l'Incestuëus Corinthien, & ordone, que plusieurs la fassent avec luy pour luy. Il la promet
ailleurs aus Juifs, aus Gentils, à toutes les Nations ; & fait bien voir par
là, qu'elle est *une Medecine Universelle*, puis qu'elle est bone à tout
l'Univers.

Nous avons dequoy le prouver d'ailleurs, à sçavoir du coté *de ses Efets*, qui
ont paru en toute sorte de Persones,
qui ont usé come il faut de ce Remede. Israël y ayant recours évita souvant
la Mort, soit au desert y avalant le
veau d'or en poudre ; Soit y regardant
de l'œil de la Repantance, & de la Foi
de Serpant l'Airain : Pleurant en Mispa sous *Samuel*, ailleurs sous *Elie,* sous
Jeremie, & sous *Esdras*, devant &
aprés la Captivité de Babilone, il sortit par le moyen de la Repantance,
de dessous les fers de Satan & du Peché, aussi bien que de dessous ceus du
Monde, & des Caldéens.

Il ne fut pas jusqu'à Ninive Peni-
tante à Tams, qui n'échapat pour un
Tams aussi son Chatimant. *Jonas* la
menasse de sa Ruine, en l'alarmant;
Et

Et elle l'évita en larmoyant. *Si Jeru-* Luc 19,
salem eut conu le Tams de sa visitation de v. 44.
Grace, & eut pleuré, come JESUS pleura
sur elle ; Elle eut aussi évité cele de son
Jugemant , & sa Penitance eut sans
doute ampeché sa Pêne en la prevenant;

Tous les Particuliers aussi de l'Ancien, ou du Nouveau Testamant, qui
ont voulu se servir de ce Remede, ont
parfaitemant gueri; *David* en a éprou-
vé en soy meme la vertu, & n'a point
manqué d'en randre témoignage dans
ses Pseaumes, où il dit, que *ses lar-* Ps. 6.
mes ont noyé sa couche; Qu'il en a tram-
pé son pain, & qu'il n'a pas plutôt con- Ps. 32.
fessé à Dieu son Peché, que Dieu le luy v. 5.
a remis. *Manasse* s'en afranchist se
Repantant en prison, & en suite mou-
rut plus libre, qu'il n'avoit vécu. Si
Acab meme se fut repanti come il faloit, il n'eust pas seulemant retardé,
mais evité son suplice, puis que Dieu
ne pût le voir humilié sans avoir pityé
de luy. O que la Repantance est esi-
cace meme en celuy, qui ne se repant
pas bien!

Mais le Nouveau Testamant a , &
done bien d'autres Preuves de la vertu
de ce Remede sur toute sorte de
Cœurs

Cœurs. C'eſt luy, que *les Fames Pe-*
chereſſes de Samarie & de Iudée; Les
Mathieus, & les Zachées Peagers; Le
Publicain à la porte du Tample, Pierre
blasfemateur chés le Pontife; Le Bri-
gand ſur la Crois, le Centenier auprés
d'elle, & pluſieurs qui avoient contri-
bué à y faire atacher Chriſt, pleu-
rent, & confeſſent leurs pechés, les
Uns du Cœur & des yeus, les Autres
du Cœur, & de la bouche; Qui en ba-
tant ſa poitrine, qui la mouïllant de
ſes larmes; Et ce qui eſt Merveilleus,
tous gueriſſent de leurs maus, juſqu'à
celuy qui meurt des ſiens; & qui d'un
Poteau monte à un Trône, & y revit
avec Jesus Roy.

Mais qui plus eſt, & prouve bien
ce Remede univerſel. Les Troupes Antieres gueriſſent mieus de leur Lepre,
plongées une fois dans le Jordain, que
Naáman de la Siene s'y plongeant
ſept. Tous ceus, que les Apôtres ba-
tiſent, ſe lavent dans ce lavoir plus ſa-
lutaire que celuy de Beteſda; & Nous
voyons dans les Actes, que non ſeulemant des Gens pieus de toutes les
Nations; mais les Magiciens & les
ſorciers, en ſe plongeant dans cet-
te

te Eau, jetent leurs Livres au feu.

L'Inceſtuëus Corinthien Livré quant au Corps au Diable, mais quant à l'Ame à la Grace, & mis en Penitance par Saint Paul, lors meme qu'il le retranche, & le ſepare des Egliſes; trouve en elle un Moyen à s'y reünir, & par éfet rantre en leur Comunion, aprés s'eſtre reconcilié, & reüni par Repantance avec Dieu.

Enfin JESUS meme en l'Apocalipſe Promet *aus Egliſes* figurées par leurs Anges, qu'elles gueriront, & ſe remetront en bon Etat, pourveu qu'*elles ſe Repantent* ; & apliquent ce Remede come *un Collire à leurs yeus*, auſſi bien *que come un Reſtaurant d'or potable à leurs Cœurs*, & à leurs Corps affoiblis.

Ce fut par ce Moyen en éfet, qu'elles ſe remirent du Tams, que les Anciens Peres vécurent, leurs Ecrits nous aprenans, qu'il y avoit pour tous Criminels, & pour tous Crimes *une Penitance publique en l'Egliſe* ; dont leurs Succeſſeurs regreterent l'Abolition, le Monde eſtant devenu non ſeulemant ſi Malade, que ſes maus ſurmonterent l'art, & le Remede ; mais ſi andurci, & ſi obſtiné, qn'il refuſa de s'en ſervir.

Il en eſt ancore là, & Nous voyons combien il y a de peine à luy faire avaler cete Potion. Il crie come le Profete, *qui avale le Roaleau, qu'elle eſt Amere;* mais s'il la prenoit bien, il diroit, come d'une Excelante Medecine, *que ſi elle eſt amere à la bouche, elle eſt douce, & bone au Cœur.* Le Beſoin qu'il a de l'avaler, eſt ſi grand, qu'il eſt pour mourir de la Grandeur de ſon mal, s'il n'uſe de ce Remede capable ſeul de l'en guerir.

Mais (dira quequ'un) ſon mal étant venu à l'Extremité par ſa Malice, y a-t'il queque Aparance, que Dieu, qui déploye à preſant ſi fort ſur luy ſa Rigueur, & cele de ſes Jugemans, ait la bonté de luy ofrir ancore *ce Remede, & de luy doner le Tams, & le moyen de venir à Repantance,* & par ce meme moyen à gueriſon, & à Salut?

Helas! Que veut dire autre choſe ce mot Indefini, que Dieu meme dit Chés ſon Profete, *Détornés vous, Détornés vous un Chacun de vôtre Mechant train, Hè pourquoy mourriés vous Maiſon d'Iſraël? je ne veus pas la mort*

du

Rom. 2.

Ezec. 33.

du pecheur, mais sa Conversion & sa vie;
Au jour qu'il gemira, & qu'il criera à
moy, dans la douleur de ses fautes, je ne
me souviendrai plus de toutes ses Iniquités, mais lui pardonerai tous ses pechés.

Ailleurs il promet ancore Indefini-
mant, & pour le dire ainsi Infinemant,
qu'il faira Misericorde en Mile Gene-
rations, c'est à dire en toutes : *Que sa*
main n'est point Racourcie, mais son bras
toûjours étandu, & pret à faire du bien,
& à s'étandre à celuy, qui luy étandra
les siens. Pour cet éfet il est pour toûjours *dit les tandre à son Peuple tout le*
jour ; & en tout tams aimer mieus la Mi-
sericorde, que non pas le Sacrifice , &   1 *Sam.*
  15. *v.* 22.
estre prét à la faire ample à tout Pecheur Repantant, qui voudra pleurer
amplemant.

Venés à moy ; (dit J E S U S pour tous
les Tams) *Venés à moy, vous tous qui*
estes travaillés , & je vous soulagerai : *Matt.* 11.
v. 28.
Ie suis venu apeler non les justes, mais
les Pecheurs à Repantance. Ce ne sont *Matt.* 9.
pas ceus qui se portent bien, qui ont be- *v.* 32.
soin de Medecin, ce sont ceus qui se por- *Jean* 5.
tent mal. *Quiconque a soif* (de Grace & *v.* 32.
de Justice sans doute) *viene à moy, &* *Jean* 7.
je luy donerai à boire d'une Eau Sail- *v.* 38.
lante

lante à vie Eternele, & par consequant
capable de le garder de la mort.

Anfin S. Paul, qui dit pour tous les
Apôtres, & pour tous leurs Successeurs, que *Dieu les anvoye prêcher aus*
Nations la Repantance vers Dieu, &
la Foy en I E S U S *Chrift; & qu'il veut,*
que Tous Homes foient fauvés, n'ex-
cepte aucun Tams, non plus qu'aucune Condition ; & parle aussi bien
des Derniers Eleus, que des Premiers,
& de ceus qui ont coulé antredeus.

Il ne faut donc point douter en General, qu'il n'y ait Grace & Miferi-
corde pour Nous, aussi bien que pour
nos Peres, & en Nos jours prefants,
qu'aus passés ; puis que les Promesses
divines, qui en parlent, ne limitent
rien ; & font antandre qu'elles font
Indiferamant, aussi bien qu'Indefini-
mant pour toute forte de Perfones, &
de Tams.

Mais en particulier ancore *Trois*
chofes nous perfuadent, qu'il *y a Grand*
Lieu, & Grand Moyen doné de Dieu
à Repantance, & à Salut aus derniers
jours. La Premiere eft, que l'Ecriture
en l'Ancien, & au Nouveau Tefta-
mant predit, & tout anfamble promet

la

la Conversion des Iuifs, qui ne peuvent
certes pas se convertir sans Grande
Misericorde de la part de Dieu ; &
sans Grande Repantance de la leur.
Aussi Zacarie asseure *que Dieu épan-* | Zach. 12.
dra sur eus un Esprit de Componction, | *v.* 10.
de Larmes, & de Prieres & qu'ils ver-
ront celuy, qu'ils ont transpercé, & me-
neront dueïl sur luy, come on le meine sur
un Fils-unique decedé.

Saint Jean le marque en l'Apoca- | *c.* 1.
lipse, Saint Paul l'asseure en ses Letres,
& sur tout au Chapitre Onsiéme de
Cele qu'il a écrite aus Romains : & les
Profetes *Esaie, Jeremie, Ezechiel,* &
divers autres en cent lieus ; Où ils disent *que Tout Israël sera converti, aussi*
bien que Tout Israël sera sauvé, & qu'il
criera derechef à Dieu ; & que Dieu
l'exauçant, abolira ses forfaits & ne s'en
souviendra plus.

Or Tout cela ne se peut faire *sans*
Foy & sans Repantance, & partant sans
que Dieu la done par Grace, & sans
que les Homes la fassent par devoir.
Les Gentils, dont Saint Paul dit, que
la Plenitude doit antrer en meme Tams,
feront participans aussi du meme bien,
& obligés à meme chose ; & partant

B

Lieu

Lieu, Moyen, & Tams de Repantance
feront donés plus abondamant que jamais, puis que plus de Gens, que jamais doivent eftre convertis.

La Seconde eft, que l'Apocalipfe
marquet en divers lieus, qu'*aus derniers Tams la Penitance fera Prechée,
& Pratiquée par plufieurs.* Qu'ainfi
ne foit, 1. J E S U S y exorte *les Eglifes en la Perfone de leurs Anges.* 2. *Deus
Grands Temoins,* qui figurent tous les
Corps dés vrays Anvoyés de Dieu en
ces Tams-là y font dits *precher vétus
de Sac, Simbole de Penitance,* 3. Il y
eft predit, que *plufieurs fortiront de
Babilone de peur qu'en participer à fes
pechés ils ne participent à fes playes; &
anfin que Grands & Petits luy ofteront
juftemant, ce qu'ils luy ont doné In-
juftemant, ou qu'elle meme plus Injufte.
a pris fur eus.* 4. Ce Grand Nombre de
Gens *vétus de blanc,* qui auront lavé
*& blanchi leurs Robes au Sang de l'A-
gneau,* ne marque-t'il pas des Repantans, qui eftans fouillés de Peché, ont
befoin de fe laver au fang de Chrit, & de
fe revétir de fa Juftice? qui eft ce que la
Repantance & la Foy font de meilleur.

La Troifiéme eft, que l'Ecriture
pre-

predit, & promet ancore aus derniers
Jours un *Grand Renouvelemant*, &
meme des *Nouveaux Cieux*, & une *Terre*
Nouvele où la *Justice*, & *la Sainteté*
habite. Qui plus est, ne fait elle pas
esperer *une Extraordinaire Manifesta-*
tion de la vertu, & de la *Puissance Royale*
de *Jesus Christ*, qu'elle apelle du Nom
meme *de sa venue*, & *de son Epifanie*,
c'est à dire *de son Illustre Aparition?*
Or quel Moyen, que cela soit, ou arrive au Monde Pecheur sans Repantance, & sans qu'il *soit Renouvelé*, c'est
à dire Reformé? Comant prandra *la*
Justice la Possession d'un Monde Injuste s'il ne se lave de ses Grandes In-
justices? Et comant pourra *la Sainte-*
té *habiter parmi des Meschans*, & *des*
Pecheurs, si ces Mechans, & ces Pecheurs ne devienent Bons, & Saints?

   Dailleurs on sait assés, que *les ve-*
nuës de Dieu, & *de* Iesus *Christ*, c'est
à dire *leurs Manifestations* ne se font
point, qu'elles ne soient precedées
des Dispositions convenables dans les
Homes, dont la Repantance est la
Premiere, & celle qui prepare leurs
Cœurs aus Autres: Et partant on ne
peut nier, que les Tams derniers ne

Esai. 65
66.

foient ceus, auquels Lieu, Moyen &
Grace de fe repantir, & s'amander
feront donés, fur tout fi l'on a egard,
que c'eft en eus, que l'Eglife doit
groffir; & qui plus eft, doit *fe preparer à fes Nopces, & à cele de l'Aigneau,*
pour lequeles il eft jufte, qu'elle re-
vefte l'Innocence, & pour le moins
come brebis, lave dans l'eau de la
Penitance fa Toifon.

Il eft donc bien veritable, que *la
Grace de la Repantance, & du Salut*
eft refervée à nos Jours, & Nous memes, felon que nous en avons un grand
Befoin. Et partant à quoy tient il, que
Nous ne la faifons pas *Generale, &
véritable*, come nous y fomes obligés?
Peutétre n'eft il jamais arrivé, qu'il
s'en fit fi peu, puis que tout le Monde
au lieu d'étre dans le Duëil & dans les
Larmes, eft dans les Delices & les
Joyes, & n'a garde aimant à rire, de
s'adoner à pleurer.

Mais quoy? Il ne faut pas s'étoner,
que peu faffent Penitance, puis que
peu en parlent, ou en ofent méme parler, au moins un peu hardimant, &
haut. De là vient, que la plufpart du
Monde ignore ce qu'il faut faire pour
la

la faire, & sur tout pour la faire Bone ; C'est pourquoy il ne sera pas mauvais d'en toucher icy en Passant l'Essance & les Qualitez.

Certes il la faut en Premier Lieu *bien sincere, & vraimant faite de Cœur,* c'est à dire non Hypocrite , & Aparante , des levres, ou de Parole ; de Mine ou de Contenance ; ayant Simplemant l'Exterieur humilié , *le Col panchant & la Tete ployante come le Ionc;* Mais ayant le Cœur touché, le Cœur percé , le Cœur Contrit de Repantance, d'un Couteau de vive douleur, & de fort touchement du Saint Esprit, qui le Mortifie & le fletrisse, come un Arbre de Peché, qui doit étre aussi Incapable , qu'Indigne de reprandre Vie, si la Penitance l'a tué.

En Second Lieu il la faut *Surnaturele, & Excitée par des Mouvements Surnaturels* de ce meme Esprit , qui fournisse des Motifs d'Amour Divin au Cœur humain, pour se froisser, & pour luy faire pleurer ses Pechés en Anfant, non en Esclave ; en Home qui aime plus Dieu, qu'il ne craint l'Enfer ; & le mal de Coulpe qu'il a fait, que le mal de peine, qu'il doit soufrir.

B 3

En

En Troisiéme Lieu *une vraye Peni-tance doit étre Amere,* David disant, *Qu'il faut Gemir, come il l'a fait ;* & les autres Prophetes aussi bien que Lui, qu'il faut *Mener duëil, passer les jours, & meme les Nuits en jûnes, & en veilles Douleureuses, melant son pain avec ses larmes, & meme rompant son Cœur, bien plus que ses vetemants.* La Raison en est, qu'une douleur courte, & un Regret de trois jours, ne produit pas Grand éfet, come il ne dure pas Long-tams. Peu de goutes d'eaus n'enta-ment, & ne cavent pas la Pierre, & l'on se souvient aussi fort peu d'un mal, que l'on pleure peu.

En Quatriéme Lieu, il faut *qu'une vraye Pénitance produise un vrai Aman-demant,* qui consiste à changer de cœur, & de Pansées; d'Afections & de Desirs ; de Pratique & de Condui-te ; enfin de Train tout entier, & de Maniere de vivre, *Mortifiant par l'E-sprit en soy la Chair,* & tout le Corps, du Peché, & dépouillant autant qu'on peut *le viel Home avec ses Aftes,* pour de plus en plus *revetir le Nouveau, & la Sainteté,* aussi bien que *sa Ju-stice.*

En

En Cinquiéme Lieu il faut, *qu'une veritable Penitance, en ait (come dit Saint Jean) les fruits,* & qu'un veritable Repantant les Conçoive & les Produiſe, come un Arbre de *Mauvais,* devenu *Bon,* & propre à produire de *Bons fruits,* qui ne ſont autres que ceus, que Saint Paul nòme de l'Eſprit de Charité, d'humilité, de Patiance, & dé toute ſorte de vertus, qui étoufent ceus des vices, & de l'Arbre de la Chair.

En Siziéme Lieu, il faut *qu'une Penitance veritable ſoit Conſtante, & perſevere juſques à la Mort,* auſſi longue que la vie, ſelon l'Ancien dire des Saints, que *toute la vie Chrétiene doit être une continuele Penitance, & une mort de tous les jours:* auſſi l'Apotre dit, que *qui vient à en decheoir, n'y peut étre Renouvelé;* & pour le moins ne l'eſt qu'avec tele dificulté qu'elle tient pour l'Ordinaire de l'Impoſſibilité.

Mais ſur tout ſi l'on conſidere *le Merveilleus changemant, que la veritable Penitance doit produire,* s'apelant pour cet éfet *Converſion,* & Converſion de tout l'Home; on verra que

ſon

fon éfet ne doit pas être peu durable,
ni fa vertu s'evanoüir Incontinant:
Puis qu'elle eft *Refipifcence*, elle doit
faire *Sage* pour Long-tams, & n'a garde de laifser torner fi-tôt une cervelle,
qu'elle a guerie de folie, & remife en
fon bon fens.

Dans l'Etat auquel eft à prefant le
Monde, combien eft il Rare de trouver de tels Penitans, & de teles Peni-
tances; & ancore plus dificile d'en faire, que d'en Rencontrer? Toutefois
c'eft le plus Important point, qu'il
faut Refoudre; & la Premiere Medecine qu'il faut confeiller de prandre:
Car come dans les maus du Corps, la
Coutume eft de les purger premieremant, & d'ordoner des Remedes qui
le dechargent de fes mauvaifes humeurs; Aufli dans les Maladies des
Ames, le Premier moyen de les guerir
eft de les purger, & les *purger* de leurs
pechés, Saint Paul apelant *Purgation*
leur entier Netoyemant.

Il faut donc premieremant vuider
de mauvaifes humeurs *le Corps du Chri-
ftianifme Malade*, & tacher de metre
hors la corruption qui le pourit, &
l'Ordure dont il eft plein: pour le
moins

moins l'en faut il defamplir, si l'on ne
peut l'en randre du tout examt : Mais
come une Medecine a beau être falutaire & bone, si elle n'eft prife, & ava-
lée, elle ne profite point, & le Malade
pour la toucher, ou pour la voir ne guerit point, & ne s'en porte pas meme
mieus : Pareillement queque falutaire
que foit la *Penitance*, si le Public, &
les Particuliers ne la reçoivent ni le
Public, ni les Particuliers n'en guerif-
fent, & n'en profitent aucunemant;
Mais reftent auffi Malades, que s'il n'y
avoit pour eus ny Remedes, ny Medecins.

Par confequant Revenons à ces
Grands mots des Propheres, *Conver-
tiffez vous un chacun de vôtre mauvais
train. Lavés vous. Netoyés vous. Otés* Ezk. 33.
la malice de vos Actes. Ceffés de malfai- Eza. 3.
re, & aprenés à faire bien. Et à ceus
des Saints Apotres, *depouillés le vieil
Home avec fes Actes. Mortifies vos
mambres qui font fur la Terre, paillar-
dife, fouillure, apetit defordoné, &c.
N'acompliffés point les Defirs de la
Chair, ni la Chair en fes Defirs. Qui
déroboit ne dérobe plus* ; & par confequant auffi, qui étoit Impie, Profane,

ou jureur ne le soit plus. Qui cométoit Injustice, ou violance s'en abstiene. Qui mantoit, & qui trompoit, ne mante, & ne trompe plus. Qui Pāsoit, qui parloit, & qui faisoit mal, ne le fasse plus, mais *parlant en Verité soit Sage à sobrieté*, & Deviene *un Exemplaire & un patron de bones Oeuvres, rejetant celes de la nuit, & embrassant celes du Jour.*

Tout cela sont des Avis Apostoliques propres à nôtre Etat, & à nos Tams, qu'il faut presser le Monde Chrétien de metre en Pratique, en prenant un train contraire à celui qu'il a tenu. Veu donc que Nous luy avons reproché avec les Prophetes, les Apôtres, & J E S U S Christ meme; Qu'à peine avoit il un reste *de vraye & de vive Foy*, Et que *sa charité étoit rafroidie & preque éteinte, pource que son Iniquité abondoit*; Il faut necessairemant qu'il les Ressuscite, & les r'alume d'une vie, & d'une chaleur, qui ne se ralantisse point, & qui ne s'éteigne jamais.

Il faut, que luy ayant Reproché avec *Moyse, David, Esaie, Jeremie,* & autres *Prophetes,* qu'il étoit corrompu

& Abominable ; Qu'il étoit desespere-
mant Malin. Qu'il étoit Chargé de Pe-
chés, couvert *d'ordure, & noyé de Sang,*
il Deviene Debonaire, Simple, Chaste,
Innocent, & Agreable au Seigneur.

Il faut que luy ayant Reproché avec
les memes Saints Homes , qu'il *avoit*
peu de crainte, & ancore moins d'Amour
de Dieu, peu de sa conoissance salutaire,
& preque point de zele pour luy, s'aqui-
tant vers luy mal des devoirs *de la prie-*
re, de la loüange, & de tous Actes pieus ;
il mete peine a s'amander de ses fautes ;
& desormais *Adore, Invoque, & serve*
Dieu avec autant d'Atantion , & de
Reverance , que de zele , & de
Ferveur.

Anfin luy ayant Reproché avec
Saint Paul, *Qu'il étoit Amateur de soy,*
& de ses voluptés plus que de Dieu, Or-
gueuilleus, Avaricieus, Envieus, Infi-
dele, Desobeïssant, & Debordé en tous
vices ; Il faut necessairemant , qu'il
change d'air & de conduite ; reprime
ses Passions , leurs mouvemants , &
leurs Actes ; Deviene humble & Libe-
ral ; Poursuive la Verité, pourchasse
la Charité , & Pratique la Patiance ;
soit Sobre , soit Simple , soit Soumis,
sur

fur tout à Dieu, dont la Gloire foit fon But, la Loy fa voye, & le bon plaifir faffe le fien.

Et parce que Nous fomes plus particulieremant atachés, à montrer au Monde Chrétien *fa Grande corruption en tous ages, en tous Etats, & en tous lieus fans en exſepter aucun*, il eſt juſte, qu'an fe Repantant finceremant, il s'amande, & fe Reforme en tous eus. Que les Jeunes Gens y vaquent auſſi bien que les vieillards, les Riches autant que les Povres; & les Peuples auſſi bien que les Magiſtrats. Que ceus-cy Reglent toutes choſes par des Lois; que ceus là gardent avec eus, & que par ce moyen il foit mis ordre aus excés, & aus deſordres, qui ſe paſſent dans les Logis Particuliers, & Publics; dans les vantes & dans les Achats; dans le Comerce & le Negoce, & ſurtout dans la Juſtice, en la Police & en toute Adminiſtration d'Autorité, qui ne s'amploye deſormais qu'à Retablir, & qu'à Maintenir cele de Dieu.

Que par meme moyen on Reforme les Lieus Saints, auſſi bien que les Profanes, ou les comuns; & qu'on les purge de toutes les Iniquités, qui s'y cometent:

metent : les Tamples d'Irreverance ; les Coleges de debauche ; les cours d'Injustice ; les Marchés de Fausseté ; les Boutiques de Tromperie ; les Maisons ou de Luxure ou de Luxe ; & tous lieus d'Impureté.

Que les Nobles quitent leur Orgueil ; les Riches leur Avarice ; les voluptueus leurs delices ; les Gloutons & les Yvrognes leurs Intamperances ; les envieus leurs Rancunes ; les vindicatifs leurs violances ; les Rusés leurs Fourberies ; les joüeurs leurs jeus ; les Larrons leurs vols ; Tous les Mechans leur Malice, & tout ce qui les empeche de devenir Bons.

Que les Enfans craignent leurs Peres, les Inferieurs leurs Superieurs soit Spirituels, soit Tamporels ; les Serviteurs & vassaus leurs Maitres, & leurs Seigneurs, & devienent tous obeissans, humbles, Fideles, & Exacts à leurs devoirs. Que les Peres aussi & les Maitres aiment, soignent, & conduisent avec Amour & avec douceur leurs Enfans, & leurs Sujets ; & que tout le Monde se randant à la Raison, & à la Foy, fasse desormais Etat de vivre en *Homme,* & en *Fidele*

dele, & par consequant en vray Chrétien.

Voilà *le premier Remede* auquel il se
faut resoudre, & dont *le Monde Chrétien Malade* se doit servir, s'il veut
guerir : mais come son mal est Grand,
& la Medecine dificile, soit à doner,
soit à prandre ; il faut necessairemant
chercher qui sont propremant ceus
qui la doivent ordoner, preparer, &
meme ofrir, aprés avoir assés aisémant trouvé ceus, qui doivent l'a-
valer.

SECOND REMEDE.

La Predication d'une Generale
Penitance par le Pastorat bien zelé, & bien uni.

Qui aura bien consideré tout ce
que Nous avons dit de ce Reme-
mede, n'aura pas grande peine à découvrir qui sont ceus, qui le doivent
preparer, ou Apliquer. Puis qu'il est
public, il faut que des Homes Publics
s'en mélent. Puis qu'il dépand *de la
parole*, il faut que des Gens, qui en ont
l'Administration, la portent ; Et puis
que

que c'est *une Medecine* pour les Ames,
il faut que *ceus, qui* ont la Charge des
Ames, soient *les Medecins*, qui la leur
faisent avaler : En un mot ce sont *les
Pasteurs*, qui en doivent estre *les Distributeurs.*

Entre cent bones Raisons, ces
douze les y obligent. La Premiere est,
qu'*ils sont Pasteurs* , & en éfet c'est
le *Nom* le plus comun, qu'ils se donent ; Or le devoir des Pasteurs est, selon que l'Experiance le fait voir, &
que l'Ecriture méme le Marque, *d'a-
voir soin des brebis Malades, & de pan-*   *Ezec.* 33.
ser les blessées : Les Playes des Ames
sont leurs Pechés ; Leurs vices sont
leurs maladies ; & partant c'est à leurs
Pasteurs, de leur ordoner & apliquer
le *Remede de la penitance, & le Baume*
de l'Amandemant.

La Seconde est, qu'*ils sont Ministres
de la parole*, & Predicateurs anvoyés
pour la précher par la Terre ; Or *cete
parole* est cele de Dieu, & de J e s u s
Christ, invitant à Repantance les Ho-
mes : Elle est aussi apelée la *parole de*   2 *Cor.* 5.
Reconciliation, en la bouche de ses Mi-   *v.* 19.
nistres ; selon qu'un d'antr'eus asseure, que Dieu meme *la l'y a mise* ; Et
par-

partant les Pecheurs étans Enemis de
Dieu, & ayans besoin de devenir ses
Amis, & d'estre *Reconciliés* avec luy,
Les Pasteurs *Ministres de leur Reconciliation* leur doivent *prêcher la Répan-
tance & la Foy*, qui en soit les seuls
moyens.

D'ailleurs, ils **ne** satisferoient point
à leurs Charges *d'anoncer tout le Conseil de Dieu*, (come veut Saint Paul)
*& ne taire rien de ce qui est conveñable
& necessaire au Salut*; s'ils n'anonçoient
la Repantance, qui fait une Partie de
cete Parole, & meme une Partie considerable & pour la longueur, & pour
la Multitude de ses Textes, dits & re-
dits en l'Ecriture par toutes ses bou-
chés, écrits par toutes ses plumes, &
semés en General & en particulier en
tous ses Livres.

La Troisiéme est, qu'*ils sont expres-
sémant Apelés* à cete Fonction particuliere de Prêcher la Penitance, selon ce
mot exprés de Saint Paul, il nous faut
*Testifier tant aus Iuifs qu'aus Grecs, la
Repantance vers Dieu, & la Foy en
JESUS Christ.* Paroles, auqueles la
Testification de la Repantance étant
jointe à cele *de la Foy*, font voir que
la

la *Necessité de les prêcher*, est egale;
& que les Pasteurs sont obligés à les
anoncer toutes deus egalemant.

La Quatriéme est, *qu'ils n'ont garde
de renoncer à la part, qu'ils peuvent
prandre à la vocation des Profetes, &
des Apôtres*, selon qu'elle exprimée en
l'Ecriture; Or c'est cele *de Noë & de Lot*,
de Prêcher la Repantance aus Geans,
& à des Gens aussi mauvais qu'eus.
C'est cele *de Moyse*, & de *Samuel* de
l'ordoner à Israël. Cele d'Elie de l'y
obliger, & cele *d'Esaie*, *d'Ezechiel*,
d'Osée, & de tous les autres Profetes
de la prêcher à tout le Monde; Cele
de *Jeremie* est par exprés d'y métre la
main, luy étant dit *d'arracher*, & *Jer.* 15.
de planter; de détruire, & de bâtir; &
de *panser non seulemant la playe de la
Fille de Sion, mais cele de Babilon*.

Voylà *pour la Participation* que peut
avoir *la vocation Pastorale à la Profetique*, que l'Ancien Testamant prouve avoir en partie consisté en *la Predication de la Penitance*; Et voyci come quoy, si elle pretand quéque part,
& pour le moins quéque Ressamblance
à l'Apostolique, cele des Apôtres a
esté la meme en plus haut degré; *Ales*,

C &

Luc.24.
v.47.
& préchés la Remiſſion des pechés (leur dit JESUS) à ceus à qui vous les remetrés, ils ſont, & ſeront remis. Or eſt il,

Jean 20.
v.23.
qu'il n'y a point *de Remiſſion des pe*chés ſans Repantance, & partant la Predication de l'une eſt angagée en cele de l'autre, & qui préche, eſt obligé à les précher toutes deus.

Le Salut auſsi, qui preſupoſé toujours *perte*, & l'Annonciation *de Miſericorde*, qui preſupoſe *Miſere*, étant une Partie *de la Miſſion & vocation Apoſtolique*; il faut que puis que les Paſteurs y veulent part, & qu'en éfet ils ſont tenus de précher *la Miſericorde, & le Salut*, come les Apôtres : ils préchent auſſi *la Repantance des pechés*, qui font *la perte & la Miſere* des Homes, & ſans laquele les pecheurs ne peuvent eſtre ſauvés.

La Cinquiéme eſt, qu'ils n'ont garde auſſi de renoncer à l'Obligation, qu'ils ont come Miniſtres de Chriſt, d'Imiter Chriſt & ſes Diſciples, & de ſe mouler ſur la forme de ſa Predication, & de la leur; Or JESUS Chriſt

Mat.4.
a comancé à précher diſant, *Amandés vous, & croyés à l'Euangile*; Saint Jean Batiſte l'avoit devancé criant de me-
mc,

me, *Amandés vous car le Royaume des cieus est proche. Faites des fruits convenables à la Repantance.* Saint Pierre les a suivis ajoûtant, *Amandés vous*, *& que Chacun de vous soit batisé*; & enfin tous les Apôtres par l'un d'eus, qui est Saint Paul, nous vient de dire, qu'*ils sont anvoyés Testifier la Repantance vers Dieu, & la Foy en JÉSUS Christ.*

Les Pasteurs donc pour ne quiter ni leurs Traces, ni leur Façon d'agir, sont obligés de précher come eus la Repantance., principalemant en des Jours, auquels le Monde n'est ni moins Juif, ni moins Payen, c'est à dire aussi Literal, aussi Profane, & aussi Impie, & vicieus que de leur Tams.

La Sisiéme Raison est, que l'Ecriture les oblige d'étre, aussi bien que les Profetes, & que les Apôtres, auquels ils succedent; *des Trompetes des Cornets, & des vois à crier à plein gosier & à dire à Juda ses Iniquités, & à Jacob ses forfaits; A publier l'Assamblée, le Jûne, & les Jours d'un dûeil Public.* Or que marque tout cela, que Publication de Repantance & d'Abstinance des pechés? que douleur Ge-

 neral

nerale, que leur generale Multitude doit cauſer ; Sur tout aprés que les Cris des Paſteurs, qui obligent les Troupeaus à d'autres Cris, les ont publiquemant découverts ?

La Septiéme Raiſon eſt, que les Paſteurs ont *la vois*, pour une de leurs bones marques, étant écrit, que *les Brebis oyent leur vois*, *& la ſuivent:* Et par éfet ils s'an ſervent, & pour les rapeler de leurs ecarts, & pour les raſſambler antr'elles, & auprés d'eus. Juſques là, qu'il eſt ajoûté, qu'ils *les conoiſſent*, *& les apelent par leur Nom.* Ils s'en ſervent ancore contre les Loups, crians aprés eus bien haut, & les épouvantans de leurs cris, auſſi bien que de leur Bâton.

Les Pecheurs ſont ſelon la meme Ecriture *des Brebis Errantes*, que les Paſteurs doivent rapeler. Les vices ſont *des Loups*, qui les ataquent, & que les Paſteurs doivent chaſſer : Or *la vois de la Repantance* fait ſeule ces deus efets. Elle rapele les Pecheurs Errans, & les Eſprits egarés. Elle épouvante le Diable, le Monde, & le Peché, en criant, que *l'on s'amande*, & que l'on ne Peche plus. Il faut donc que

que *les Pasteurs* obligés à ces deus éfets s'en servent, & qu'ils *préchent hautemant la Penitance*, puis qu'on ne peut ni rapeler quequ'un de loin que l'on ne crie, ni éfrayer Persone, qu'on n'éleve bien haut la vois.

En huitiéme Lieu, les Pasteurs sont obligés à porter *la Parole de la Repantance*, pour ce qu'elle est la Parole, qui est vraimant *le Marteau propre à briser les Cœurs de Pierre*, come cele de Moyse fandit le Rocher. Il y ajoûta des Coups de sa verge, ou de son Bâton, qui figure le Pastoral. De fait les Pasteurs ont pour Arme la houlete, & en frapent parfois les brebis pour les tenir coyés auprés d'eus, aussi bien que les Bétes sauvages, pour les écarter loin d'elles, & les ampecher de leur faire queque mal.

La Predication de la Repantance est en la bouche des Pasteurs, non seulemant *l'Epée à trancher des deus Cotés* la Chair du Peché, mais *le marteau à briser le Cœur de Pierre*, non de Chair, & ancore moins d'Esprit ; Et elle est aussi *le Baton Pastoral* antre leurs mains pour batre les pecheurs, & abatre les pechés : pour contenir les

Jer. 23. v. 29.

Heb. 4. v. 12.

C 3

Li-

Libertins en leur devoir , & arréter
un peu leurs Courses ; aussi bien que
pour doner la Chasse aus Loups , &
aus autres Bétes Sauvages, que Nous
avons dit étre les vices , & les Diables , qui rodent autour de Nous
avec eus.

En Neuviéme Lieu , il faut pour
porter le Monde *à une Repantance,
ou penitance publique,* que des vois
publiques l'anoncent, qui ont droit
de parler aus peuples, & ont non seulemant droit de leur parler , mais de
les reprandre & de leur dire leurs pechés, qu'il faut leur faire pleurer: Or
Persone n'a propremant ce Droit public, ce haut, & cet antier Droit ; que
les Pasteurs Autorisés pour les censurer, & pour leur Reprocher leurs
Crimes ; & partant c'est à eus *de précher la Penitance,* qui découvre leurs
pechés , & qui les oblige à les
pleurer.

En Disiéme lieu , come il est question icy *d'une Penitance, & Reformation publique,* qui regarde la vie & les
mœurs ; les Ames , & leur Salut ; &
qui propremant concerne & touche la
Consciance ; Il faut sans doute, que
ceus,

ceus , qui gouvernent les Conscian-ces, & qui conduisent les Ames, soient ceus , qui leur parlent de leurs maus, & de leurs Biens ; qui leur represan-tent leurs besoins, & leur presantent leur aide ; & qui ayans leur conduite antre les mains, leur marquent come Conducteurs, & come Guides les che-mins, qu'il faut tenir.

L'Onsiéme Raison est, que les Pa-steurs sont ceus, que les Eglises écou-tent, & non seulemant écoutent, mais croyent ; & qui plus est, écoutent & croyent aucunemant come Dieu, dans la pansée, qu'elles ont, que Dieu par-le par leur bouche, & que qui *les ecoute, l'ecoute luy méme, ou ecoute* Jesus *Chrift son Fils*, qu'il a co-mandé *qu'on écoutat* :

Ils peuvent bien neamoins parler & prêcher humainemant, mais ils ne le font point, & parlent divinemant, quand ils parlent de *se Repantir* , & quand *ils préchent la Penitance*. Quand ils disent avec *Ieremie, Ioël, & Osée, Convertissés vous de tout vôtre Cœur à Dieu* ; Avec Jesus, Jean, & Pierre, *Amandés vous* ; Aussi font ils écoutés, & bien plus creus, que tous Autres, qui le pourroient dire, fans avoir leur Autorité.

La Doufiéme & la Derniere eft, & pour le dire ainfi la Principale, que *les Pafteurs feuls* famblent propres à faire cete Oeuvre, & pour le moins à l'anoncer, & à luy doner come bon branle, & heureus Comancemant: foit pource qu'ils font doüés des Talans à parler avec eficace au Monde, foit pource que c'eft leur vray Métier de traiter de ces matieres ; foit pource qu'ils ont le Caractere, qui fait beaucoup dans l'Opinion des Homes, & qui frape l'œil de l'Ame, come la Marque d'un Magiftrat celuy du Corps.

En efet qui fera creu parlant *de la Repantance, & de la Reformation, s'il n'eft Pafteur ?* Qui en ofera ouvrir la Bouche, fi la Paftorale s'en tait, & fe tient fermée ? Ce n'eft pas que Toute Autre ne fut croyable, mais n'eftant pas Autorifée, où tenuë Tele, elle n'eft ni bien ouye, ni creuë. l'Imagination des Homes atachée aus Grandes, & à la Coutume, n'a garde d'ecouter beaucoup, & bien moins de croire ceus, qui n'ont ni la Charge
Pa-

Pastorale, ni l'autorité, ou la coutume de parler come Pasteurs.

S'il y avoit des Gens au Monde, qui
le peussent faire avec succés, ce seroient sans doute les Princes, & *les
Magistrats Chrétiens.* Ce seroient
ceus, qui sont *les Gardiens des deus
Tables, les Depositaires de la Loy, &
les Garants des choses Saintes.* Ce seroient les Princes, & les Princesses
Norrices & Norrissiers des Eglises, qui
ont Autorité Publique de parler aus
Peuples, & Droit supreme de leur comander. De fait les Bons, & les Fideles Rois, tels que *David,* qu'*Ezechias,* & que *Josias* en l'Ancien Tams;
Et que *Constantin, Teodose,* & autres
dans le Nouveau, ont fait ce coup
Royal digne d'eus; Et toutefois on
peut dire, qu'ils n'ont rien fait sans
les Sacrificateurs, & les Pasteurs; & il
a falu toujours que la Corone se joi-
gnit à la Tiare, & pourlemoins s'aidat
d'elle; & que le Sceptre d'Or apelat
à son secours le Sceptre de la Parole
pour venir à bout de leur Dessein
apuyé de leurs edits.

Posé meme qu'un Souverain eut
non seulemant le zele, & le Desir de

Reformer tout fon Peuple , mais les qualités requifes pour le Prêcher, il eft vifible , qu'il eft trop feul , tout Roy qu'il eft , s'il n'eft aidé des Pafteurs ; & que même queque pouvoir qu'il ait fur les Corps, il n'en a pas de foy même affés fur les Cœurs , pour eftre auffi bien creu en matiere des chofes fpiritueles, qu'il eft obeï dans les Tamporeles ; eftant en queque façon requis, qu'il foit un Melchifedec, qui eftant Roy, foit auffi *Sacrificateur* ; c'eft à dire *Pafteur , & Prince* à la fois, propre *à benir Abraham, & à conduire Salem.*

Que fi le Magiftrat porté d'un zelc Extraordinaire, prenant la Chofe plus à Cœur, & refoluant *une Reformation Univerfele* aucunemant famblable en l'Ifraël Nouveau à celes , qu'antreprirent *Ezekias , & Joſias* dans l'Ancien, fe met dans l'Efprit d'en venir à bout; que peut il faire que ce que ces Princes firent , apelans les Grans Sacrificateurs & les Levites , & les amployans à purger le Tample d'Idoles , les Peuple d'Idolatrie , & tout Ifraël d'erreur, & de Culte Superfticieus ?

Ainfi

Ainsi ce sera toûjours revenir au Pastorat, & le juger seul bien propre à executer une Oeuvre, que *la Magistrature* peut desirer, & le Souverain resoudre. C'est toûjours la main, qui a besoin de la Langue, & l'Epée meme de la Chair, qui a besoin de l'Epée de l'Esprit. C'est le Sceptre de fer, ou d'or, qui a besoin du Sceptre de la Parole, qui ne sert pas seulemant à Etablir Salomon Roy ; mais à Rétablir le Royaume de Jesus Christ, que Salomon a figuré.

Mais venons à d'autres Gens, qu'à des Magistrats, & qu'à des Princes, à sçavoir ou à des Teologiens, ou Docteurs Particuliers; ou à des Anciens memes, Surveillans, & Conducteurs des Eglises, qui ne seront pas tenus Pasteurs; si quequ'un, ou Plusieurs d'eus ont le Dessein, aussi bien que le Desir d'une Reformation Generale; Que fairont ils, s'ils ne peuvent pas la publier, l'annoncer aus Assamblées, & en faire retantir les Nefs des Tamples, & leurs Chaires, d'où les edits en doivent estre publiés, & tous les Ordres y sortir des propres bouches, qui ont le Droit d'y parler?

Ils

Ils parleront eus memes, dira quequ'un? Mais s'il vous plaît, en quéle qualité? A qui? Et ou? En qualité de Particuliers, qui ne feront point écoutés, & bien moins creûs? A des Particuliers, qui croiront, qu'ils refvent, & qu'ils ont des vifions? A des Gens Publics, qui peutétre les prandront pour des Perturbateurs du Repos Public, ou pour des Chefs de parti, de Secte, & d'Herefie touchant la *Foy*, ou les Mœurs?

En quel Lieu aufsi parleront ils? fi c'eft dans des Chambres, qu'ils diront des Verités à publier fur les Toits, ils ne feront de long-tams conus, ou bien antandus. Ils en metront bien à travailler, fans avancer leur Ouvrage. Si c'eft en des lieux Publics, come font ou des Marchés, ou des Tamples, on les prandra égalemant dans les uns & dans les Autres pour des Fols; & toutefois ils voudront pafser pour des Gens Sages, qui veulent ramener les Fols, puis qu'ils fe mélent d'anoncer la *Penitance*, qui n'eft que *Refipifcence*; c'eft à dire Retour à Sagefse & à bon fens. Ils y feront aufsi bientôt interdits, & quand ils ne le fe-

feroient pas, y feroient ils bien é-
coutés?

Ils Ecriront, (Repliquera-t'on) &
des Centaines de livres diront, ce
qu'une Langue fera contrainte de taire? A la bone heure, mais qui ne fait,
1. qu'une fimple Parole morte n'eft
preque rien au prix d'une vive, au
moins pour animer les chofes, & ceus
memes, à qui on les dit? 2. aufsi combien peu de Gens liront fon livre, foit
pour ne fçavoir, foit pour ne vouloir
pas lire. Il y au ra des Milions de perfones à mouler, pour un Examplaire,
qui fera moulé, & qui ne viendra jamais ni fous leurs yeus, ni en leurs
mains. 3. un fimple livre & fa Lecture ne parlent pour l'ordinaire qu'à
un feul. S'il eft court, il eft leger, &
peu folide. S'il eft long, il annuye,
meme à le voir, & combien plus à le
lire. Ou il ne dit pas affez, ou il dit
trop. En un mot peu font Inftruits,
ou Capables de s'Inftruire. Peu difpo-
fés à le faire, tant les Homes font In-
fanfibles aus chofes de Dieu, & Ne-
gligeans meme leur Salut: Et puis come Nous avons dit, quoique le Pa-
pier noirci d'Ancre famble parler, il
eft

est muët, pour le moins à la Replique; & s'il avance une Verité, il ne la peut pas bien soutenir.

Il en faut donc Revenir aus Langues, & aus vois Publiques; Aus bouches libres, & Autorisées; Aus Organes de Dieu, & des Homes, propres & Autorisées à parler pour l'un, & de la part de l'un aus autres; & qui plus est, *Apelés & Anvoyés de luy* pour le faire. Ce sont eus, qui peuvent parler de la Plume, & de la langue; Dire & ecrire tout ansamble les Veritès; les poser & les Etablir; & en parler meme avec eficace; Dieu y donant le poids, l'Home Creance, & le S. Esprit le Seau.

Ainsi (pour prouver ces choses par les Examples, aussi bien que par les paroles des Ecritures) *Noé & Lot* sont Anvoyés proposer au Monde *la Repantance* en exposant ses Pechés. Ainsi *Moyse*, ainsi *Samuel*, ainsi *Elie* les Reprochent à Israël, & l'obligent à se Repantir. Ainsi *Esaïe & Ieremie* parlent, écrivent, & publient en toutes façons & Formes *la Diformation, & en suite la Reformation du Peuple.* Ainsi *Esdras*, ainsi *Nehemie* & tous les Profetes

fetes la font faire en l'Anciene Loi ; &
dans la Nouvelle *Iean Batiste* préche,
& Crie, *Amandés vous*, estant l'Home *Anvoyé de Dieu* le Pere, pour preparer la voye au Fils. Les Apôtres,
& les Disciples de J E S U S Christ sont
anvoyés aussi *testifier tant aus Iuifs
qu'aus Grecs la Repantance vers
Dieu*, come l'un d'eus, qui est Saint
Paul le dit pour Tous ; & l'autre, qui
est Saint Pierre esleve sa vois du Milieu d'eus pour dire aus Troupes, *de
se Repantir, & de se faire batiser*.

Quand dépuis eus, le Christianisme
estant Décheu, il a falu le relever, come il paroit dans les Premiers Chapitres de l'Apocalipse ; Nous voyons,
qu'il a esté besoin, que les Pasteurs re-
presantez par les Anges des Eglises co-
mançassent les Premiers *à se Repantir*
eus mémes, *& à prandre zele* pour faire Repantir les autres, c'est à dire
leurs Eglises, & leurs Troupeaus. Et
en suite tout ce qui s'est fait depuis en
matiere de Reformation bien faite &
bien acomplie, s'est fait sans doute
par des vois Publiques, qui en ont
porté la Predication de tous côtez.

Enfin meme l'Apocalipse, qui promet

met *des Temoins vétus de Sacs,* qui doivent plus Précher la Penitance par leur vois que par leur habit, font Només *Profetes,* c'eſt à dire eſtre *Predicateurs,* & *precher;* couverts de ſes Sacs, qui ſignifient, qu'ils ne fairont rien tant voir que *la Neceſſité de ſe Repantir,* & par meme moyen auſſi cele de *ſe Reformer.*

Que ſi l'on conſidere ancore, que ce ſont *des vóis du Ciel,* & *des Anges,* qui ſonent les Trompetes, & qui crient, qu'*on ſorte de Babilone de peur qu'en participant à ſes pechés,* on ne participe à ſes peines; On ne peut ſe dire d'avoüer, que ce ſont *des Paſteurs & des Predicateurs, Anges* & *vois des Egliſes,* qui de la part du Ciel leur doivent dire, qu'*elles ſe Repantent,* & s'épurent; & qu'elles ayent à rompre avec Babilone tout Comerce non ſeulemant d'Erreur, mais de vices, pour léquels elle eſt autant *Babilone,* & *vile de confuſion,* que pour ſes ſuperſtitions.

Par toutes ces grandes conſiderations il paroit, qu'il apartient aus Paſteurs de précher la Penitance, & de la faire faire aus Troupeaus. En éfet toutes les Ecri-

Ecritures difent, que c'eſt *à panſer les brebis Malades ;* & come jadis c'eſtoit aus Levites , & aus Sacrificateurs *de purifier le Tample , & netoyer ſes vaiſſeaus ;* come nous le liſons en divers lieus de la Loy ; auſſi eſt ce ſans douaus Paſteurs de la Nouvelle , repreſantés par ceus de l'anciene , de s'apliquer à l'Epuremant des Egliſes, *par la Penitance* & à les tenir netes par la pureté des Mœurs.

Cela étant, dequoy eſt il queſtion à preſant, que le Monde eſt le méme, & peutétre pire qu'il n'étoit au tams des Geans ; A preſant qu'il eſt au moins auſſi Corrompu, que l'a jamais eſté Iſraël ſous les Profetes ; ſi non, que *des Nöés, des Lots, des Samuels, des Elies , des Jeremies ,* c'eſt à dire des Paſteurs Profetiques déja eſlevez ſe levent, & s'apliquent à luy *prêcher la Repantance ,* & meme ſe joignent pour le preſſer ſur ce point ?

Qui doute , que ces Trompetes ſonantes come celes *de Joſué* à la fois ne fiſſent tomber *Jerico ?* Qui doute, que ces Soldats de Gedeon bien choiſis , & bien unis, ne defiſſent le Gros des pechez , & des pecheurs ? Qui

 doute

doute qu'antrans tous anfamble dan
Haï, ils ne la priffent, & ne la fiffent
bruler? Un affaut General amporte les
plus fortes viles. Une bordée de Canons lachez fur un vaiffeau vieil le met
à fond. Une Baterie Royale, qui tire
toute à la fois ranverfe bien une Tour,
& combien plus un Mur fapé? anfin eft
il poffible, que *le Monde Chrétien* pour
Mechant qu'il foit, & anvieilli dans le
vice ; pour andurci, Opiniatre, ou
fourd, qu'il veuille étre, & qu'il paroif-
fe; acoutumé pourtant qu'il eft non
feulemant *à* voir, & *à* ouyr, mais *à*
reverer, & *à* craindre des Pafteurs,
à deferer *à* leurs vois, & *à* leur Avis;
pût refifter *à* leur Parole, *à* leurs Pref-
fantes Remontrances, & *à* leur vives
Exortations de fe Repantir, de s'a-
mander, & de Changer de train de
vie?

Peut il ce Monde humain & pecheur Refifter au Divin, & au Miniftere Saint ? Eft il fi fort en bouche
que luy, qui a, & qui eft cele de Dieu?
Fuyra-t'il d'ouyr fes Pafteurs, qui
font fes Peres? Ne viendra-t'il point
aus Tamples, & aus Eglifes les ouyr
faifans refoner *la Penitance* de tous
lieus

lieus, & de tous Cotez ? Cet Eco ne
l'efrayera-t'il point ? Ne faudra-t'il
pas qn'il deviene Atée, s'il ne s'y rand,
& pour le moins ſe Juge andurci, &
tout à fait deſeſperé ? Quand à la fois
& par tout il oira toner *ces Boänerges*,
& les ſantira toujours le pourſui-
vans l'Epée nuë (come l'on dit)
dans les Reins , ne faudra-t'il pas
qu'il ſe rande , qu'il crië Miſericorde , & demande humblemant la
vie , qu'ils luy ofriront de la part de
Dieu , & de JESUS Chriſt en meme
Tams ?

Certes (Mes Freres) il ne faut
point faire dificulté de croire ce me
ſamble, que pour obſtiné , ou roide
que ſoit le monde, il ne ſoit contraint
de ceder & de ſe fléchir. Je ſuis aſſeu-
ré , que rien ne ſera capable de re-
ſiſter à une Legion ſi foudroyante, &
à des Chefs plus Invincibles que Mau-
rice , & ſes Tebéens. Quand ce ſeroit Babilone , il faut qu'elle tombe à
la vois de ces Anges, & au ſon de ces
Trompetes, qui crieroient tous , ſor-
tés d'elle , *faites Penitance, faites des*
fruits convenables à Repantance. Sors
de Babilon mon Peuple de peur que par-

ticipant à *ses Pechés*, *tu ne participes à ses playes*.

Voylà certes à quoy il faut qu'en ce Tams *le Pastorat* se resolve, & se reduise au plûtot : La Chose presse. Le Feu gaigne. Le mal ampire. Le Ciel parle. La Terre s'emeut : l'Air s'épaissit. La mer se boursousse : La Tampéte derniere se forme. *Le Pastorat* a donc tout Sujet de s'eueïller, & de s'elever come en sursaut, pour réveiller le Monde de son assoupissemant, de son someil Letargique, & de sa Charnele securité.

N'a-t'il pas tres-grand Sujet de le faire, soit voyant l'Iniquité croître, & la Corruption des mœurs aler à l'extremité, & meme avoir ateint son Comble: La Malice se hausser come la Mer, & menasser d'Inonder toute la Terre ; soit voyant le Ciel Irrité, & la Colere de Dieu si alumée, qu'elle menasse de bruler de feu, ce que l'eau feroit pour épairgner. N'en void on pas les Flames en l'air, prétes à bruler, come elles ont comancé à faire en plusieurs androits, les vilages, & les viles? les Fleaus de la Peste, & de la Guerre ne batent ils pas, & ne menassent ils pas

pas en tous lieus la Chrétiante? & déja leurs Coups n'ont ils pas fait en pluſieurs lieus des playes conſiderables?
Qu'atandons nous, que tout ſoit bleſſé, froiſſé, & reduit en tel Etat, qu'il
ſoit du tout Incurable? Joignons nous
donc, & Joignons nos vois, & nos
Forces, pour prêcher la Penitance, &
la faire faire à bon Eciant. Nous
pourrons beaucoup plus eſtans unis,
qu'eſtans ſeparez, & pluſieurs anſamble, que Seuls.

N'eſt ce pas neamoins une Choſe
Etrange, que Dieu done à ſi peu de
ſes Homes en ce Tams les mouvemans
de faire cet Oeuvre? Que ſi peu de
vois crient *au Malheur, & au Deſor-
dre* aus Jours, auquels l'un & l'autre
ſont ſi Grands? Que ſi peu prêchent
la Penitance, & l'Amandemant, &
que moins ancore les ambraſſent? Helas! n'eſt il point de Jean Batiſte, &
de ſon Eſprit, ou plûtot de celuy de
JESUS Chriſt parmi les Chrétiens, &
ſur tout parmi des Paſteurs, & des Herauts de ſon Regne? S. Pierre n'a-t'il
laiſſé aucun Héritier de ſa parole,
auſſi bien que de ſes larmes, qui crie
come luy *Amandés vous*, en s'ämand-

 dant

dant come luy , & pleurant ameremant ? Somes nous *fans Guetes*, ou
Santineles , qui *voyent venir le Mal*,
& ni ne le previenent eus memes, ni
ne le faſſent prevenir aus autres par
une vraye *Repantance* ? Elle arreteroit
le mal , qui panche ſur nôtre Téte, &
celuy que nous faiſons , & celuy que
Dieu nous fait , & qu'il eſt ſur le point
de nous faire ancore, ſi nous ne nous
Amandons. Un Torrant de larmes é-
teindroit le Feu de ſon Ire, & des Ge-
nous humiliés ſuſpandroient ſes bras
prets à fraper , & pour le moins dé-
torneroient ſes Coups ailleurs , ſi
nous abaiſſions nos Tétes , & humi-
lions nos Cœurs.

Mais puiſque nous ſomes ſur la Neceſſité de cete *Predication de Repantance*, voyons qui eſt ce, qui la ſuſpand
elle meme , & détorne ſon juſte cours:
N'eſt ce point Satan, qui en prevoid
bien le fruit, & toutefois trouve mieus
ſon compte *dans la Predication de la
Miſericorde, & de la Grace abondante,
generale, & préte en tout tams ; & dans
celle du ſalut* par la ſeule Foy ſans a-
compaignemant, ou ſans ſuite d'Oeuvres, ni come moyens de l'un, ni come

me marques de l'autre ? N'eſt ce poinc
luy, *qui durant la nuit ſeme l'yvroye,* Mat. 13.
qui enyvre, qui aſſoupit, & qui an- *v.* 25.
dort ceus qui doivent *veiller come*
Eveques, & qui les ampéche en ſuite
d'eueiller les autres en faiſant un bruit
auſſi Salutaire que Neceſſaire en ce
Tams ?

De fait à voir ce grand Silance de
nos Tamples, & de nos Chaires ſur
la Repantance, & le morne Etat dans
lequel pluſieurs ſe tienent, qui dé-
vroient tout remuer, afin de tirer les
Pecheurs de leur ſomeil Letargique,
& de leur Repos mortel ; que peut
on dire, ſi non qu'ils ſont endormis
eus memes, & qu'il y a queque *Eſprit*
d'Etourdiſſemant, ou pourlemoins
d'Aſſoupiſſemant, qui les a pris, come
diſent les Profetes ? ou plûtot queque
Charme Diabolique, ou Diable meme, qui a le pouvoir de les randre come
l'Energumene de l'Euangile, *ſourds*
tout anſamble & muets ?

Tous les Tamples rétantiſſent de
ces beaus mots, *Grace, Grace.* Par
tout on n'oit précher, que *Miſeri-*
corde, & que *Juſtification gratuite.*
On ne parle que *de Peuple aquis, &*

de Royale Sacrificature. On n'inculque nul befoin, que celuy *de croire*, & croire *Comant?* On ne veut pas, qu'on doute de fon Salut quand on le perd, ou que l'on craigne meme filialemant, quand on eft ferf. On done à toute forte d'ames Affeurance, & Letres de paffeport. On n'oit expliquer que des Textes favorables aus plus grans Pecheurs, & meme aus Impenitans; Et l'on n'oit point à l'egal inculquer *la Penitance*, ni expliquer des Textes *d'Amandemant.* On n'antand gueres parler *d'Operer fon Salut avec tramblemant, & crainte.* On ne void point preffer les Gens *d'aler par le Chemin rude, & d'antrer par la Porce étroite, qui par la mort à foy, mene à la vie.* On n'oit point parler *du Sacrifice raifonable de fon Corps & de fon Ame, &* de celuy *d'un Cœur froiffé*, come on antand parler du Salut aquis par celuy de J e s u s Chrift. On publie *fa Juftice*, mais on ne fait gueres mantion de la nôtre par fa Grace; & de cele qu'il faut que nous ayons pour étre *Iuftes*, non feulemant au dehors, mais au dedans, c'eft à dire en nous memes *Saints.* On dit bien, *Qu'il n'y a point de*

de Condannation pour ceus, qui sont en
J E S U S Christ, mais on n'ajoute gue-
res, que ce sont ceus qui ne cheminent
pas selon la Chair, qui sont en luy; &
que ceus, qui sont en luy, & de luy, ont
crucifié, & crucifient leur Chair, &
ses Convoitises.

Hé d'où peut venir cela (Mes Freres) en un Tams auquel le Monde a
tant besoin, qu'on luy reproche *ses Pe-*
chez, & qu'on luy *en préche la Repan-*
tance, sinon de la ruse de Satan, & de
la finesse de ce Serpant Ancien, qui
come Esprit de tenebres seme ces
ombres, épand ces fumées, & esleve
ces vapeurs, qui montent à la Téte,
& endorment des Predicateurs, pour
qu'ils ne prenent pas bien garde au
Someil du Monde, & le laissent andormi?

Il a trouvé meme le moyen sous
pretexte d'une fausse paix, de ne troubler pas cele du Peché, & des Pecheurs. Peutétre y en a-t'il qui croyent
que c'est blesser la Charité, que de
panser, ou de dire, que le Monde n'en
ait point? N'en est il pas, qui se figurent, que c'est blesser l'Innocence,
que de le croire Criminel? Il y en a

D 5

peut-

peutétre aufli qui de peur de rompre
l'Union des Eglifes, jugent qu'il
vaut mieus y tolerer de grans maus.
Anfin plufieurs peutétre font fi dous,
fi debonaires, & fi paifibles, qu'ils ne
peuvent eftre rudes aus vicieus, & aus
vices ; & qui meme épairgnent les plus
grans pechés, & n'ofent troubler le
Regne du Diable, qui trouble tant
celuy de Dieu.

Il eft vray. Certaines Maximes de
Charnele & fauffe Paix, ont prevalu
préque par tout ; & la peur de faire
du bruit, eft caufe, qu'on laiffe meme en Paix le Diable, & qu'on efet en
ce tams on le trouble peu. On le laiffe come Regner, fans luy contefter le
Tróne, & l'on eft fi charnelemant benin, qu'on pardone meme au Peché,
& à la Chair Corrompuë, & qu'on les
fuporte fans leur dire preque mot. Il
fait pourtant mile ravages, & pour
coñferver la Paix, on fe contante de
fe tirer à l'Ecart, & de quiter la place
en la luy cedant. Il nous fait Guerre
ouverte, & nous n'ofons la luy faire
ou declarer. Un de ces Jours *l'Ours*,
& *le Loup paitront avec les Brebis*, afin
d'en manger tous les Aigneaus, & elles

les memes aprez eus. Ce n'est pas ainsi
pourtant, que l'Ecriture l'antand,
mais au contraire elle veut, que *les bons
Pasteurs* non Mercenaires, prenent
la Houlete, les chassent l'oin, & qui
plus est, *leur froissent la Tété, & les
foulent à leurs piés.* Qu'ils ne fuyent pas,
mais qu'ils crient voyans les Loups a-
procher, & pié ferme les arrétent de
la main, & de la vois.

Tout cela veut dire, que *tous les
Pasteurs & les Ministres* sont obligés
en Verité de Précher la Penitance;
mais pourtant que peu le font. Les
uns osent dire, que c'est parce qu'eus
memes ne la font pas; les autres, par ce
que la Préchans, ils seroient tenus de
la faire, & d'en doner aussi bien l'example, que les Avis: Mais moy j'ay-
me mieus prandre le tout d'un autre
biais, & interpréter ce Silance Pastoral en bien, l'atribuant *à la Douceur*
de *son Esprit, & à l'amour de la paix,*
qui a par fois ses Excés, aussi bien que
d'autres vertus, & qui par trop de
Bonté done trefve à la Malice soit des
Homes, soit des Demons.

Mais qui ne sait, que les Sacrificateurs pour Bons qu'ils soient, *sont bla-
mablés,*

mablés, & *blamés* quand ils ne bla-
ment pas affés foit leurs Anfans Char-
nels come Eli, foit les fpirituels, come ceus qui font traités *de Chiens
muets*, quand ils n'aboyent pas haut?
*Qu'ils randront compte du Sang des
Ames quand ils les laiffent perir?* Tous
les *Examples des Serviteurs Bons &
Fideles*, & *des Pafteurs & Miniftres
Profetiques, Apoftoliques, & bien Chretiens*, témoignent auffi bien que leurs
Paroles, qu'ils doivent tanfer, *reprandre*, & *Convaincre les Mechans. Qu'ils
ne doivent ceffer de dire à Ifraël fes pechés, & à Jacob fes forfaits*; & qu'ils
font obligés à publier *la Repantance
vers Dieu*, & *la Foy en* JESUS
Chrift.

Mais d'où peut venir ancore *le man-
quement de Prédication de la Penitance,
& ce Grand Silance des Chaires à l'a-
noncer?* Peut-on dire, qu'il provient,
ou de ce que plufieurs n'en fantent pas
affés l'Importance, la Neceffité, & le
Befoin qu'en a le Monde? ou de ce
qu'ils croyent, que le Monde eft affez
bon, ou qu'il n'a jamais efté meilleur?
N'eft ce point auffi de ce qu'ils pan-
fent, que l'Euangile eft telemant une
An-

Annonciation de Grace, qu'il ne faille prêcher qu'elle, & ne faire pas présque samblant, qu'il y ait dans le Monde de Peché ? Est ce, qu'ils ayent peur de causer du Trouble aus Ames, ou de les jeter dans les Scrupules, ou dans les Remors de Consciance, & de là en quelque sorte de Tristesse un peu excessive, ou meme de Desespoir ?

Certes ils n'ignorent pas, qu'il ne faut point flater d'Esperance des Pecheurs, quand ils font Impenitans. Qu'au contraire trop d'Esperance leur peut nuire aussi bien que trop de Foy, mais humaine & Tamporele, qui devient Presomption. Qu'il est une bone Tristesse selon Dieu, come il en est une qui ne vaut rien, & qui est selon le Monde. Qu'il est bon, que les Mechans soient troublés, come Herode, & la Sinagogue ; & que c'est ainsi que Jesus Christ & les Apôtres ont esté de Saints Perturbateurs du Monde. Le Premier Elie de la Maison d'Acab, & de Jezabel ; Le Second, qui est S. Jean de Cele d'Herodias, & d'Herode ; & S. Paul par sa Predication, d'Agrippa, de Berenice, & qui plus est, de Neron.

Ils

Ils savent aussi fort bien, que le *Monde Insansible*, come il est, a besoin d'estre pinsé de mesme qu'un Letargique ; & d'estre éveillé come luy par de violantes frictions. Qu'étant *Andurci* il le faut rompre, puis qu'il ne veut pas se plôyer ; ou qu'il le faut fondre estant de glace au feu de l'Ire Divine, & aus menasses de ses terribles Jugemans. Que la Parole Euangelique est aussi bien que la Profetique, *& un Feu, & un Marteau* ; & selon un Euangeliste Apostolique, *une Epée à deus tranchans*, qui ateint jusqu'à la *division de l'Ame, & de l'Esprit ; des Jointures, & des moëles ; & est Juge des Intantions du Cœur*. Et qui plus est (come il le dit) est ancore *plus vive, plus Eficace, & plus antrante, ou penetrante au dedans*.

Certes quand *une Epée* antre dans la Chair, elle emeut. Quand elle separe *les Jointures*, elle les trouble, & met tout l'home en fremissemant. Ainsi doit faire la Parole, & la Parole mesme Euangelique, qui est *Odeur de mort aus Morts, aussi bien qu'odeur de vie aus Vivans*. Hè comant ne la feroit elle pas, que l'Auteur mesme de
l'Euan-

l'Euangile, Jesus Chrit nôtre Seigneur
l'a esté, come *Pierre propre à fonder & à
soutenir les uns, & à écraser & briser
les Autres*; Fort venu troubler le Fort,
le Monde, & l'Anfer en sa Chair aus
Premiers Tams, come il les doit troubler ancore par son Esprit aus Derniers?

Anfin qui ne sçait, que l'Euangile
a ses Rigueurs, & sa Justice, sur tout
pour un Monde Injuste ? Que son
Esprit le doit *convaincre de peché, &
de Iugemant*, & le condanner aü Chatimant? Que ses Grands Pechés obligent
à luy faire de grands Reproches, & ses
ulceres puants à y verser aussi bien du
vin, que de l'huyle, & même à y apliquer le fer, & le feu, afin d'en bruler
tout jusqu'aus Racines, & d'en rétran-
cher le Cours aussi dangereus, que ve-
nimeus ?

C'est donc à *tout vray Pasteur Euangelique* de prandre le rasoir en main
pour couper la Chair pourrie. C'est
à luy de bien manier *l'Epée de l'Esprit,
qui est la Parole de Dieu, & en percer
le Méchant*. C'est à luy de faire come
les Proferes, & Imiter *Moyse, Samuel,
David, Elie, Esaïe, Ieremie, Ezechiel,*

chiel, Ionas, Osée & Ioël. Crier come
le Premier, *que les Levites tuent d'une
porte à l'autre de l'Epée de l'Esprit les
Idolatres, les Profanes, & les Supersti_
cieus.* Come le Second, dire aus Sauls,
que Dieu les rejete, & aus Peuples,
qu'ils l'ont rejeté. Come le Troisiéme,
se proposer *de detruire le mal, & les
Malins, & purger Sion d'Iniquité.*
Come le Quatriéme, *Reprimer Baäl,
& son Culte ; & reprandre petits, &
Grands.* Come le Cinquieme, *presser le
Monde de se laver, & de quiter & sa
Malice & ses Actes en cessant de faire
mal.* Come le Sisiéme *pleurer, & faire
re pleurer, Arracher, planter, détruire
& batir.* Come le Setiéme *percer la
Muraille, & voir l'abomination.* Co_
me l'Huitiéme, *crier, Ancore qua_
rante jours, ou queques Iours, & Nini_
ve ou Babilone sera détruite.* Come
le Neuviéme *Dire, que le Manson_
ge, l'Ordure, & l'Impieté Inondent.*
Come le Disieme & le Dernier *s'e_
crier, Pleurés Levites. Pleurés Sacri_
ficateurs antre le porche & l'Autel, pu_
bliés le Iune, Assamblés le peuple, &
criés disans, Retornés vous de tout vô_
tre cœur à l'Eternel en Iune, en pleur,
&*

& en Lamantation: *Rompés vos Cœurs,
& non pas vos vétémans , & retornés
à l'Eternel vôtre Dieu de tout vôtre
Ame.*

O que n'oyons Nous en ce tams dire ces Choses ! O pourquoy ne retan-
tiſſent de ces beaus Textes nos Chaires?
Pourquoy ne les vont Chercher , &
Rechercher Pluſieurs, qui cherchent
à dire tant de choſes Recherchées ?
Que ne fait on plus parler Dieu, & les
Profetes, que les Homes ? & pourquoi
n'antandons Nous gronder *ces Boänerges*, & ces Anfans du Tonerre ſur nos
Têtes, pour effrayer Saintemant nos
Cœurs ? Certes ſi nous produiſions
leurs vois , & ſi l'on les oyoit reſoner
fortemant en tous nos Tamples ; on
verroit bien d'autres vois ſe taire, ou
ne parler qu'en Sanglotant. On verroit bien du Monde qui leve la Tête,
l'abatre, & s'humilier aus Piés de Dieu.
On ſeroit étoné de voir les plus hardis, & les plus fiers , étonez du Ru-
giſſemant de ces Lions, devenir ſous
eus des Aigneaus.

L'Expediant donc efectif ſeroit,
que des Paſteurs zelez s'antandiſſent
Pluſieurs anſamble ; & que bien Unis

antr'eus en la Cause de Dieu, & dans
le Dessein de Reformer les Eglises, ils
joigniffent leur vois *à Prêcher la Penitance* , & leurs mains à la faire faire:
Priffent des Textes exprez bien choi-
fis en l'Ecriture , forts en Termes,
profons en fens, Energiques en vertu, & les traitaffent au long par plufieurs Actions Confecutives , les uns
fuccedans aus Autres en memes Chaires, & en memes Auditoires ; ou tous
à la fois en divers lieus , pour ferrer
le Monde de prés, & ne luy doner prefque pas le Tams de refpirer, & prandre haleine, afin de l'obliger à fe conoitre & Reconoitre tout anfamble;
voir fes Pechés, & les Pleurer ; craindre fa Perte, aimer fon Salut, & A-
mander fon mauvais Train.

Certes fi cela eftoit, il fe fairoit é-
fort, & bréche, come qui lache toute
une baterie à la fois contre un vieil
mur. Come qui décharge une bordée
de Canons de vaiffeau de Guerre,
contre un Marchand défarmé, & ampeché de fa Charge. Come qui done
un General Affaut à une ville affie-
gée, qui n'a ni dequoy le Repouf-
fer, ni dequoy refifter à une Ataque,

que, que le Nombre, & la valeur font redoubler.

Mais où trouver (me dirés vous) ces Pasteurs, & les trouver meme en Nombre, & bien unis? J'avouë, qu'il est Rare & qu'il samble dificile, sur tout en ce Tams d'en rancontrer: Néamoins serions Nous dans un si mauvais, que tout à fait les Profetes nous defaillent? Le Seigneur n'auroit il point laissé du Residu en Levi, en ayant laissé en Israël? N'y auroit il point en la Terre de Feu du Ciel, & y seroit il tout revolé? Les Mechans y feroient ils Corps, & les Bons ne feroient ils pas meme dans celuy de l'Univers un seul mambre tel, une langue, ou une main? Il faut croire, que le Monde n'est pas si Dépeuplé de bons Habitans, qu'il n'y ait ancore *des Enos & des Noës*; qu'Israël n'est pas sans un *Elie* & qui plus est, sans Plusieurs, quoy qu'ils ne paroissent point.

Mais c'est à eus de se produire, & il est absolumant necessaire, qu'ils le fassent en ce Tams, qu'*Israël ne cloche pas seulemant tantôt sur un pié, tantôt sur l'autre*, mais est tout à fait Estropié, & Paralitique Immobile; Ou

 plûtot

plutot eſt Droit & Débout, leſte à
marcher à Corps perdu, & à Grands
pas dans les voyes du Monde, de la
Chair, & de tous les vices. Il eſt certes Tams, qu'*Elie ſorte de Sarepta* vraye
figure de l'Egliſe veufve & afligée,
pour paroitre devant les Grands, &
les Petits, & leur dire à tous leurs forfaits. Il eſt tams, qu'il deſcende de ſon
Carmel, quite ſa Grote, & s'en viene
aus Cours, aus Palais, & aus places Publiques dans les villes *précher la Re-*
pantance, & l'Amandemant aus Acabs,
& à leurs Peuples.

Heureus s'ils peuvent dire, non come Elie, *je ſuis ſeul*; mais au contraire,
nous ſomes pluſieurs. O qu'ils feroient
& ſeroient Grand Nombre, s'ils é-
toient tous ce qu'ils doivent eſtre; c'eſt
à dire bien Apelés, bien Anvoyés,
bien pleins de Grace, & de l'Eſprit
Profetique, Apoſtolique, & Paſtoral,
qu'ils doivent avoir !

N'eſt ce point auſſi faute de ces Graces, & de l'Onction d'Eſprit, que des
Levites ſelon la Loy ne ſont pas tous
des Finéez ? Ne ſeroit ce point, que
l'Eſprit en a quité queques uns, qui
l'ayent quité come Saül; ou qui l'ayans
con-

contriſté come David, l'ont contraint
à ſe faire moins ſantir à eus? Seroit ce,
que come l'Ange d'Efeſe, & de Laodicée, ils euſſent *delaiſſé leur Pre-*
miere Charité, leur premier zele, &
euſſent beſoin de les reprandre?

Si cela eſt, ils ont beſoin *de faire Pe-*
nitance auſſi, puis qu'eſtant dit à ces
Anges de *Reprande zele,* il leur eſt ajouté, de *ſe Repantir:* En éfet il ſeroit
non ſeulemant bien ſeant, mais Juſte,
& qui plus eſt neceſſaire en ces mauvais Tams, que les Bons, ou moins
Bons Paſteurs, & combien plus les
Méchans, s'il y en a, *Repriſſent zele,*
s'ils en ont eu; en priſſent, s'ils n'en
ont point eu; & *ſe Repantiſſent* les Premiers; *fiſſent devant que de dire,* imi-
tans en queque faſſon le Grand Paſteur des Ames JESUS, qui voulut
bien s'aſſujetir au rigoureus Bateme
de Jean, *qui batiſoit d'un Batéme de*
Repantance, come s'il eut eſté Pecheur,
& en eut eu queque beſoin; & en ſuite
fût la continuër au deſert, devant que
la prêcher dans les viles.

Ils devroient imiter le Paſteur *Pierre*
décheu de ſon Paſtorat, qui pleura
tant, & ſe repantit ſi bien de ſon Pe-

 ché,

ché, qu'il fut remis en son grade, &
en sa Grace premiere; Puis prêcha la
Penitance en Penitant éfectif & si
eficace sur des Miliers de Pecheurs,
qu'il en fit des Miliers de Saints les
ayants faits Penitans. Certes c'est à
lors, qu'ils seroient propres à Precher
la Penitance l'ayans faite, & estans les
Premiers à marcher en un Chemin,
dans lequel ils exorteroient les autres
à les suivre, come l'ayans déja fait.

Mais c'est un Point, qu'il nous faut
toucher plus amplemant en nôtre
Troisiéme Remede, & cepandant finir celui-cy par une aussi ardante,
qu'humble Priere, ou plûtot Conju-
ration aus Pasteurs zelez; Apelés, &
Séléz de l'Esprit de Dieu, touchéz de
luy; de vouloir s'unir dans le bien,
come tant de Gens font dans le mal,
& s'exciter de Nouveau *à Précher la
Penitance*; & tous d'un Cœur, & d'u-
ne vois antoner *l'Amandez vous* Euangelique; Amboucher *les Cornets d'argent du June*, & *soner les Trompetes des
Anges de l'Apocalipse*, & singulieremant du Sisiéme, & du Setiéme, afin
que Babilone tombe, & non seulemant cele de l'Erreur, mais cele du
vice;

vice ; & ses faus bourgs & ses dehors ; aussi bien que ses Dongeons, & que ses Tours.

Le Rétablissemant, ou le Renouvelemant de l'Esprit Pastoral en zele, & en Sainteté, propre à Précher la Repantance, & à travailler à la Reformation Universele.

CE sont les Pasteurs (Mes Freres) qui doivent le plus contribuer ainsi que nous venons de voir, à cet Ebranlemant *de la Babilone Pecheresse,* c'est à dire du Monde corrompu & vicieus, par le moyen du son de leur vois & de leurs Trompetes, sonans & Préchans la Penitance : Mais come *les murailles de Jerico* ne tomberent au son des Trompetes des Sacrificateurs, qu'en la Presence de l'Arche, & que moyenant certaines Ceremonies que Josué fit observer, aussi bien qu'elles ne cheurent qu'au son *des Cornets du Sanctuaire ;* de même faut il sçavoir, que pour faire tomber le Monde & le

 Peché

Peché en ruïne, il est necessaire, que les Trompetes soient Saintes, & vraymant Trompetes du Sanctuaire, embouchées par des Sacrificateurs, où par des Pasteurs vraymant Saints, & vraymant Sacrez.

Come donc il ne nous a esté aucunemant dificile de trouver qui estoient ceus, qui devoient prandre le Remede, & se servir *de la Medecine Spirituele de la Repantance*; Il ne nous a pas esté dificile aussi, de trouver ceus qui devoient les preparer & les doner. Les Premiers sont les Troupeaus, & les Eglises Malades. Et les Seconds (avons nous dit) sont les Pasteurs & les Ministres, Ecclesiastiques Medecins : Les uns sont visiblemant Pecheurs, & les autres doivent être Saints ; & c'est là sans doute le point le plus dificile, aussi bien que le plus necessaire à rencontrer dans la Preparation de ce Remede, que les Pasteurs ont en leurs mains.

En efet come en cele des Medicamans corporels la Fidelité de ceus qui les Preparent, & qui les doivent doner, est singulieremant requise ; En cele des Medicamans Spirituels aussi, la Fide-

Fidelité des Medecins Spirituels est fort requise conformemant à ces mots de Jesus Christ qu'*il faut, que le Serviteur & l'Econome soit* non seule- mant *bon, mais Fidele* ; & à celuy de Saint Paul, qui dit, que le *Ministre de Christ & le Dispansateur des Mysteres de Dieu doit être trouvé Fidele* ; & Fidele *en toutes choses, ainsi que Moyse l'a esté en sa Maison.*

Ce n'est donc pas assés, que le Pastorat soit trouvé come estant le Medecin, qui doit ordoner & distribuër les Re- medes ; mais il faut qu'il soit trouvé *Bon*, ainsi qu'en matiere meme de Medecin Corporel on ne se contante pas d'en trouver un, mais on le veut *Bon* ; n'y ayant que *l'Expert & le Fi- dele*, qui puisse bien ordoner ce qu'il faut aus Malades, & aus maus, pour en guerir : Pareillemant il n'est que le *Pastorat vraymant Bon, Saint, & Fidele*, qui soit capable de bien prépa- rer, & de bien Distribuër le Remede de la Penitance, ainsi qu'il est aisé de prouver : Et par consequant c'est luy, qu'il faut rancontrer come vraymant *Bon* Medecin, pour que l'ordonance, la Preparation, & la Distribution *de la*

Luc. 12.
v. 42.

1 Cor.
v. 1. 2.

Heb. 3.
v. 2.

E 5   Gran-

Grande Medecine, qui est la Penitance, reüssisse, & produise son efet sur son Malade, qui est le Monde Pecheur.

Ce ne sont donc pas toutes sortes ou de bouches, ou de mains, qui peuvent bien ordoner, ou pratiquer la *Medecine spirituele*, come ce ne sont pas toutes sortes de Gens, qui peuvent, ou qui doivent dispanser la corporele. Il est en cele-cy des Charlatans, qui vont par les Maisons, ou montent sur le Theatre, qui parlent beaucoup, & ne font rien; & meme tuënt plus de Malades par leurs Drogues, qu'ils ne sont capables d'en soulager pour un momant. Ainsi peut il arriver, que des Gens qui se mélent de guerir les autres, n'empirent leur mal en le flatant, ou en ne leur apliquant pas bien de bons Remedes, ou leur en donant de fort mauvais.

Cent beles raisons nous prouvent, que pour faire, que *la Predication d'une generale Penitance, pour une generale Reformation* reüssisse, & produise son efet tel qu'il le faut; le Pastorat vraymant Bon, zelé, & Saint en doit étre *le Dispansateur*, pour étre bon
Ope-

Operateur. Nous ne les traiterons pas
toutes, puis que leur grand Nombre
nous engageroit à une grande Longueur; mais nous nous contanterons
icy du chois de celes, que nous croyons
les plus utiles, aussi bien que les plus
propres à nôtre Sujet.

La Premiere est, que nous reglans
tout Premieremant par l'Escriture,
nous trouvons que tous ses Dogmes
touchant ce Point, vont à celuy de
nous enseigner, que *tout vray Pasteur
le doit étre bon. Que tout Serviteur &
tout Econome le doit étre aussi*; & sur-
tout *celuy que Dieu etablit sur sa Maison*: Que tout Medecin doit étre Sain,
& s'étre gueri & *se sçavoir guerir luy
meme*, JESUS reprochant en l'Apocalipse à l'Ange de Laodicée ses maus,
& le besoin qu'il a de Remede: En un
mot, qu'il doit étre *Prophete*, ou *Apôtre*,
& pour le moins *Home Apostolique, ou
Prophetique* pour Precher Apostoli-
quemant & Prophetiquemant la Repantance.

Pareillemant la meme Ecriture nous
prouve par tous les Examples qu'elle
nous produit *des Predicateurs de la Penitance, & des Medecins spirituels du
Monde*

Monde Pecheur Malade ; Qu'il ny a
que des Gens de bien , vraymant
zelés , *Saints* , *& Fideles* , dont Dieu
se soit servi pour l'anoncer. C'est ce
que prouvent dans la Loy Naturele.
Les Patriarches *Enoch* , *Noë* , *Lot* ,
Jacob , & queques autres : dans l'Es-
crite , *Moyse* , *Josué* , *Samuel* , *Elie* ,
Jeremie , *Ezechiel* , *Amos* , *Osée* , *Jonas* ,
Ioël , *Esdras* , *& tous les Prophetes* ; &
dans l'Euangelique , *Iean Baptiste* ,
Pierre , *Paul* , *tous les Apotres* , & par
dessus tous eus , un plus Saint qu'eus,
& que tous Patriarches , ou Prophetes,
I E S U S *Christ* leur Maistre & le nôtre,
nôtre Patron & le leur.

La Seconde est , que dans la meme
Ecriture nous lisons en general , que
quand il a esté question de doner des
Sacrificateurs , & des Conducteurs à
l'Ancien Israël , soit pour l'Etablir , &
le Conduire dans la vraye Religion,
& Pieté ; soit pour l'y ramener , & l'y
remetre quand il en estoit Decheu , &
par consequent lors qu'il a falu ou le
former , ou le Reformer ; Dieu a toûjours temoigné vouloir *des Saints* , &
luy meme les a faits tels , come il paroit depuis *Abel* Sacrificateur jusqu'à
Mel-

Melchisedec qui l'etoit, & estoit Roy; depuis *Noë* grand Chef d'Eglise, jusques à Abraham Pere des Croyans ; & d'Abraham jusqu'à Moyse, qui dût par là etre propre tant à former, qu'à Reformer Israël.

Luy & Aaron eurent besoin de l'étre ancore davantage , quand il leur falut antreprandre de le Regler par la Loy , & d'en metre en pratique les principaus Points , pour lesquels il fut besoin, qu'Aaron, & ses Anfans fussent sanctifiés en la maniere considerable , que les livres de l'Exode, & du *Exod. 29.* Levitique marquent ; en Aspersions, *Levit. 6.* Purifications & Onctions , qui figurerent au dehors la veritable Sainteté qu'ils devoient avoir au dedans ; & sur tout cele, que les Pasteurs Euangeliques estoient obligés de Professer, étans Sacrificateurs Nouveaus , non tant des Corps, que des Cœurs offerts à Dieu , & froissés de Repantance devant luy.

Pareillemant quand dans le decours du Tams il a falu remetre Israël en bon Etat, & par consequant de Pecheur le rendre Saint ; Dieu ne s'est servi en la Loy Ecrite, jusqu'au Tams

de

de l'Euangelique, que d'homes Saints,
n'ayant point fait cete Reformation
par *des Helis* ou par ses Anfans, mais par
des Samuels, & *des Elies*, par *des Ieremies*, & *des Esdras*, jusque là que
quand meme il a voulu faire faire Penitance à des Gentils & à un peuple
tel que celuy de Ninive avec son Roy,
il a falu que *Ionas* Pecheur se reconut,
& se sanctifiat dans le vantre d'une
Baleine, & en sortit sanctifié, & Repantant, devant qu'antrer en une
ville profane, & que l'Exhorter à se
Repantir.

En la Loy Euangelique à qui void
on *Precher aussi la Penitance*, qu'à des
Saints; à J e s u s Christ meme, à Jean
Baptiste; & s'il faut que les Apôtres la
Prechent, ne les y void on pas premieremant convertis, & sanctifiés par
le Saint des Saints ? *Mathieu* y dit il
ou y ecrit il rien que de Peager il ne
soit devenu Apotre ? *Pierre* y dit il
aus Troupes de s'amander & d'estre
Batisées d'eau, qu'il n'ait lavé & noyé
meme ses Reniemans en l'eau de sa
Penitance, & de ses Larmes ? & que
J e s u s ne l'ait refait de Pecheur, Pasteur; ou plûtot de brebis Errante,
Pa-

Pasteur Saint, & come Innocent Aigneau? *Paul* aussi a-t'il preché aus Nations la Penitance dont il dit, qu'il est envoyé *etre le Témoin tant aus Iuifs qu'aus Grecs*, & à toutes Nations, qu'il ne l'ait faite luy meme? & n'ait esté changé de loup en Aigneau aussi, & ne soit devenu de Persecuteur Juif, Apotre Chretien.

Anfin nous ne voyons point, que Dieu Convertisse le Monde par des Gens non Convertis propres à le Pervertir, comé étans pervers. Et l'Histoire Eclesiastique la plus digne de Creance prouve assés, qu'en tous Tams de Reformation Chretiene au Comancemant, au milieu, & sur la fin, jamais Dieu ne s'est servi des Méchans, pour faire des Gens de Bien; mais au contraire a toûjours amployé des Saints & des Repantans, pour faire des Repantans & des Saints. C'est pourquoy l'Apocalipse decrivant *les deus Temoins*, qui sont les deus derniers Corps des Herauts de Dieu, de Jesus Christ, & de leur Regne, les depeint *vetus de sacs* come prechans la Penitance, & en meme Tams les Apelle *des Prophetes*, & les marque come

come de Saints Homes, qui vienent du Ciel, & y revont.

La Quatriéme Raison est, que la meme Ecriture en particulier dit des Pasteurs, & Ministres de la Loy nouvele, plus que de ceus de l'Anciene, 1º. par la bouche de Jesus Christ, *Jean 10.* qu'ils doivent *aler devant les Troupeaus, & marcher come à leur Téte, que leurs Brebis doivent ouir leur vois, & les suivre.* *Mat. 5.* Qu'ils *sont le sel & la Lumiere du Monde* qui doit estre eclairé, *Jean 5. v. 16.* & assaisoné par eus. Qu'ils doivent *aler & porter du Fruit qui doit estre bon,* & par consequant étre bons Arbres. *Enseigner aus autres à garder ses Ordonances,* & par consequant eus memes les faire; & anfin qu'*ils sont apelés à l'imiter, & à le suivre,* & partant aussi obligés à estre Saints come luy, puis qu'ils le sont plus que tous autres, à *étre parfaits, come son Pere & leur Pere celeste l'est.* 2º. par la bouche des Apôtres *Paul, & Pierre,* l'un écrivant à des Pasteurs particuliers, qui sont ses *1 Tim. 4.* Disciples *Tite & Timothée,* & leur *v. 22.* disant à chaqu'un ce mot, *Sois & montre toy Patron en toute bone Oeuvre:* *Tit. 3. 7.* & l'autre parlant en general à tous Pasteurs,

fteurs, & les exhortant non à *Maiftri-*
ser les Troupeaus de Dieu, mais à étre
leurs Modeles, & leurs patrons, come
Saint Paul ancore fe propofe tel à ceus
de Theffalonique & de Philipes. Le
meme Euangile auffi fait voir, que *les*
Pafteurs, & les Predicateurs de la Pe-
nitance doivent eftre eus memes Penitans, & pretandans fanctifier les Pecheurs, eus memes étre & Sanctifiés,
& Saints.

La Cinquiéme eft tirée de l'Experiance, de la Raifon, & du dire Comun, qui porte, *fi tu veus que je pleu-*
re, pleure; & fois toy meme le premier,
ce que tu veus; que je fois : Pource qu'en
effet on ne peut pas bien emouvoir
quequ'un, qu'on ne foit émeu; & le
porter à queque bon defir, ou Pratique fans le convaincre qu'on y eft porté : Or en matiere fur tout *de Predica-*
tion, & de Predication de Penitance,
en laquelle il faut que le Cœur parle,
& que les Paroles, & la vois expriment
au vif fes fentimans; il eft fort dificile
d'en doner de bons fans en avoir; &
d'en avoir de bons, & de bien Saints;
fans eftre Saintemant, & bien zelé : &
par confequant auffi fans étre *bon &*

 Veri-

Veritable Pasteur , sans quoi on ne peut étre guere jamais bon & vray Predicateur.

La Sisiéme est, que veu qu'il conste, que pour l'ordinaire *on vit plus d'Example que de parole*, & que l'on va plus, où l'on est exhorté d'aler, par Imitation, que par Simple Invitation, principalemant quand il est question de marcher dans un Chemin dificile, raboteus & incognu, qu'on ne veut, ou qu'on ne peut pas bien tenir seul; & quand il faut faire des choses extrememant repugnantes à la Nature & aus Sens; *la Predication de la Penitance*, qui est la meme que Cele de la Sanctification , ne peut guere jamais estre suivie, estant fort rude, & sur tout fort dificile à pratiquer; Si ceus qui l'anoncent n'en donent l'example , & ne la persuadent autant, ou plus par leurs Oeuvres que par leurs paroles, & par consequant ne sont eus memes des Repantans, ou bien des Reformés, & des Saints.

La Setiéme est , que toute Experiance Anciene & Nouvele prouve, que come *l'Efficace de la Predication est une Oeuvre de Dieu, & non de l'homme;*

me ; eſt un effet de la Benediction de la
Grace, & non pas de l'effort de la
Nature, & qui plus eſt, ne peut venir que de la vertu meme de l'Eſprit
Divin, joint à l'Humain, renforſſant
ſa foibleſſe pour luy ſervir d'organe à
toucher fortemant les Cœurs les plus
durs ou les plus forts; on ne void point,
que l'Eſprit de Dieu s'Uniſſe à l'E-
ſprit du Monde, pour faire ce Coup,
& ſe ſerve d'Organes mondains, Mechans, & Diaboliques, pour faire en
queque façon de bons Anges, & pour
le moins de bons Repantans, & de
bons Chretiens.

Au contraire ſuivant le dire d'un
Ancien, *la Colombe ne ſe ſert que des An-* Mat. 11.
fans de la Colombe; & ſuivant celuy de v. 9.
l'Euangile, *la Sapience ſe Juſtifie par*
les Siens. Anfin Dieu eſt ſi eloigné de
ſe ſervir de l'Home Mechant, pour
avancer ſes Verités, & agir par luy;
qu'au contraire *il luy defand de Pran-* Pſ. 50.
dre ſon Nom par ſa Bouche, & d'anoncer
ſes voyes, & ſes Statuts. JESUS auſſi
fait taire les Diables, qui l'anoncent
Fils de Dieu; & tous les vrais Prophetes tonent Inceſſamant contre les
Faus, qui entreprenent de Pro-

phetiser de sa part, & en son Nom

Aussi void on bien, que queque effort, que fassent les Predicateurs Humains, & queques Hypocrites qu'ils puissent étre, se mélans *de Precher la Penitance*, & de faire pleurer les autres, en faisant samblant de pleurer eus memes; ils n'avancent rien pour beaucoup qu'ils parlent, & qu'ils avancent mème beaucoup de Paroles & de Choses, propres d'ailleurs à toucher les Cœurs des Peuples, si les leurs estoient touchez.

Ceus des bons Pasteurs l'estans, font seuls le Coup, & touchent vraymant l'Esprit des autres, le leur estant touché de Dieu. C'est à eus, à qui le Seigneur se plait de s'unir, pour agir conjointemant avec eus, & randre leur Predication si efficace, qu'un bon Nombre de Cœurs se Convertit par une seule come jadis; & que des Miliers memes se Repantent pous n'ouïr *Jean*, ou *Pierre*, au Jordain ou *à la* Pantecoste, qu'une fois.

Toutes ces Raisons prouvent bien, qu'il faut, que les Pasteurs & Predicateurs de la Penitance soient par efet des
Gens

Gens de Bien, & des Homes vraymant de Dieu, propres à en faire d'autres par une Predication capable de
les faire cesser d'étre Mechans; & parconsequant aussi, que pour faire valoir le grand Remede aus maus du
Monde, selon que nous venons de le
Proposer, il faut necessairemant, que
les Medecins qui le doivent preparer,
& faire prandre, soient non seulemant
sçavans, mais Saints.

Cete derniere Qualité dit tout, veu
qu'éle n'emporte pas, qu'ils soient seulemant dé bons Fideles, come s'ils estoint
des Homes Particuliers; mais bien come des Pasteurs & des Homes Publics;
ce qui emporte aussi, qu'ils soient
vraymant Apelés, & Envoyés; pleins
de feu Divin & de zele bien aussi que
d'Esprit de Grace & de pieté; En un
mot, Homes doüés come Prophetes,
ou Apôtres & pour le moins come
leurs Successeurs, & leurs Disciples,
d'un Esprit aucunemant *Apostolique*,
ou *Prophetique*, non seulemant pour
pouvoir parler, mais pour agir en Prophetes; & en Apôtres, c'est à dire étre
effectifs, ou efficaces, en Oeuvres &
en paroles come eus.

Si Dieu en done de tels aus Egliſes,
il eſt abſolumant neceſſaire ſur tout
en ce Tams, qu'ils s'apliquent fortemant à precher la Repantance, comé
des Jeans Baptiſtes & des Pierres aus
derniers Jours; & come *des Jonas ou
des Oſeés, des Ezechiels ou des Jeremies* aus Premiers; Que ſi les Egliſes
n'en ont pas nombre, il eſt viſible,
qu'il faut travailler à faire, qu'elles en
ayent; & s'il ne s'en trouve pas, en
Rétablir des Anciens, & en établir des
Nouveaus.

Par là j'antans, ou qu'il en faut Former, qui ayent l'Eſprit & le zele Apô-
ſtolique de bone heûre; ou qu'il en
faut Reformer, qui le Prenent ou le
Reprenent, ſi autrefois ils l'ont eu,
& s'ils l'ont pris; où ſi luy meme leur
eſt autrefois venu, & les a pris: *C'eſt*
là le Point ſur lequel nous ſomes, & le
quel en efet nous poſons come *un Troiſiéme Remede* à nos maus, propre à les
guerir par le Paſtorat, en ſe gueriſſant
luy meme, ou ſe portant tout à fait
bien: S'il eſt bien Sain, & s'il ſe trouve en ce dernier bon Eſtat, il n'a qu'à
bien agir, où il eſt tel; & il n'eſt beſoin auſſi, que de le laiſſer Libremant
agir.

agir aus lieus, ou il se rencontre ; mais pour ceus, où il ne se trouve pas, il faut necessairemant l'y etablir, come il se peut aisémant faire par les expedians, & les Remedes que nous avons à proposer en suite de celuy-cy ; c'est à sçavoir *par le bon Chois & la bone Education de la jeunesse* propre au Pastorat dans les Academies, Colleges, Seminaires, & Maisons, ou l'on la peut, & l'on là doit elever ; Et pour les lieus où cete sorte de Pastorat zelé n'est point, ou se trouve peu, il faut sans doute tacher de *le Rétablir, & de le Renouveler*, pour pouvoir Renouveler, & Rétablir par son Moyen les Eglises.

En efet come nous avons prouvé déja, que *l'Oeuvre de la Reformation*, dont nous parlons, ne se peut propremant faire, & bien faire que par les Pasteurs ; il faut necessairemant, que les *Pasteurs eus memes soient Reformés*, afin de Reformer les Troupeaus ; & par consequant qu'ils ne fassent point dificulté de se bien Reformer eus memes, afin qu'ils reforment mieus les autres. 1. Come Particuliers Chrétiens, & Mambres Fideles des Eglises. 2. En qualité *d'Homes Publics*, & de *Pasteurs & Chefs d'Eglises*, & de *Fideles*, qu'ils sont, & qu'ils doivent Reformer.

Or pour montrer, que cela se doit, & que cete Pratique n'est pas Nouvele il n'y a qu'à jeter les yeus sur ce qui s'est fait en l'Israël tant Ancien, que Nouveau : *En l'Ancien*, où nous lisons, que du Tams de la Reformation qui se fit sous les bons Rois *Ezechias*, & *Josias*, il ne fut point permis aus Sacrificateurs, & aus Levites souillés, de s'en mesler ; & meme d'avoir part à la Paque qui se Celebra ; jusques à ce qu'ils se fussent antieremant Purifiés ; ce qui marque visiblemant, que les Sacrificateurs Spirituels & les Pasteurs Euangeliques se doivent Reformer, devant que de Reformer les autres, & s'espurer par Repantance & par Sanctification, avant que de s'employer à purifier les Tamples de Dieu, vrayes Figures des Eglises ; & qu'egorger & manger la Páque, symbole des Cœurs Repantans.

Pareillemant dans *le Nouveau*, on ne void point, que Saint Pierre décheu de son Pastorat soit amployé selon

lon la Prophetie de celuy meme devant qui il cheut, à relever ses Freres
de Cheute, qu'il ne se fust relevé luy
meme de la Siene ; & que JESUS ne
luy eut fait la Grace de s'en relever,
& de l'Empecher meme de se noyer
en son Peché par un secours aussi efficace & meme aussi prompt, que le
fut celuy, par lequel il l'empecha de se
noyer dans les eaus ; En un mot que
parce moyen il ne se fut entieremant
Renouvelé à Repantance, Pleurant
ses Pechés ameremant & se disposant
par elle à recevoir de JESUS Grace,
& qui plus est la Grace meme *de son Re-*
tablissemant.

Pierre Apotre Reniant son Maistre
est sans doute le symbole de tout Pasteur, à qui il arrive, en confessant
meme Dieu & JESUS Christ de bouche, puis qu'il les preche, de les re-
nier par Oeuvre ; & par consequant
est son Patron aussi bien que son Symbole, qu'il doit imiter en sa Penitance, l'ayant imité en son Peché ; soit
qu'il ait comis le meme, soit qu'il en
ait comis d'autres dignes d'étre pleurés come les siens.

Mais ce ne sont pas là toutes les

 preu-

preuves, que l'Ecriture nous fournic
du Renouvelemant Prophetique, ou Paftoral, puis que dans l'Ancien Tefta-
mant nous voyons meme, que Jonas
ayant manqué de Fidelité à l'Efprit
de Dieu n'eft point amployé de luy à
anoncer dans Ninive la Penitance,
que lui meme ne l'ait faite dans le ven-
tre d'une Baleine, & qu'il n'ait repris
feu & zele au milieu meme des eaus,
dont il ne fort qu'aprés qu'il en a ver-
fé de fon Cœur Repantant & de
fes yeus.

Et dans *le Nouveau* ancore, nous
lifons en plus d'un Endroit de l'Apoca-
Apoc.2.3. lipfe, que JESUS Chrift oblige cer-
tains Anges devenus mauvais, ou certains Pafteurs décheus, à devenir bons
Anges, & bons Pafteurs, *fe Repan-*
tans, & reprenans zele, & fe rele-
vans; fous peine *d'etre vomis de fa bou-*
che ou d'étre privés *de leur Chandelier,*
c'eft à dire de leur Eglifes, & par meme moyen de Paftorat, & de Troupeau.

Tout cela prouve, que s'il y a queque *Dechet d'Efprit, de zele, & de vie*
Apoftolique dans les Pafteurs, il y a
moyen, & il faut de le *Reparer par la*
Pr-

Penitance ; & que s'il y a voye à leur Retabliſſemant, il faut auſſi, qu'il y en ait à leur Renouvelemant par la pratique de ce formel Avis de JESUS Chriſt a l'un d'eus ; *Tu as delaiſſé ta Premiere Charité, mais Repans toy, & Reprans zele ;* ce qui s'adreſſe non ſeulemant à ceus, qui ſont tout à fait Decheus & tombés en de grands Crimes, qui les ont come glacés, & come éteint tout a fait en eus leurs flames ; mais aus Tiedes memes, & à ceus qui ne ſont que Rafroidis.

  En efet ceus-cy ont beſoin d'etre ralumés, & par conſequaut *Renouvelés* ; JESUS diſant expreſſemant en l'Apocalipſe *à l'Ange, ou au Paſteur, qui n'etoit ni Froid ni Chaud, qu'il le vomiroit, de ſa Bouche come Tiede,* c'eſt à dire le rejeteroit entieremant ; s'il ne Reprenoit Ardeur, & zele ; & ne ſe remetoit en etat d'eſclairer & de bruler.

  C'eſt ce qu'il faut, que le Paſtorat faſſe en tout Tams, mais ſur tout en celuy-cy, auquel d'une part le Monde eſt ſi Rampli de Tenebres, qu'il n'eſt que Nuit ; & de l'autre ſi glacé, qu'il eſt auſſi froid qu'un mort. Le Tams

predit

Apoc. 2.
v. 4.

Apoc. 3.
v. 15, 16.

predit par JESUS étant venu, que
la Charité feroit Refroidie par l'Abondance, ou par l'Inondation de l'Iniquité.

Si l'Hiſtoire de la Purification derniere du Tample de Jeruſalem ſelon
qu'elle eſt raportée au 1. Livre des
Macabées, & ſuivant que d'autres ancore la recitent, eſt digne de queque
Creance, ou pour le moins d'alega-
tion, elle fournit une aſſes bonne figure de la Verité que nous traitons; En
ce qu'il y eſt porté, qu'on y renouvela
toutes choſes juſques à l'Autel & à ſon
feu, à celuy des Lampes, & du Chandelier, qu'on raluma; auſſi bien qu'on en
purifia tous les vaiſſeaus; Ce qui n'ex-
prime pas mal l'Epuremant & le Renouvelemant Univerſel du Paſtorat,
qui eſt come l'Autel de l'Egliſe, & come
le feu, qui doit continuelemant bruler ſur
luy, éclairer le Peuple, & Luire ſur le
Chandelier, ſelon que JESUS l'Indique, lors qu'il dit à ſes Diſciples
qu'ils doivent étre *la lumiere du Mon-*
de, & la Chandele miſe non ſous le Boiſ-
ſeau, mais ſur le Chandelier, afin d'e-
clairer ceus qui ſont en une Chambre, ou
Maiſon.

A pre-

Mat. 24.
v. 12.

1. Mach.
c. 4.

Mat. 5.

A presant donc , que *cete Maison* se peut fort bien prandre pour l'Eglise ; & pour le Monde Chrétien devenu fort Tenebreus ; il est necessaire que *le feu Pastoral se renouvele , & se ralume entieremant* , & pour cet effet il faut panser tout de bon aus moyens de le Retablir en bon Etat ; puis que *le Retablissemant du meme Monde , & le Renouvelemant des Eglises* depand tout a fait de luy. Et certes quand il n'y auroit que ce Motif du bien General du Christianisme, l'Esprit de la Charité devroit porter le Pastorat, à faire cete grande Oeuvre, & *à se renouveler luy meme pour Renouveler le Monde Chrétien.*

Come donc *le meme Pastorat* est le Grand Ressort, & le vray Premier Mobile, qui doit remuer les autres ; il doit sans doute se mouvoir, ou étre meu le Premier. Et c'est à luy, qu'il faut principalemant avoir egard, & qu'on doit metre le Premier en branle, afin que tout le reste, qui depand de luy aille come il doit aler; & en ses Mouvemans, se trouve à peu pres ou au lieu, ou en l'Etat, auquel le Pastorat se sera mis.

En effet ce qui se dit des Rois Tamporels

porels se peut bien dire des Pasteurs, qui sont Rois Spirituels, à sçavoir; Que *tels sont, ou seront* leurs Peuples; qu'eus memes sont; qu'ils se moulent, ou se mouleront toujours sur eus, se formans à leur Example; & par consequant qu'il est absolumant Necessaire, que les Pasteurs, aussi bien que les Rois en donent un Bon; & soient bons eus memes pour qu'ils ayent les uns de bones Brebis, les Autres de bons Sujets.

Pour une derniere & Parfaite preuve de cete Necessité, come aussi de celle *d'un Effectif Etablissemant, ou Retablissemant meme d'un bon & vray Pastorat, & Pastorat Prophetique, Apostolique, & bien Chrétien,* ou zelé; il ny a qu'à considerer ce que Dieu dit hautemant par *Jeremie* tant au Chap. 3. qu'au 23. de ses Revelations, promettant qu'en Execution de son dessein à rapeler un jour Israël, & à le Convertir tout a fait à soy; *il luy donera des Pasteurs selon son Cœur, & en Etablira sur luy de tout tels, qu'il voudra luy meme* & qui seront parfaitemant propres à le Rassambler, le Reformer, & le Conduire come il faut.

Il

Il est Remarquable meme, que dans le dernier de ces deus Chapitres, qui est le 23. il fait expresse mention des Defauts du Pastorat, & de son Dechet en Esprit & zele, come ces mots le temoignent ; *Malheur sur les Pa-* v. 1. 2. *steurs qui detruisent & dissipent le Troupeau de ma Pasture, dit l'Eternel ; Pourtant ainsi a dit l'Eternel le Dieu d'Israël Touchant les Pasteurs qui paissent mon Peuple. Vous avés dissipé mes Brebis, vous les avés dechassées, & n'en avés point eu de soin. Vous ne les avés point Visitées, & Voicy je m'en vay visiter sur vous la Malice de vos Actes, & en faire punition dit l'Eternel. Je Rassambleray le reste de mes Brebis de tous les Pays, ausquels je les auray dechassées, & les fairay retorner en leurs Parcs, ou Bergeries ; & elles y fructifieront, & y multiplieront bien fort. J'establiray aussi sur elles des Pasteurs qui les paistront, & elles n'auront plus de Crainte ; & il n'en defaudra aucune, dit l'Eternel.* Et qui au Chapitre 3. prometant la meme chose dit plus brievement, mais non moins fortemant ces mots ; *Anfans Reveches,* v. 14 & *convertissés vous, & je vous fairay en-* 15. *trer en Sion ; & vous doneray des Pa-*
steurs

steurs *selon mon cœur, lesquels vous Pai-*
tront de Science, & d'Intelligence, dit
Dieu.

Il est aisé de voir par là, qu'il est Besoin, que Dieu voulant *Retablir les*
Eglises & les Troupeaus, il retablisse le
Pastorat, & Renouvele les Anciens
Pasteurs, ou en done de Nouveaus, qui
servent *à* Renouveler les Brebis; Ce
qui sans doute ne se peut faire, que
les uns ne Reprenent le veritable Esprit
Pastoral, qui n'est rien moins que le
zele Apostolique; & que les Autres le
prenent, & ne le quitent jamais, c'est
a dire n'en dechoient point, mais au
contraire l'entretienent, & l'augman-
tant, des qu'ils l'auront pris, a mesure
qu'ils l'employeront.

C'est pour cela, que nous alons aussi
nous amployer a voir les Moyens par
lesquels on peut mieus venir a bout
de ce Dessein. Principalemant quand
il faut Apeler, ou établir en la Charge Pastorale de Nouveaus Sujets, pro-
prés a s'en aquiter; ou y élever, & A-
pliquer une Jeunesse Apelée. De fait
l'Experiance verifie tous les jours,
qu'il n'est rien de tel, que de faire
Maison Neuve pour se loger a plaisir.
Que

Que de faire de bones Antes , pour
Renouveler un verger , & que de fe-
mer de bon Grain, pour Recuevillir de
bons Epics.

Par la meme en ne famblant doner
qu'un Remede Particulier au Paftorat , il fe verra , que nous en donons
un General aus Eglifes , & a leurs
maus, dont nous avons déja veu , que
les Pafteurs font les Medecins , &
qu'en leurs Mains font les Remedes à
traiter , & à guerir les Troupeaus.

Or come en matiere de Medecine,
il faut l'Etudier long tams, & de bone
heure fe rendre propre à l'Exercer, un
Home ne pouvant s'y apliquer affés
Jeune, ni memes y devenir jam ais affés
vieil ; auffi en matiere *de Paftorat,
& de Miniftere* on ne fçauroit affés tôt
Prevoir fon Importance ; & par meme
moyen pourvoir, à ce que les Gens qui
y font, ou y peuvent étre Apelés, s'y
difpofent , & s'y forment de bone
heure ; & que d'auffi bone heure qu'eft
leur Anfance, on les choififfe , ou plútot on reconoiffe le chois, que Dieu en a
fait, & qu'en suite ou les eleve felon
que ce Chois requiert.

En efet on peut dire , que délors

co-

comance la Vocation Paſtorale, laquele
nous avons dit non ſeulemant étre la
baſe & le Fondemant du Veritable Pa-
ſtorat ; Mais come nous avons veu *en*
notre Precedente Letre , en étre *l'Ame*
& l'Eſprit, par la Grace & par l'On-
ćtion, qui la doit acompagner durant
le Cours du Miniſtere, qui doit egaler
celuy d'une vie ; & qui doit telemant
le mouvoir, & le conduire en toutes
ſes Fonćtions, qu'on peut dire Veritablement, que la Grace de ſa Vocation doit l'animer.

O que nous ſerions heureus, ſi en ce
Tams nous en étions meus & animés !
O que nous en mouvrions, & anime-
rions bien d'autres ! O que meme tout
le Corps Chrétien en ſeroit bien-tôt
meu & animé, & par là porté à une
Sanćtification tele que nous pouvons la
deſirer, & que nous ſomes obligés de
la procurer par tous les moyens dont
nous pourrons nous aviſer. Celuy que
nous alons voir n'eſt pas des moindres,
puis qu'il prand la Choſe en ſon origine, & combat le mal du Defaut *de la*
Vocation & de la Grace Paſtorale dés
ſon beau Comancemant, pour couper cours à ſon progrés.

QUA-

QUATRIEME REMEDE,

Et Premier moyen du Renou-
vlemant de l'Esprit Pastoral, par
le Chois, & par l'Education de la
Jeuneße Propre à estre Destinée,
ou Apelée au Pastorat.

Nous avons déja touché dans notre Precedente Letre, l'Importance, la Neceßité, & l'Utilité de cete
Vocation, ayans veu soit dans les Paroles, soit dans les Examples que les
Ecritures nous fourniſſent, combien
il eſt neceſſaire, que Dieu apelle ceus
qu'il Envoye ; Envoye ceus qu'il a déja Apelés, & accompagne de son
Eſprit, & de sa vertu ceus qu'il fait
aller ; afin que leur Vocation, leur Miſſion, & leurs Travaus reüſſiſſent à
porter du fruit : C'eſt pourquoy il n'eſt
pas beſoin, que nous en parlions derechef icy, non plus que des Grands
biens, & des fruits incomparables que
de veritables Apellés & Envoyés de
Dieu produiſent au milieu de ceus,
auquels ils ſont vraymant adreſſés.
Mais ce que nous avons à faire eſt de

voir *camant ce Grand Defaut* doit, &
peut étre reparé, & par quels moyens
d'une part on peut empecher les fauf-
fes Vocations, ou Aplications Paftora-
les, & s'oppofer a leur fuport ou *à*
leur Cours; & de l'autre Difpofer les
Chofes, & les acheminer adroitement
& Droitement tout anfamble, *à* faire
que les vrayes Vocations Divines
ayent lieu, foient reconuës, advoüës,
& admifes; & autant que faire fe peut
foient les feules qu'on aprouve, qu'on
defire, qu'on eftime, qu'on foutie-
ne, & qu'on faffe generalement valoir.

Il n'eft rien de plus aifé *à* faire, fi l'on
le veut bien, & qu'on prenne ces Expedians, dont le Premier eft de n'admetre pas toute forte d'Anfance & de
Jeuneffe aus Pretantions du Paftorat;
& qu'il ne foit pas auffi permis, *à* toute
forte d'Anfans, ou de Parans d'y pretandre pour eus, & pour les leurs te-
meremant, fans en laiffer Juger des
Gens plus fages, & plus Defintereffés.
Autremant c'eft ouvrir la Porte non
feulement *à* des Efprits bas, & grof-
fiers, & *à* des Naturels mal-faits, & peu
propres au Saint Miniftere & *à* toutes
fes

ses fonctions ; mais *à l'Ambition & à
l'Avarice*, qu'il en faut banir absolumant.

Ce n'est pas, qu'on en veuille, ou
qu'on en doive exclurre certaines
Conditions, pour basses qu'elles puissant étre censées ; puis qu'il y a eu des
Prophetes, & des Apotres de toutes,
& que le Seigneur en a pris, & en a
Apellé *du soc & de la Charrüe, du dos
des Troupeaus des vaches & des brebis*,
aussi bien que de la Barque & des filets,
& de divers autres Etats, qui n'e-
toient pas plus relevés ; Mais c'est seulemant pour en exclure, ceus qui dans
tous Etats, sont mal nés, ou Etourdis,
Emoussés, pesans, Rampans, Grossiers, & aussi ramplis de grands defauts, qu'exants, & vuides de vertus
& de bonnes qualités.

Le Second est de Trier meme entre
la *Jeunesse* Pretendante, & qui paroit
meme avoir des Dons, & des Talans
requis pour le Pastorat ; Celle qui est
Premieremant la mieus née, & qui
montre avoir une Ame plus nette &
un Naturel plus simple & plus Innos-
sant. Deusiememant, qui marque
avoir de Meilleures Inclinations à la

 Pieté,

Pieté, & par Example eſt la plus portée à craindre, à aimer, & à ſervir
Dieu; à parler, & à ouïr parler de luy; à
l'ouïr parler luy meme en l'Ecriture
& à l'Oreille, & au Cœur; à le Benir, à le Prier, & à faire queque choſe par ſon Amour pour ſon honneur.
Celle qui a le plus de reſpect, de ſou-
miſſion, & d'Obeiſſance pour ſes Peres Corporels & Spirituels, & ſe montre la plus humble, & plus docile ſous
eus: Celle qui témoigne plus de beni-
gnité, & de douceur vers les autres,
& plus d'humilité en ſoy meme, en
ſon port, & en ſes habits; Sobrieté en
ſon vivre & Pureté non ſeulemant en
ſon Corps, mais en ſes Diſcours & en
ſes mœurs. Troiſiemement celle que
Dieu a doüée de plus de Talans naturels, & de meilleures Qualités, par
Example d'Antendemant, l'ayant
bon; d'Eſprit, l'ayant vif; de Juge-
ment, l'ayant raſſis; d'Imagination,
l'ayant forte; de Memoire, l'ayant
heureuſe; de Conception, l'ayant
Prompte;& de Belles Inclinations ſoit
aus Letres & ſur tout aus Saintes, à
l'Etude, & principalemant au Pieus;
ſoit à bien faire en toutes choſes, mais
Par-

Particulieremant en celes, qui regardent les Sciances & leur debit; & qui en suite des Qualités du dedans, se trouve avoir aussi celes du dehors, come sont la Bonté de vois, & cele de l'Expression; la Facilité à parler, & à s'expliquer bien netemant, le Geste agreable, & l'air Modeste, mais non Afecté, ou Afeté.

Ce n'est pas, qu'il faille necessairemant, qu'un Jeune Home pour pouvoir étre Ministre, doive avoir seul toutes ces belles Qualités; en sorte qu'il n'y en manque aucune; & qu'a faute d'une, ou de deus moins Importantes, & non du tout essentieles, il doive étre exclus des Pretantions au Pastorat: Ce n'est pas aussi, que les ayant toutes, ou Plusieurs, & pour le moins les Essentieles & principales, il faille qu'il les possede en un degré Eminant; ou que mémes il n'ait du Defaut en queques Unes, nul n'étant Parfait, & ne le pouvant étre, ny souvant en queques Unes, ny guere jamais en toutes: Mais bien est ce pour faire antandre, qu'en matiere de Chois, il faut tacher d'en faire un bon, & ne choisir jamais mal; Car si l'on

est

eſt exact dans le Chois des Serviteurs,
& meme des meubles d'une Maiſon,
pour prandre tant qu'il eſt poſsible
les meilleurs ; Combien plus le doit
on étre dans le Chois des Serviteurs
de Dieu, & de JESUS Chriſt, qui
ſont les Miniſtres ? Et dans les Principaus Ornemans de ſa Maiſon, qui ſont
les Paſteurs, nommés auſsi bien *ſes
vaiſſeaus*, que *ſes vaſſaus* ?

Le Troiſieme eſt, de n'admetre pas
meme la Jeuneſſe déja Triée, & telle
a peu prés, qu'elle vient d'étre decri-
te, aus Etudes de la Sainte Theologie,
& beaucoup moins aus Exercites, &
aus Eſſais de la Predication, & de queques fonctions du Paſtorat, qu'on n'ait
des Preuves, non ſeulemant de ſes
Qualités, mais de leur Uſage ; & des
bons Actes, qu'elle en a produits. Des
Paſſés, ſur leſquels il faut s'anquerir
ſoigneuſemant de la Conduite de la
vie, & des mœurs des Jeunes Gens
qu'on choiſit ; De leurs deportemans
dans les Ecoles, & meme dans leurs
Maiſons ; de leurs Etudes, & des Progrés, qu'ils ont faits, ſur tout s'ils ont
avancé ſelon leur portée en la Pratique
d'une vraye Picté : *Preſans* auſsi, pour
voir,

voir, & pour Juger non seulemant s'ils
ſont Propres aus Etudes, & aus exercices ſaint;scapables de ceus qu'emporte
la Theologie Veritable, qui oblige autant a craindre & a aimer, qu'à conoitre Dieu; & ſi par effet ils donent de
bones Preuves, que le Saint Eſprit comançant a les Poſſeder, les a choiſis.

Ce Point eſt d'autant plus Important, & auſſi plus Conſiderable, qu'il
eſt generalemant dit *à* Tous; *Soyés*
Saints, come je ſuis Saint, Soyés Saints
pource que je ſuis Saint. La Sainteté à Lev. II.
l'Eternel. Soyés Saints, vous qui por- v. 44.
tés, ou touchés, & maniés les vaſes de Exod. 39,
l'Eternel. Ne donés point les Choſes 19.v.22.
Saintes aus Chiens : & il eſt auſſi gene- Lev. 19.
ralemant écrit pour tous, *que nul Ho-* v. 2,20.
me, ny Bete ne s'aproche temerairemant v. 7,16.
de la Montagne, ne mete la Main à l'An- Mat. 7.
çanſoir mal à propos; & n'aporte du feu v. 6.
Etranger ſur l'Autel de Dieu, qui diſant Exod. 19.
au *Méchant pourquoy prans tu mon* Nom. 3.
nom par ta bouche, luy defand expreſ- Pſ. 50.
ſémant de le prandre; & luy reprochant
qu'il anonce ſes Juſtices, c'eſt a dire
ſa Parole, trouve mauvais, *qu'il le faſ-*
ſe, ne le pouvant pas faire bien.

Il y va ſans doute de la Conſciance

G 5 de

de Comctre a une bouche Profane la
Parole Sainte; & de laiſſer toucher les
choſes ſacrées à de ſales Mains. Une
Jeuneſſe vaine & orgueilleuſe n'eſt
pas propre à debiter l'humilité de
l'Euangile. Elle ne ſçauroit en bien
panſer, & comant en pouroit elle bien
parler? l'Impie & la Profane ne peut
que profaner l'Eſcriture, & ſes Myſte-
res. La Debauchée & la Diſſoluë les
ſalit; & anfin il eſt ridicule de voir un
Jeune Home qui ne ſent rien de ce
qu'il dit, dire ce qu'un chacun, & ſur
tout luy devroit ſantir; & ne le diſant
que par art, & par Etude en Declama-
teur, faire toutefois en Chaire le Predicateur, & prononcer avec Hardieſſe, ou plutôt avec Impudance, des
Verités, qu'il n'antand, ou qu'il n'ay-
me point? des Maximes qu'il ne Garde pas? Des Lois qu'il viole? & bien
ſouvant auſſi loüer des vertus, qu'il ne
pratique aucunemant? Reprandre des
vices aus quels il eſt adoné, & blamer
des Pechés, que luy meme fait?

Le *Quatriéme Expediant eſt*, d'am-
mener la Jeuneſſe une fois triée, aus
Conoiſſances de *la vraye Vocation Divine Paſtorale*, & pour cet efet pratiquer

quer Trois Choses considerables. *La Premiere est*, de l'antretenir souvant de la Dignité du Pastorat ; des Dispositions, qu'il faut avoir pour y antrer ; & sur tout de la Necessité de la Grace Divine, & de l'Apel Celeste à cet Etat ; luy decouvrant les marques, qu'elle en peut avoir ; & les sentimans ; que Dieu en done à ceus, qu'il Apele veritablemant. *La Deusiéme est* de prandre de Tams en Tams chaque Jeune Home en particulier, & tirer de luy queque Conoissance de son Etat, & une Syncere Information de ses santimans, & mouvemans au regard du *Pastorat meme, & de la Vocation qu'il y croit avoir* ; luy faisant antandre doucemant qu'il y va de sa Consciance, & de Cele de ses Maistres, de recevoir & de rendre queque conte d'un Point si Essentiel. *La Troisiéme est*, de veiller avec soin sur les Deportemans de cete meme Jeunesse, non seulemant pour Regler sa vie, & ses Mœurs; mais pour en tirer queque marque de *Divine Vocation*, qui a coutume aussi bien que la Foy de se montrer par les Oeuvres ; & de montrer autant par elle un vray ; & un

bon

bon Pasteur, qu'un bon, & un vray
Chrétien.

Mais je voy, que sur ce Point un
grand Nombre de Gens de Bien, & de
ceus même qui sont Capables, de
mieus gouter ces santimans, s'esleve-
ront pour dire avec autant de zele, que
de raison; que s'il faut user de ce Remede, qui en comprand en soy Plusieurs, & pratiquer toutes les choses,
que nous venons d'alleguer, il faut poser necessairemant, qu'on ait un bon
nombre de Persones Capables, de
Chois, & propres à le faire bon; qui
d'une part puissent bien trier la Jeunesse, & de l'autre l'Elever & la Conduire come il faut; Ce que bien Loin de
rejeter, j'avoüe de tout mon Cœur,
cela meme etant un des Remedes que
j'avois à proposer, & qu'il vient bien
à propos de cete objection, ou plutôt
de cete bone Remarque de Marquer
icy come le Quatriéme à tous nos
maus en general, & le Second en particulier à tous ceus du Pastorat.

En efet l'Importance est d'avoir des
Homes Capables de former les autres,
& Premieremant propres à les trier, &
etant triés à les Instruire, & conduire
sage-

fagemant : Il faut des Norrices à des Anfans ; il faut de bons Maiſtres à des Diſciples ; il faut de bons Maiſtres à des Aprantifs : Il faut des Etançons, ou Apuis à des Jeunes Plantes, ou plutôt de bons Jardiniers. C'eſt ce que ſont à peu prés les Jeunes Gens, & ce ſont auſſi là leurs vrays beſoins.

Chacun ſçait aſſés combien l'Education eſt neceſſaire a la Jeuneſſe ; come la Bone eſt, ou fait une Seconde Nature, qui corrige la Premiere, & vaut bien plus qu'elle, pour peu qu'il y ait de Grace, & que l'Eſprit de Dieu s'en méle. D'elle la Magiſtrature tiré ſes bons Magiſtrats, un Etat ſes bons Miniſtres, une ville ſes Fideles Cytoyens, & une Famille ſes bons Chefs, ou ſes bons Mambres : Mais ſi elle eſt neceſſaire à la Jeuneſſe d'une ville, elle l'eſt plus à la Jeuneſſe d'une Egliſe, qui eſt proprement cele, qui s'aplique à l'Etude de la Sainte Theologie, & aus Eſſais du Paſtorat. Come donc c'eſt une Plante, qui doit devenir un Arbre, & un bon & bel Arbre à porter un jour bon fruit ; il faut qu'elle ſoit bien cultivée, bien dreſſée, & tenuë en bon Etat. Come *donc*.

un Séminaire de Theologie, est une Famille composée de Jeunes Homes, qui doivent un jour avoir de grands Amplois, & administrer de grandes choses, il faut l'elever sans doute avec grand soin aus Sciances & aus vertus, & come c'est une Pepiniere de Saints non seulemant *Bourgeois*, mais *Magistrats de la Cité Sainte*, & *de la Jerusalem de Dieu*; de *Ministres de l'Etat de Jesus Christ*, & *des Fideles Oeconomes de ses Mysteres*, & *de sa Maison*; Il faut bien viser à faire des *Etudians en Theologie* d'habiles Gens, & des Maistres, aussi Saints que Sçavans Homes, & des Personnages propres aus Charges, ausqueles ils sont destinés, & Apelés. Pour cela meme il faut conclurre, qu'a ces *Fils des Prophetes* il faut des *Prophetes*; & des *Prophetes Peres*, c'est à dire *Consommés*: Qu'il faut à ces *Jeunes Pauls des Ananies*, ou pour mieus dire à ces Nouveaus Convertis, ou Apelés, des *Jeans Baptistes* des *Apotres* & au moins des *Homes Apostoliques*, qui ayent puisé de la *Plenitude de* Jesus, & qui come des *Jeans Euangelistes* disent avec Authorité, & avec Sainte Efficace, *mes Petits Anfans*

fans je vous dis, &c. Et enfuite parlent & écrivent come *des Pauls aus Timothées & aus Tites*, & les elevent come leurs Difciples, & leurs Aigneaus, à etre un jour des Docteurs & des Pafteurs, tels qu'il faut.

Le Tout eft d'autant plus aifé à faire parmi nous , qu'il y a *des Academies* faites ; & par la Grace de Dieu, de Bones Academies, c'eft à dire non feulemant bien fondées , mais bien Reglées , & pourveuës de Gens de Bien. C'eft en efet là l'important , qu'ils foient *Saints* étans *Sçavans*, afin qu'ils faffent des Difciples Sçavans & Saints. Qu'ils foient *zelés* , pour être jalous d'en former. Qu'ils foient *Pieus* , pour enfeigner la Pieté , auffi bien que la Science ; & anfin auffi bien *foigneus qu'Adroits*, pour prandre d'une part la Peine ; & de l'autre les moyens, de gaigner tout à fait à Dieu une Jeuneffe affés malaifée à luy eftre aquis entieremant.

Un Pere de tels Anfans, un Maiftre de tels Difciples , & un Chrétien Conducteur d'une Samblable Jeuneffe Chretiene doit Conduire doit regler *fes Etudes & fon Cœur. Ses Etu-*

des

des, pourque d'une part éles ne soient
pas vaines & legeres, c'est à dire, Etudes de Simples mots choisis & beaus;
de Phrases ramassées ça & là des livres
du Tamps, & sur tout des Curieus; &
que de l'autre éles ne soient pas Chi-
caneuses, & atachées à une certaine
Espece de *Teologie Scholastique*, qui
fait prandre quequefois les Maistres
memes pour des Ecoliers; & leurs
Ecrits pour des Ecritures de Palais.

Il n'est rien, qui nuise plus *à la Pieté,*
& souvant meme *à la Verité,* que cete
humeur, qui aprand à douter de tout,
& pour le moins a contester tout; & les
Droits les plus clairs & les plus liqui-
des; & qui meme vient parfois a ebran-
ler les Fondemans les mieus posés en
la Foy, aussi bien qu'en la Raison. Cet
air Contantieus sent l'Esprit Brouil-
lon, ou le rand tel; trouve par tout des
Epines, ou en seme; s'embarasse luy
meme & les autres, & ne sçait se tirer,
ny les tirer du Labyrinthe où il les met.
Il oste aussi le moyen de bien voir les
Verités & les Mysteres, & fait qu'on
n'entre jamais bien dans la maniere de
les panser, & de les dire comme il
faut.

Ce n'est pas (ainsi que nous avons déja marqué dans notre Precedente Lettre) qu'il ne faille sçavoir defandre la Verité, Combatre l'Erreur, & Confondre le Sophiste en déliant le Sophisme. Ce n'est pas meme, qu'il ne faille aprandre *la Polemique,* ou l'art de faire la Guerre en un Champ Theologique; qui n'est de foy propre qu'a la Pais. Puis que le malheur le veut, & que le mauvais Tams le porte, il faut s'escrimer parfois, & sçavoir batre le fer dans un Auditoire, come préque en une Sale de Maitre; Mais il n'en faut pas pour cela faire une Coutume, ou un Metier; & beaucoup moins Etat de porter des Coups à tout le Monde, & de se batre temerairemant contre toute sorte de Gens come s'ils étoient des Enemis; & contre toute sorte de Sujets, come s'ils étoient des Erreurs, puis que souvant *la Scholastique Chicaneuse* ataque des Verités.

Il n'est pas bon aussi de s'acoutumer à ne parler qu'en Syllogismes, poser toûjours en forme des Premisses, & tirer des Consequances en disant *Ergo,* ou *Donc.* Raisoner toûjours en Figure Premiere ou derniere défigu-

re pour l'ordinaire un Discours. Se
servir à tous momans de *Divisions &*
Distinctions marque un Esprit ou Chi-
caneur ou Confus, qui a peur de se meprandre, ou d'étre surpris : Anfin celuy, qui voudroit parler, ou écrire;
come Certains parlent, ou ecrivent,
deviendroit bien-tôt Barbare a des
Chretiens, & passeroit en l'Eglise pour
un Home, non qui a le *Don* des langues, tel que l'avoient les Apôtres;
mais come *ne parlant pas une langue In-*
telligible, qui est un Defaut qu'ils
ont blamé.

Que s'il faut chatier ces excés dans
les Etudes de la Sainte Theologie, il
en faut bien aussi chasser la Negligence, & l'air paresseus. La Jeunesse, &
sur tout l'Etudiente est d'elle meme
delicate, & ne se mignarde, & choye
que trop : Souvant éle fuit le Travail
come flouëte, & sur tout est aise de ne
faire rien. Il samble meme parfois *aus*
Etudians, principalemant dans les
plus hautes Sciances, qu'ils n'ont qu'a
étre Auditeurs de Leçons, ou de Sermons, pour étre Sçavans, où au moins
pour le devenir ; come s'il ne faloit
qu'avoir des Oreilles, pour étre ou
Phi-

Philosophe ou Theologien ; Mais il faut de bonne heure resister à cete Erreur, & combatre cete Paresse ; Acoutumant les Jeunes Gens à lire, & à recueillir des bons Discours, & des bons Livres ce qu'il y a de meilleur. Sur tout est il Important, qu'ils étudient *le livre des livres*, qui par Excellance en porte le nom, s'apellant *la Bible* ; & qui est la Doctrine & le Docteur que les Doctes, & les Ignorans ; les Maistres, & les Disciples doivent le plus Consulter, & Ecouter.

Il n'est donc Rien, que les *memes Docteurs & Maistres des hautes sciances*, doivent plus faire que tenir leurs Disciples degourdis, & Vigilans ; & en suite bien Ocupés, & toûjours Chargés un peu au dessus de leurs desirs, & de leurs forces ; tant afin qu'ils ne perdent jamais de Tams, & n'ayent guere celuy d'en perdre, & de se poser ; qu'afin qu'ils s'esforcent toûjours de plus en plus, de plus Aprandre & de faire mieus.

C'est le moyen aussi de venir à bout du Second Chef que nous venons de joindre à ce Premier, à savoir que leurs

Con-

Conducteurs & Maiſtres reglent leur Cœurs, auſſi bien que leurs Etudes, qui n'ont pas tant beſoin d'étre Reglées que luy. Pour cet éfet il faut ſans dou-te à cete Jeuneſſe non ſeulemant de Sçavans, mais de Saints Maiſtres, qui ayent *Authorité*, *Pieté*, *Conduite*, *&* *zele*. *Authorité* pour prandre & pour exercer ſur elle un auſſi dous que juſte Ampire. *Pieté*, pour l'y porter, & luy en inſinuer les ſentimans & la Prati-que. *Conduite*, pour regler la ſiene; An-fin *zele* pour luy en doner.

Quant à *la Premiere*, qui eſt *l'Au-thorité*, il la faut beaucoup ſamblable à cele d'un Pere, qui ne laiſſe pas d'é-tre Maiſtre en ſa Maiſon, & Seigneur de ſes Anfans. C'eſt elle, qui tient le plus dé la Force, & de la Douceur, propres à conduire des Gens libres, & à tamperer la Violance, ou la Rigueur d'un autre Gouvernemant. Il ne faut pas qu'il ſoit *Tyrannique*, puis qu'il ne faut pas établir en une Famille un Ty-ran; Mais auſſi il ne doit pas étre *Anar-chique*, puiſque Toute Famille doit avoir un Chef.

Des Anfans, auſſi bien que des Ser-viteurs ont beſoin d'avoir toûjours ſur

eus

eus quéqu'un ; qu'ils craignént tout
anſamble, & aiment. Auſſi Saint Paul
dit, qu'*ils ne diferent gueres d'eus*, cepandant qu'ils ſont *Petits* ; Et qu'ils
ſont ancore ſous des Tuteurs, il leur
en faut qui les puiſſe Comander,
auſſi bien que les conduire ; Et il ne
fut jamais bon , ſous pretexte d'une
honéte liberté, de randre ou de laiſſer
une Jeuneſſe libertine ; Il faut ſans
doute la retenir, quand elle n'eſt pas
ancore en état de ſe moderer.

Ce n'eſt pas , qu'il faille la tenir
Captive, & gouverner tout à fait des
Jeunes Homes come des Anfans. Une
trop Grande Rigueur, ou Exactitude
les pouvant randre ou hebetés ; ou dé-
pits : Au contraire il leur faut ouvrir
l'Eſprit, & les randre d'humeur gaye
en pratiquant la vertu, qu'il doit leur
leur randre agreable, auſſi bien qu'un
Grand Etude , qui n'eſt jamais ſans
chagrin.

La *Pieté* peut en émouſſer les Epines,
s'ils l'ambraſſent ; & ſi leurs Maiſtres,
& leur Conducteurs, ayans aſſés bonne Proviſion pour eus memes, & pour
leurs Diſciples, ſont aſſés habiles, ou
plûtot aſſés Charitables, pour leur en

doner. C'eſt la Seconde Qualité, qu'ils doivant avoir (avons nous dit) pour les bien former. Certes ſi des Profeſſeurs doivent étre des Gens ſçavans, ils ne doivent pas étre moins Saints. La Sciance qu'ils profeſſent d'enſeigner, l'eſt bien ; comant donc ne le ſeroient ils pas eus memes ? leur Doctrine & leurs leçons doivent couler à la Verité come une eau claire, come du Miel, & come toutes autres bones liqueurs ; mais *la Pieté*, doit étre l'huile, qui nage toûjours ſur elle ; & il faut bien qu'ils ayent de *l'Onction* en l'anſeignant ; & qu'ils en repandent ſur les Autres, puis qu'ils ont des Diſciples à faire *Chretiens*, c'eſt à dire *Oints*. Celuy auſſi qu'ils leur enſeignent, eſt *Chriſt l'oint Souverain*, & ſa Doctrine le *Chriſtianiſme*, qui n'eſt rien moins qu'une Sciance d'Onction.

Parlant ordinairemant, la Jeunſſe n'en a pas beaucoup, ſi elle n'eſt prevenuë d'une grande Grace, ou élevée fort pieuſement. Son Humeur ſôuvant Volage, ſon Eſprit Curieus, & ſon air naturalemant Mondain ne la porte pas à l'couter, & qui plus eſt à la gouter, mais qui pis eſt la detorne d'y va-

vaquer : Il faut qu'un Saint Art de Grace suplée en cela, come en beaucoup d'autres choses au defaut de la Nature, & corrige sa Depravation. *d'Habiles Maistres, & de Pieus Professeurs* la peuvent ramener à son devoir, & par des voyes aussi faciles, que bones, la tirer de ses Ecarts.

Ces voyes pourroient être Trois. *La Premiere*, qu'en Public on fit souvent aus Etudians en Theologie des Discours de Pieté, & des Exhortations à la suivre; Et quand pour cela meme, leurs Maistres & leurs Professeurs, prandroient la Coutume sur la fin de leurs leçons, de repasser sur les choses les plus Saintes, qu'ils leur auroient enseignées, pour en recueillir des Fruits, & en faire quéque Aplication; ce ne seroit pas un petit moyen de leur Inspirer *la Pieté*, & de les rendre peu à peu aussi-bien Saints, que Sçavans.

Un Second moyen seroit de les voir, & de les Apeler souvant chacun en particulier, pour les entretenir en particulier aussi *de la Pieté*, & de l'État de leur Ame, leur aprenant à l'Epurer par la Mortification Chretiéne, à l'é-

 lever

lever par la Contamplation Divine,
& à la garder des souillures de ce Siecle,
en quoy Saint Jaques établit une Partie de la vraye Religion. Il sert aussi
beaucoup de leur Aprandre à se bien
conoitre, pour se bien humilier ; à decouvrir leurs Passions pour les dom-
pter, & leurs Appetits desreglés, pour
les Regler ; & enfin à Renoncer à eus
memes, qui est la leçon la plus Importante, & la Premiere que les Chretiens doivent aprandre en l'Ecole de
Jésus Christ.

Si la Jeunesse est élevée à ces choses
de bonne heure, devant que Satan
l'ait obsedée, le Monde corrompuë,
& la Chair gagnée, ou meme gatée ; Il
est certain, qu'elle en profite, & qu'elle n'y trouve pas seulemant de l'Utilité ; mais du plaisir ; & un gout si grand,
que des qu'elle les à savourés, elle n'en
perd jamais l'Appetit, & s'y attache
avec d'autant plus d'affection, qu'elle
est toute ardeur, & ne quite pas aisémant ce qu'elle a une fois pris. Mais
sur tout elle y tient, quand de bonne
heure elle s'y est acoutumée, & qu'elle
en a déja fait come son air, son Pain,
& son comun Elemant ou Alimant.

Le

Le Troiſiéme moyen eſt d'inſpirer à la Jeuneſſe, l'Etude non ſeulemant de la Theologie Scholaſtique, mais auſſi de la Myſtique; & pour cet efet il ne faut pas l'atacher tellemant à des Theſes de Diſpute; qu'on ne luy mete en main des livres de Pieté, & de morale Chretiene: ſoit luy faiſant lire des Traités des Anciens Peres, tels qu'*Auguſtin* en ſes Oeuvres *de la Grace,* en ſes *Sermons ſur Saint Jean, & ſur les Pſeaumes,* & ſur tout *en ſes pieuſes & humbles Confeſſions,* bien plus ramplies des ſantimens de *ſa Pieté,* que de la liſte de ſes Pechés, quoy quil ſamble qu'il les diſe Tous. La lecture de quéques Traités *de Cyprian, de Salvian, de Baſile, de Jerome, d'Eucher,* & de Gens ſamblables, ſur tout en ce qu'ils ont ecrit de la vanité, & de la Corruption du Monde, ne leur peut auſsi nuire aucunemant. Et quand on ajouteroit *Bernard* à eus, principalemant *en ſes ſermons ſur le Cantique des Cantiques, & en ſes livres à Eugene,* aſſeuremant on ſtileroit des Jeunes Gens à l'air de la Pieté, & meme au Stile de l'Eſcriture, qui eſt le Sien, quoy que non pas toûjours bien apliqué.

H 5

A ces

A ces Auteurs on peut joindre les Myftiques, & entre autres *Thomas à Kempis, Taulere, Lanfperge, Richard de Saint Victor*, & famblables, qu'on prand meme pour *des Reformateurs, ou pour le moins des Reformés en leurs Tams* ; & que ceus des derniers ont honoré come tels, Recomandans la lecture de leurs livres ; Toutefois avec la Precaution de ne leur doner pas une Foi, ou une Creance entiere ; mais feparer en eus la Paille, ou la Bale du bon grain, & n'en tirer foit en Doctrine, foit en Pratique, que ce qu'ils ont de bien pur, & de bien bon.

Outre que cete lecture recrée heureufemant la Jeuneffe, & la diftrait de la fçabreufe, qu'elle ne peut pas continuër roulant toújours fur les Epines de la Scholaftique ; elle fert merveilufemant à luy ouvrir le Cœur, aufli bien que l'Efprit aus fantimans de la Pieté ; & à luy faire gouter, ou defirer de gouter les chofes Spirituelles, & Divines, qui avec le tams la detachent des humaines, & luy en font mieus ufer.

La Jeuneffe étant *Pieufe*, il eft aifé de la conduire, come un vaiffeau par fon son Gouvernail. Il est vray, que le Maistre Pilote le doit sçavoir Manier. Par luy J'antans *un bon Professeur*, ou *Recteur d'Académie*, qui ne doit pas seulemant avoir de *l'Authorité*, mais de *l'Adresse*, & de la Conduite, pour en doner à une Jeunesse, qui d'elle meme n'en a point.

l'Age non ancore meur, l'Inexperience des Choses, le-sang bouillant, & l'air Volage ne peuvenr pas luy en fournir; Il faut donc qu'elle emprunte d'autruy, ce qu'elle n'a pas de soy; & qu'une Téte chénuë, non seulemant meurie par le Tams, mais par la Prudance, la Conduise; & en Pilote Expert la mene entre les Ecuils sans y toucher. La *Theologie* n'étant qu'une *Etude de Sapience* en fournit sans doute à ceus qui y sont Maistres passés; & qui l'anseignans aus autres, l'ont aprise, & en ont esté plütot les heureux Disciples qu'eus.

Mais il ne faut pas qu'ils soient seulemant *Adroits*, & *sages*; il est necessaire ancore, qu'ils soient zelés; c'est pourquoy *à la Conduite*, nous avons fort a propos joint *le zele*, pource que si l'une fournit la lumiere, l'autre fournit

nit la Chaleur ; & ainsi le Froid, & le Chaud melés dans un Maistre de Jeunesse, font sans doute son Juste ; & son bon Tamperamant.

Come sa Charge est grande, & Penible, il faut que queque chose l'aide à la porter, & l'alege de la moitié. Le Repos ne le fait pas, mais le Travail pris *avec zele.* Il vient de *l'Amour,* & n'est rien que l'Amour meme, qui alege tout Fardeau : Il faut qu'*un bon Professeur* en ait pour Dieu, afin de luy élever des Instrumans pour sa Gloire. Il faut qu'il en ait pour Jesus Christ, afin de luy faire des Disciples, & qui plus est des Ministres de son Etat, & des Herauts de son Regne. Il faut qu'il en ait pour les Eglises, afin de leur former de bons Chefs, & leur donner de bons Conducteurs. Il faut enfin qu'il en ait pour ses Disciples, qui sont vrayment ses Aigneaus, afin que Profitans de sa Pature, ils devienent Brebis portantes, qui puissent un jour non seulemant entretenir, mais augmenter les Troupeaus.

D'ailleurs quel moyen, & quelle Aparance que des Jeunes Gens prenent *du zele* de l'Ancien qui n'en a pas ?

pas ? Qu'un vieus glacé les échaufe, &
qu'ils s'alument à la Froideur ? Certes
come leur Maiſtre eſt leur Ame pour
l'Intelligence il faut qu'il le ſoit pour
l'Afection; & qu'il n'echaufe pas moins
leur Volonté, qu'il éclaire leur Antan-
dement.

S'il eſt zelé, rien n'empeche, que
ſon Feu ne les alume. Ni le Travail ne
l'etoufe, ny l'Age ne le rafroidit. Il ſe
conſerve tres-bien ſous la Cendre des
Cheveus gris. *Elie* n'etoit pas jeune,
quand il en bruloit luy meme, & en
bruloit Eliſée, & pluſieurs autres. Ce
fut le Feu qui l'enleva, & le fit voler
au Ciel, come le Feu l'avoit fait mouvoir & marcher legeremant en la Terre. *Eliſée Chauve* & Chenu ne laiſſoit
pas auprés du Jordain, ou il tenoit ſes
Diſciples, de bruler auſsi; & de faire
éclater ſa flame au bord des eaus, &
en enflamer leurs Cœurs, auſsi bien
qu'il éclairoit leurs Eſprits.

L'Apôtre *Saint Jean*, qui pour ſon
Age, s'apeloit luy meme le *Vieillard*,
ou l'*Ancien*, ne bruloit pas moins de
zele & de feu d'amour au bord de ſa
foſſe, & à la veille de ſa mort, ainſi
que diſent les Hiſtoriens de ſa vie; que
quand

quand il étoit jeune & reposant sur le
Sein de JESUS Christ. La leçon ordinaire qu'il faisoit à ses Disciples,
étoit la leçon *de la Charité*, come on
le recueille non seulemant des Ecrits
d'autruy, mais des siens ; & son zele
vers les Pasteurs memes paroit en l'Expression de celuy de son cher Maistre,
qui montre en l'Apocalypse en vouloir doner aus Anges ausquels il écrit,
en leur adressant ce mot, *Reprans ze-*
le, *& te Repans.*

Saint *Paul* étoit vieil aussi, quand
il écrivoit à Timothée, *qu'il se fletris-*
soit, qu'il étoit proche de sa fin, *& de sa*
Course, & toutefois quel feu ne jetoit
il pas de la main, & de la Bouche, *soit*
ecrivant, *soit parlant* come il faisoit à
ce Disciple luy donant Cœur de tan-
cer, *& de Reprandre en tams*, *& hors*
tams ; *de combatre le bon Combat*, *&*
d'atandre la Victoire, *parfournir la li-*
ce, *ou la Carriere jusques au bout*, *afin*
de gagner le prix ; *& Luter si bien*, *qu'a-*
vec luy il emportat la Corone.

O si tous les Conducteurs, & Maistres de la jeunesse, estoient ainsi Apostoliques ! O s'ils bruloient come les
Apotres du feu de la Charité Divine,
&

2 *Tim.* 4.
v. 2.

& de celle du Prochain ! O que nous verrions *de Tites & de Timothées* brulans & zelés aussi ! O qu'une Academie seroit une bele Ecole, & qui plus est une Ravissante Eglise, & un Exelant Troupeau, non seulemant de bones Brebis, mais d'Aigneaus à devenir un jour de bons Pasteurs !

Mais Helas ! n'y a-t'il point danger, qu'une Academie, ne soit parfois qu'une Ecole, c'est à dire une *Sale d'armes & d'Escrime Scholastique ?* & que come on l'apele d'ordinaire un *Auditoire,* elle ne soit pleine que *d'Auditeurs,* c'est à dire en tormes Apostoliques, *d'Ecouteurs, & non de Faiseurs de la Parole ?* Certes il faut prandre garde, qu'elle ne deviene *un de ces Arts,* qu'on n'aprand que pour le Lucre, ou pour la Gloire ; & que relantissant son feu, elle ne jete plus *celuy de la Charité qui Edifie,* mais le simple bril d'une *sciance, qui anfle.*

1 *Cor.* 8. *v.* 1.

CIN-

CINQUIEME REMEDE.

Et Second moyen du Rétablis-
semant du Paſtorat par l'etabliſſe-
mant ou Rétabliſſemant des Semi-
naires dans leſquels la Jeuneſ-
ſe, qui y eſt propre, & qui y
eſt Apelée, puiſſe eſtre éle-
vée come il faut.

QUoy qu'il ſamble, qu'il ne ſoit
pas Queſtion d'une grandé choſe, quand il eſt Queſtion *d'une Jeu-*
neſſe, & pour le dire ainſi meme d'une
Anfance, neamoins s'agiſſant de doner à Dieu des Serviteurs, & de luy
former non ſeulemant des Anfans,
mais *des Miniſtres*, ce n'eſt pas peu de
choſe, que de les luy deſtiner, & les
luy former de bone heure; & par conſequant les élever Jeunes à le ſervir de
leurs Perſones, & en ſuite à luy ſervir
en ſes Oeuvres.

En general l'Ecriture & la Raiſon
nous enſeignent, qu'il faut avoir ſoin
de la Jeuneſſe, & *Salomon* le plus Sage
des Rois ne fait point dificulté d'an-
ployer une bone Partie de *ſes Prover-*
bes

bes, de ſes Maximes d'Etat Saint à Inſtruire & les Peres Spirituels & Tamporels, & toute ſorte de Maiſtres à elever come il faut des Anfans des leur Bas âge; Le Prophete Jeremie ajoute, que c'eſt une *Excellante & bone choſe que l'Home porte le Ioug du Seigneur dés ſa Jeuneſſe*; Or ancore que *le Joug de Dieu* ſoit la Loy & ſon Service, qu'il faut que les Homes prenent, ſubiſſent, & portent dés leur Anfance; & meme *le Joug des Afflictions*, & des Miſeres, auſqueles étans ſujets, ils doivent eus memes s'aſſujetir avec Reſignation, & s'y acoutumer avec grande Patiance; Toutefois nous pouvons dire, que *le Miniſtere, & Paſtorat* étant *un Ioug, & un Ioug dous & leger*, à ceus qui le prenent bien, & auquels il eſt impoſé par JESUS Chriſt, il eſt bon, que ceus, qui le doivent porter un jour, *ſoient reconus de bone heure, & de bone heure diſpoſes, & formés à le pouvoir & bien prandre, & bien porter en ſon Tams.*

Auſſi voyons Nous, qu'en l'Euangile JESUS meme qui dit à ſes Apôtres, qu'il fait *Paſteurs*, qu'il leur faut devenir Anfans; crie hautemant,

 qu'on

qu'*on laisse venir les Anfans à luy* ; &
que luy meme les prend des bras de
leurs Meres pour les metre dans les
siens, les benir, & les ofrir à Dieu son
Pere : Combien plus prand il soin sans
doute de ceus, qu'il destine à venir à
luy non seulemant come Fideles ; mais
à venir aprés luy come Pasteurs, & come Successeurs en queque façon de son
Ministère & de sa Charge ? Certes si
Saint Iean a bien à Cœur d'Ecrire à la
Jeunesse, de n'aimer ny le Monde, ny
ce qui est dans le Monde ; & Saint
Paul d'ordoner à Timothée, & à Tite
ses Disciples, *de l'Instruire*, & d'en
avoir soin en general ; Combien plus
en devons nous prandre de cele, qui
doit un jour avoir le soin des Eglises,
& tout ansamble celuy des vieus, des
Jeunes, & des Homes faits ?

C'est pour cela, que continuans à
découvrir les moyens *de la bone Edu-*
cation d'une Ieunesse Chretiene, qui
puisse un jour estre Apelée, & Apliquée à la Charge Pastorale, qui est cele des Veritables *Anciens* ; Nous con-
tinuons à dire, que si en general il ne
sufit pas, qu'elle soit élevée sous *de bons*
Maistres, Professeurs & Recteurs d'A-
cademies,

cademies, soit pour les Grandes Ocu-
pations que ces Messieurs ont d'ailleurs, soit pour le grand Nombre qu'é-
le compose ; il faut de necessité venir
au Suplemant d'une forte ayde qui est
cele *des seminaires & des Gens bien choisis pour les Regler* : Seminaires dans léquels cete Jeunesse soit sous une Inspection plus particuliere ; & sous les
soins aussi bien que sous les yeus de
Conducteurs sçavans & Saints ; & qui
puisse plus particulieremant estre élevée par eus, non seulemant à la Science ; mais sur tout *à la Sainteté.*

C'est là que je viens (Mes Freres)
come à un Point Important *au Renouvelemant du Pastorat, & à un Cinquiéme Remede à nos maus*, selon l'Avis,
& l'Adveu de beaucoup de Gens de
bien ; qui croyent, qu'entre tous les
Expediens, qui peuvent estre propo-
sés sur ces Matieres, il n'en est point
de Meilleur, que celuy-cy, à sçavoir
de Remetre & Rétablir en l'Etat, &
au train qu'il faut ; *les Seminaires ou
Colleges Anciens*, & trouver moyen,
d'en bien Etablir de nouveaus ; & memes en plus grand nombre, afin que le
nombre meme des Jeunes Gens ne soit

 pas

pas trop grand, pour estre sous un seul
Chef ou Recteur de Seminaire, & pour
estre Conus, discernés, Instruits, &
Conduits en luy, come il faut.

Come ce Point est grandemant Important, & d'une part peut sambler
fort dificile, & souffrir queques obstacles ; & de l'autre neamoins est non
seulemant fort Utile, mais tout à fait
Necessaire ; il l'est aussi, que nous trai-
tions un peu à loisir, & en detail, ce
qui le peut Concerner ; & en Premier
Lieu disions un mot de son Origine,
& de ses Premiers Etablissemans. Ce
qui se peut fort bien reduire non seulemant à l'ordre des Anciens Sacrificateurs & Levites d'Israël, qui avoient
come leurs Colleges, & leurs Academies
de Jeunes Gens, conduits par les plus
Excellans Docteurs & Sacrificateurs
de leurs Tams. C'est ainsi que Saint
Paul parlant de Gamaliel, se vante
d'avoir esté son Disciple avec plusieurs autres de son âge, qui faisoient
sous sa Discipline à qui mieus mieus, &
entre lesquels aussi il emportoit toujours le Prix. C'est ainsi que long-
tams devant les Saints Prophetes,
avoient leurs Disciples & leurs Ecoles,
come

come l'Ecriture le témoigne *d'Elie &*
d'Elisée, sous qui les Fils des Prophetes s'eslevoient aus bords du Jordain
où ils s'estoient batis eus memes des
Cabanes, & où dans la Retraite & la
Priere, ils Recüeilloient de la bouche du Saint Prophete, & beuvoient
l'eau Saillante à vie Eternele, d'une
Doctrine Sacrée, & d'une Veritable
Foy, & Pieté.

Nous pouvons ancore raporter cet
Ordre aus Disciples des Apotres, &
à la Pratique des Anciens Peres, &
Pasteurs, qui chassés des villes par les
grandes Persecutions, ou Corruptions
du Monde, & Confinés dans les Deserts, ou pour le moins retirés à la
Campagne, estoient suivis d'un bon
Nombre de Disciples, soit d'une Jeunesse bien meuë, soit d'autres Gens
bien Convertis, qui se metoient sous
leur Conduite, & aprenoient d'eus la
Chretiéne, & cele du Pastorat. En ces
Premiers Comancemans, les Solitudes n'étoient que *des Seminaires Saints,*
d'où les viles & les vilages tiroient come d'un Desert randu Fertile de beau
Blé, & de bons Arbres, de Grands
Homes, & des Pasteurs tels, qu'ont

 esté

esté *les Athanases, les Gregoires, les Basiles, les Chrisostomes, les Augustins* & samblables Peres de Renom. Enfin on peut bien en raporter sinon l'Origine, aumoins l'Etablissemant, ou le Retablissemant, & la Continuation aus siecles, qui ont suivi les Premiers jusqu'aus derniers, & jusqu'aus Nôtres, ausquels toutes sortes d'Eglises, qui ont fait Etat de se maintenir, ont eu le soin d'avoir *de ces Seminaires*, que les Conciles ont recommandés, & que toutes sortes de Gens de bien ont taché de procurer, & méme de Multiplier dans les Grands Lieus, qui en ont peu porter les frais.

Outre que c'est propremant ce qui a fait éclorre au moins du comancemant la plus part *des Abbayes*, aus tams que *les Abbes* c'est à dire *les Peres* estoient *bons*, & avoient aussi *de bons Anfans*, c'est ce qu'ont d'abort remis sur pié, & fait ensuite fleurir, les Premiers Reformateurs des Eglises, qui peuvent bien en estre només & *les Abbés*, *& les Peres*; les prenans depuis les Tams de ceus qu'on nommoit jadis *les Freres de Hongrie & de Boheme, les Vaudois & les Albigeois* jusques *aus*

Wi-

Wiclefs, *aus Hieromes*, & autres qui les ont suivis, & dont on a herité les Academies, les Colleges, & les Semineres bien fondés.

En Second Lien, s'il est question de parler *de leur Utilité, Importance, & meme Necessité*, qui ne void, 1. Que c'est, le facile & le vray moyen d'Assambler une Jeunesse propre aus Letres & à la vertu ? 2. De la retenir & moderer par l'Enceinte d'un Lieu fermé, par un Comun Logemant, & par une meme Conduite ou Regle. 3. Que c'est avancer beaucoup à la fois, & profiter à plusieurs par un seul Home, & un seul moyen ; par une Bouche, & une main : car la Parole & le coup porte égalemant sur tous. 4. Qu'il est plus facile de trouver un Home Tel, que plusieurs ; & que c'est bien Epairgner, que de pouvoir doner à la fois à plusieurs, & en comun, ce qu'il faudroit doner en particulier à un seul. 5. Que c'est le moyen de piquer d'une Sainte Emulation de Jeunes Gens, les Excitant les uns par les autres à bien faire, & meme à se surpasser sans vanité, non seulemant en la Conoissance de la Verité, mais en la Pratique de la vertu, & du service Divin.

vin. 6. Que c'eſt meme Ouvrir & eveiller les Eſprits par le Concours des Exemples, le Nombre des Exercices & la Diverſité des Graces, & des Talans.

Mais ſur tout il eſt Viſible, que c'eſt metre d'une part la Jeuneſſe en un bon Aprantiſſage, & bien comancer par où il faut ſon Education, pourveu qu'elle rancontre un bon Maiſtre, ou pour mieus dire un bon Pere ; Et de l'autre, auſſi c'eſt ſe ſervir du plus grand moyen, qu'on puiſſe avoir, pour former des Jeunes Gens, non ſeulemant à la ſcience, mais ancore à la Sainteté : C'eſt anfin en bien peu de tams, tirer du milieu d'eus des Homes faits à l'air & à l'Eſprit Paſtoral, & Capables non ſeulemant de précher, mais de Prier ; & de Conduire auſſi bien que d'Inſtruire un Peuple Chrétien autant en la Vertu, qu'en la Foy.

Par contre il eſt aiſé de voir, que ſi l'on ne ſe ſert point de ce moyen, *la Ieuneſſe* reſte come vague, diſperſée & volontaire ; Laiſſée a ſa Liberté, a ſa Conduite, & a ſes Ecarts, en danger de ſe randre Libertine, de mal employer

ployer son tams & de s'adoner à la debauche, soit par la Frequantation des
mauvaises Compagnies, soit par ses
propres Inclinations, que ny Lieu, ny
Conduite, ny Example, ny Parole,
ne brideront, ni ne pourront jamais
regler.

Et quand cela meme n'arriveroit
pas, il est Visible, que pour le
moins *la Ieunesse* manquant de ces aydes, n'en sera ny si Instruite, ny si Sage, que celle qui en étant aydée peut
profiter de ce moyen, & avancer plus
en une, ou en deus Années, étant retirée & bien conduite, qu'elle ne fairoit en Six, restant dispersée, Negli-
gée, & laissée à sa propre Volonté, ou
Liberté, facile à devenir *Libertinage*, &
Servitude à Peché.

Pource que Neamoins, ou ce moyen
peut parfois ne reüssir pas assés, rencon-
trant divers Obstacles, il est juste, qu'*en
Troisiéme Lieu* nous en parlions a-
vouäns. 1. Que come les Oeuvres des
Homes, ne sont pas plus infaillibles
qu'eus mémes, & que parfois leurs
meilleurs desseins succedent mal contre leurs Intantions, il ne faut pas s'é-
toner qu'un si bon Etablissemant ne

 reüs-

reüssisse pas toûjours, aumoins aussi bien, & aussi-tôt, qu'on pourroit croire, ou vouloir. 2. Que meme quand des Seminaires sont fondés le mieus du Monde, & quand ils ont meme persisté long-tams fort bons; Ils peuvent degenerer, & come les Homes & toutes leurs Oeuvres sont muables, tomber come eus & come elles en Decadence, & anfin n'estre plus aussi bien qu'eus, ce qu'ils estoient. 3. Que come de samblables Maisons ont besoin de bons Fondemans & de murailles, c'est à dire de Bonnes Fondations & de stables Revenus; On ne trouve pas toujours aisémant des Corps Publics, ou des Persones particulieres, qui les puissent fonder, batir, & antretenir.

Ce qu'il y a de plus considerable en ce point est, que l'Experiance faisant voir ancore en plusieurs lieus; (mais Dieu merci plus parmi nos. Adversaires que parmi nous) que de samblables Pretendus Seminaires ou Colleges de Sciance & de Sainteté, de Letres & de vertu sont devenus assés souvant des lieus de grande Debauche, & des Seminaires de vice, & de vi-

vicieus ; & que neamoins les Revenus
font reftés, & les places toûjours pri-
fes, mais celles-cy mal remplies, &
ceus là mal employés; l'on peut ce femble conclurre (dira quéqu'un) ou qu'il
ne faut pas attandre de là un fort grand
bien ; ou pour le moins n'en attandre
pas un fort Conftant, & fort durable
de tels Etabliffemans.

Mais il eft bien aifé ce femble non
feulemant de répondre, mais d'ob-
vier à tout cela en difant fur tous ces
Chefs Objectés ; *En Premier Lieu*,
qu'il eft Conftant, que pour bone,
que puiffe eftre une Oeuvre, il ne
faut pas fe Prometre, quelle foit Eternele, ou Immuable, puis que l'Home
ne l'eft point, & que rien ancore fous
les Cieus ne l'a efté. *Tout eft muable
fous le Soleil*, ou fous la Lune auffi bien
qu'elle, & meme plus fujet que la Lune
au Changemant. Tout y déchoit, &
meme y perit; & parfois les Meilleures
Chofes s'y corrompent plus & plútot
que les Mauvaifes ; *& leur Corruption
eft meme pire*, come dit fort bien le mot
Comun.

Mais pour ce que les bonnes Chofes
ne font pas Eterneles & Inalterables,

ne

ne faut il point du tout les faire ? ne batit on point de maisons , pource que
queques unes tombent ? & ne plante
t'on point d'Arbres , ou n'en seme
t'on point des Pepinieres , pour ce que
la semance des uns ne leve pas , les autres sont anlevés , ou arrachez par le
vent , & queques uns meme ne portent
jamais de fruit. Quand *un Seminaire*,
ou *un College* bien Conduit ne fairoit
que servir un Siecle , & ne fourniroit
que queque volée de brave Jeunesse
durant queque tams ; ne serviroit il
point assés à ce pourquoy il est fait ?
Faudroit il plaindre l'Argent qu'on y
auroit mis , si l'on en avoit tiré de braves Homes ? & la Some , qu'on y auroit
employée , n'auroit elle pas bien porté
sa Rante , quand elle ne seroit par an,
qu'à Trois , ou Quatre pour Cent ?

En Second Lieu , s'il est arrivé , ou
s'il arrive , que *de telles Maisons* dechoient en Conduite & en Esprit,
n'est il pas assés aisé de leur faire , ce
qu'on fait à celes du Corps & aus Edi-
fices Materiels , quand ils vienent à
tomber ? On Appuye , on Repare , &
on Rébatit ceus-cy , & meme parfois
plus beaus , plus solides , & mieus faits
qu'ils

qu'ils n'eſtoient auparavant. Pourquoy donc auſſi ne ſe metroit on à Remetre & a Reparer à tams ceus là, d'autant plus faciles à Rebatir, que les Fondemans en ſont bons & Fermes, c'eſt
à dire, *les Fondations*, & les Revenus,
qui ſont toûjours leur Soutien ?

Ce mot nous done ſujet de Repliquer *en Troiſiéme Lieu* à la Troiſiéme
Objection qui vient de nous eſtre faite, à ſçavoir, *qu'il eſt difficile de Trouver de ces Fondations*, ou *Fondateurs*,
& des Perſones, ou Particulieres, ou
Publiques, qui puiſſent ou veuillent
fonder des Seminaires, & fournir ſuf-
fiſamant une, ou pluſieurs fois de
quoy les faire ſubſiſter toûjours : Mais
à cela l'on peut aiſemant repliquer
trois choſes, dignes d'eſtre bien con-
ſiderées.

La Premiere, que quand on n'auroit que les Fondations, qu'on a déja,
& que *les Seminaires*, ou *Colleges* que
l'on poſſede aſſés bien Rantés & bons,
l'on en auroit preque aſſés, pour faire
ce qu'on propoſe, & la Bonne Oeuvre qu'on pourſuit : & ſi meme l'on
vient à faire une juſte Reflexion ſur
leurs Revenus en gros, peut eſtre trou-

vera

vera t'on , qu'il y a queque menage, & bien à faire , & dequoy multiplier meme ces maisons. Pourveu que les uns ne soient pas Avaricieux , & les autres dissolus ; ou plûtot , pourveu que les uns, ne veuillent pas de trop grosses Pansions , & les autres estre trop bien tenus ou norris ; mais tous se Contanter d'un Honete Necessaire, & ne chercher pas aussi trop leurs aises, ou leurs Interets : En efet si au contraire chacun vouloit come doner queque chose au bien Public, & pratiquer l'Euangile , il se trouveroit dequoy fournir à plus qu'on ne croiroit bien, & le moyen d'entretenir bien plus de Maitres , & de Disciples qu'on ne fait.

La Seconde Reflexion, qui peut servir de Reponse, est qu'il n'est pas si difficile que l'on pense, de trouver de quoy fonder, ou pour le moins Etablir, soit pour toûjours, soit pour un assés Long-tams , de samblables *Semi-naires ou Colleges*, pourveu qu'on en goute la Necessité, qu'on en aime l'Utilité, & qu'on veuïlle faire le bien Public des Eglises, & celuy meme des Estats. La Raison en est qu'il est aisé

1. aus Princes & aus Souverains de faire à peu de frais de telles Oeuvres, ayans ſans doute aſſés de biens Ecleſiaſtiques, ou Civils, qu'ils peuvent affecter à un ſi grand, plus excelant que tous eus.

2. Pource que *les Corps de ville*, & *les Magiſtrats* qui en ſont les Chefs, peuvent aſſés facilemant trouver de quoy, ſoit par le moyen des Maiſons Publiques parfois Uvides, ou mal ramplies; ſoit par le menagemant des Deniers, ou des Revenus Publics, Metre à part queque Portion, ou Menager queque Epairgne pour un Amploy ſi Neceſſaire, & ſi Utile au Public. En efet, qui ne void, que par tout les Corps font pluſieurs Depanſes, qui ne valent pas cele là? & que quand on veut en faire pour des choſes ſuperfluës, ou ſimplemant Agreables, on trouve bien l'Ample moyen d'y fournir?

3. Les viles & les Egliſes Chretiénes ne font point ſi de pourveuës de Gens de bien, que ſi l'on vouloit pouſſer un ſi bon Deſſein, & en pourſuivre d'un Comum Cœur, & d'une Comune main l'Execution, on ne trouvat bien-tôt des Perſones Particulieres

lieres, Charitables, & zelées, qui é-
tant bien Inftruites de cete afaire, de
fon Importance, & de fon Utilité, la
fairoient peut étre feules, ou pour le
moins y prandroient & y auroient tres-
bonne part, en donant une bonne Par-
tu de la fomme qu'il faudroit, pour la
faire reüffir. Cele là jointe à queques
autres (come Dieu merci, le nombre,
des bons Riches auffi bien que des
mauvais eft affés grand) pourroit en
peu de tams grofsir en forte, qu'au plus
cinq, ou fix Perfones pourroient fournir de quoy vivre à plus que de Cinq
ou fix fois ce Nombre, les chofes étant
bien Menagées ; come les Eclefiaftiques fur tout, & les Dons Charitables
doivent l'eftre.

  4. Quand un petit nombre de Perfones Charitables, & leurs Contribu-
tions ne fuffiroient pas , n'en peut on
pas aifémant trouver, & joindre ancore un plus grand? A fon Defaut meme
des Collectes Eclefiaftiques , ou Civiles font eles pour defaillir? n'en fait
on point affés fouvánt d'affés grandes
pour des fujets moins Importans? Ne
void on pas tous les jours, qu'on fon-
de des Maifons de vieilles Gens, &
d'An-

d'Anfans, de vefues, & d'orphelins? Et qu'il fe trouve, ou des Corps Publics, ou des Perfones Particulieres, qui fourniffent à ces grandes chofes, qu'il faut de vray avouër fort bonnes, mais non pas meilleures, ni meme fi Neceffaires, que celes que nous Propofons.

En efet n'eft il pas plus Important d'élever des Pafteurs que des Brebis? & de pourvoir à des Gens, qui doivent un jour pourvoir aus autres, que de norrir quoyque Charitablemant & bien à propos des Perfones Simplemant Particulieres, & des Bouches Inutiles? D'ailleurs le bien Spirituel n'eft il pas Infinimant Preferable au Corporel, & le Salut des Ames à celuy des Corps? & (s'il faut le dire come on le peut bien avec raifon) une Eglife n'eft elle pas plus qu'un Hopital? Et un Seminaire de Jeunes Homes digne d'étre preferé en fa Culture, & en fon foutien, à celuy de queques Fames, ou de queque nombre d'Anfans?

Or un College tel, que celuy dont nous parlons, concerne le bien d'une Eglife, & non feulemant d'une, mais

 de

de Plusieurs ; vise à fournir des Maîtres, & des Peres memes aus Anfans,
& à toute sorte d'Anfans Chretiens,
Grands & petits ; pourvoit aus Con-
solations des vefues, des Pouvres &
des Malades en leur donant des Con-
solateurs : Anfin c'est une Oeuvre U-
niverselle, que toute sorte de Gens
doivent non seulemant esprouver,
mais ambrasser , & tacher de poursui-
vre, & de pousser tellemant, qu'on la
meine heureusemant à sa Fin.

Mais l'heureus Succés (dira quequ'un) n'est pas toûjours , & n'a pas
toûjours esté ? au coutraire l'Experi-
ence à fait voir par le passé, & fait voir
ancore à presant, qu'il a esté fort mauvais , & que come on nous a objecté
un peu plus haut , la Corruption se
glissant en ces Corps les plus antiers,
& gatant ces lieus autant ou plus que
tous autres, ils sont devenus des lieus
de dissolution & de debauche ; & queque fois de purs Repaires d'Impureté
& d'yvrognerie, & la Retraite de toute sorte de vices & de vicieus ?

Il est vray. L'on ne peut pas tout à
fait nier ce qui se dit, pource que des
Bouches Croyables le disent, les Histoires

ſtoires Ancienes en font Foy, & les Nouveles ne le defavouent point. Qui plus eſt, ou n'en a que trop d'Examples devant les yeus, ſoit voyant les Maſures des vieus Prieurés, & des vieilles Abayes; ſoit les batimans nouveaus des autres Comunautés, qui ne ſont pas ſouvant meilleurs pour eſtre neufs, ou Nouveaus; Mais neamoins il eſt aiſé de ſatisfaire à cete derniere objection en repliquant.

1. Que Graces à Dieu il n'eſt pas *de nos Seminaires* come de ceus là, mais que come ils different extrememant en Fondation, ou en Fondemens de Foy, de Doctrine, & de Pieté, ils different auſſi tout à fait en deſſein, en Eſprit, & en forme de Conduite, qui n'a garde de ſantir la Superſtition, ou la Contrainte, & une façon de Gouvernemant, qui tient ou de la Tyrannie ſur les Corps & ſur les Ames, ou du Libertinage permis, ou d'un Phantôme de vertu, qui n'eſt qu'apparante & fantaſtique ? où par contre nous n'en voulons qu'une Chrétiene & veritable, auſſi Exempte de vanité que d'Hypocriſie, & propre à faire des vrays Chrétiens.

2. Que

2. Que Graces au meme Dieu, il y a de bons Piliers de ces Maisons, à sçavoit au dehors de bons Intandans, Inspecteurs, ou Curateurs qui veillent sur leur Bon, ou mauvais Etat, & qui au besoin les relevent, si elles tombent, ou les soutienent, si elles menacent de cheute; & de bons Recteurs, ou Conducteurs au dedans, qui ont l'œil ouvert, & ne manquent pas de soin à les tenir en bon ordre, & qui peuvent, aidés qu'ils sont de l'Authorité Ecclesiastique & Politique, empecher aisémant leur Decadance, & beaucoup plus leur Renversemant.

3. Qu'il ny a qu'a voir, d'où c'est que la Corruption, & le Desordre de ces Maisons peut venir, & d'abord en boucher les sources, en couper les voyes, & en retrancher les causes, & les moyens : surquoy nous pouvons dire, que cete Corruption ne peut venir que de deus Cotés, a sçavoir ou de celuy des Persones, qui en ont l'Intendance, le soin & le gouvernemant : Ou de celles, qui y sont soumises, c'est a dire en un mot, dès Chefs ou des Membres; des Maistres, ou des Disciples, & anfin propremant non

tant

tant du dehors come *du Dedans* quel
qu'il soit superieur, ou Inferieur, &
peut estre parfois de tous les deus à la
fois.

Come il est de certains fruits, qui
ne se gatent que par le Pepin, de certaines Plantes, qui ne pourrissent que
par la Racine, ou par leur suc Interieur; des Maisons memes qui ne tombent qu'à cause, que leurs fondemans
ou leurs piliers ne sont pas bons:
Pareillemant *les Seminaires* ne se corrompent, & ne dechoient ordinairemant, qu'à cause que *les Seminaristes*,
Gouverneurs, ou Gouvernés ne se
Gouvernent pas bien; Et qu'il y a dans
les uns de la Negligence, de la complaisance, ou beaucoup de Relachemant;
& dans les autres du Libertinage, de
la Debauche, & de la Dissolution.

Les Persones, qu'on peut metre
dans *les Seminaires* sont de deus sortes. Les Premieres sont *les Recteurs*,
ou *les Intandans* avec leurs principaus
officiers ou aydes, soit pour le Spirituel, soit aussi pour le Tamporel. Les
Seconds sont les Jeunes Homes Estudians, qui doivent étre Elevés & Instruits en l'un, soulagés de l'autre, &

 n'ayans

n'ayans tous autre foin, que de faire leur devoir.

Quant aus Premiers, & principalemant quant *aus Recteurs ou Intendans,* il eft vifible, qu'il n'y faut metre que des Homes doüés non feulemant d'Efprit, de fçavoir & de bons Talans; mais fur tout de Prudance, & de Jugemant; de Probité, de Pieté, & de vertu. Que par deffus ces dons mémes, ils doivent Singulieremant avoir celuy d'une particuliere Adreffe, & d'une grande Habileté à Gouverner une Maifon, & fur tout à Conduire une Jeuneffe telle qu'on leur met en main.

Par *cete Habileté* ou *Adreffe* il ne faut pas feulemant antandre l'air de Menager bien les Chofes quant au Tamporel; pource que *des Recteurs, ou Conducteurs Spirituels* peuvent être foulagés d'une grande partie de ce foin, par les Curateurs, les Intandans, ou les Officiers Tamporels de ces Maifons; Mais bien faut il antandre, qu'ils doivent avoir les Qualités à peu prés les memes, que nous avons remarquées devoir eftre en des Profeffeurs.

Pareil-

Pareillemant *la Prudance*, que nous desirons en ces *Recteurs ou Condu-cteurs Spirituels de la Jeunesse* ne doit pas estre une Prudance Charnele, & beaucoup moins une finesse qui sante la Dissimulation, ou meme la Four-berie du Siecle; Mais bien *une Sagesse Chrétiene*, & un Esprit d'Intelligence, & de Lumiere, qui ne se laisse ny sur-prandre ny eblouïr; & qui face a-voir l'œil ouvert à toutes choses, & aussi bien Prevoir tout come il se peut, que pourvoir à tout come il se doit.

Mais Particulieremant est il Neces-saire, que *tels Recteurs ou Conducteurs* ayent ces deus Qualités, la Vigilance ou Diligence d'une part, & une juste Severité ou Rigueur de l'autre, pour la Conduite de la Jeunesse qui leur est fiée, tant pource que elle fuit d'ordi-naire l'Inspection & les yeus des In-specteurs; come pource qu'en efet el-le est sujete à s'eschaper; & souvant craint plus sur tout du Comancemant, la Reprimande du vice, qu'elle n'ay-me la vertu: Mais ayant déja assés par-lé de ces Qualités, en parlant de celes des *Professeurs*, il ny a qu'à en faire icy

 une

une juste Aplication *aus Recteurs, ou Conducteurs.*

Je sai bien, qu'on pourra dire, que de tels Homes sont Rares, & pour le moins difficiles à trouver, & en suite à atacher à cete sorte d'Amploy? Mais il faut considerer 1. Que Dieu mercy, il y en a, & que les Terres bien Chretienes & Euangeliques n'en sont pas tout à fait steriles, ou depeuplées. 2. Qu'il ne nous en faut pas beaucoup, le nombre meme pouvant nuire; s'il se trouvoit, ou se metoit en meme lieu à cause que l'enuie ou jalousie s'y pourroit meler; & que plusieurs Maistres dans une Maison ne font pas ensamble bien, s'ils ne sont Tous sous un seul qui soit plus grand : Et c'est pour cela meme qu'il semble, qu'un seul sufit, & fait le nombre qu'il faut à chaque Maison, on Seminaire come un seul Chef suffit à un Corps, & à ses membres, pour nombreus qu'ils puissent estre.

Ce n'est pas, que sous *un Recteur ou Conducteur d'une tele Comunauté,* & sous un Chef aussibien qualifié, que nous posons, il n'y puisse avoir divers *sous Intandans* ou pour le moins Oficiers,

pour

pour soulager le Premier & le Principal, duquel depand la Conduite ; mais
il faut sans doute, qu'ils luy soient &
fort soumis, & fort unis, afin que tout
y aille d'un meme air, & qu'il n'y ait
qu'un meme Esprit ; & un Esprit Sage, & Pieus qui anime, & remüe tout
ce Corps.

A cet effet il est juste de n'aporter
pas moins de soin au Chois de tels Officiers à proportion qu'au Chois meme
de leur Chef ; etant absolumant vrai,
que tout ce qu'il y en peut, & doit avoir
dans une telle Maison, doit estre non
seulemant Habile, & Propre a son
Amploy ; mais doüé de Pieté & de
vertu, porté de zele à profiter par ses
bons Examples à la Jeunesse, & en suite Fidele, non seulemant à bien faire
son devoir pour le bien Comun de la
Maison ; mais sur tout à observer & découvrir au besoin les Defauts des
Domestiques, c'est à dire des Jeunes
Gens, que la Maison antretient.

La chose est d'autant plus Importante, que come dans la meilleure Famille du Monde, un mauvais valet cor-
rompt les Anfans, & les rend bien-tôt
tels qu'il est ; & l'Infidele les laisse

                de-

devenir Mechans, ou croire en Malice la celant ; de meme dans un Seminaire, le mauvais Example, ou l'Infidele silance d'un Officier est souvant cause, qu'une Jeunesse se perd ; & qu'étant instruite, ou soufferte dans le mal, elle le fait Libremant, & l'augmanté tous les jours.

Mais aussi d'ailleurs il n'est pas moins Important de voir, de qu'elle Jeunesse on emplit un Seminaire. Ce point est un de ceus, ausquels il faut avoir le plus d'egard, pource que c'est en cela qu'on pourroit bien se tromper, & faire en queque façon un faus Oeuvre, ou pour le moins ne faire pas le bon, & le veritable qu'on veut faire, en faisant *un bon Seminaire :* Chacun sçait, que quand il faut faire une Peuplade, & une nouvele Habitation dans un Pays nouvelemant decouvert, ou defriché ; l'Importance est qu'on voye bien de quelles Gens, ou quel Peuple, & qu'elles Persones l'on prand pour l'habiter ; pource qu'en effet tout le Pays en peu de tams, & tout le Peuple à venir doit estre tel, que le Premier qui y antre ; & ce seront les Gens de la Colonie meme, qui en prandront

pos-

Possession, & en fairont la Mauvaise,
on la bonne Qualité.

Il est vray, que la plus part de ceus
qui veulent Peupler un nouveau Pays,
ou faire habiter une terre jusques à lors
inhabitable, prenent indifferemant,
c'est à dire aveuglémant tout ce qui se
presente à leurs yeux, & à leurs mains;
& ainsi rampliffent ou d'Impies, & de
Profanes; ou de Meurtriers, & de voleurs; ou de Faineans, & de Debau-
chés; & anfin de garnemans, leurs
vaisseaus & leurs Pays; où il n'est pas
bien Etrange, qu'en suite l'Impieté
& le vice regnent, puis qu'il n'y a point
d'autres Sujets que des Impies, & des
vicieus; & qu'en suite, pour le dire
ainsi, il n'y croisse que du Mauvais
Grain puis qu'il y a esté semé.

Mais si dans une Transplantation,
ou Habitation nouvele on se propose
de faire un Peuple Nouveau, c'est a
dire un Peuple bien bon, & Saint; bien
Reglé, ou pour le moins aisé à regler;
on doit prandre des Persones, qui le
soient, & qui déja ayent donné de
bonnes marques de la bonté de leur
naturel, & dë leur vie; afin que leur
bonne Semance jetée en une Nouvele
Terre,

Terre, y produise, & y porte de bons fruits, & des fruits d'autant meilleurs, que la Semance, & que le Sol ne s'opposent pas à leur succez : mais au contraire par leur bonté, & par leur Nouveauté les favorise.

Pareillemant aussi, quand il est question *de ramplir une Maison Collegiale, & un Seminaire* vuide ; il samble en Premier Lieu, qu'il ne faut pas s'ampresser trop de l'amplir vite, & à quelque prix que ce soit, faire direqu'il est plein, & qu'on l'a bien-tôt rampli ; pource que c'est le moyen de faire que l'Empressemant fasse prandre tout ce qui s'offre, & qu'on fourre en une Maison d'ordre, & de Regle, une Jeunesse mal née & Incapable de Reglemant.

En Second Lieu ; il se faut garder d'écouter la Simple vois de la Charité naturele, de la Pauvreté, ou Necessité Domestique ; & cele de l'Interest d'une Paranté, & d'une Famille incomodée ; pource que si l'on y a un pur egard, & qu'on n'en ait pas assés aus autres choses ; à sçavoir aus Qualités des Sujets mémes qu'on doit choisir ; il arrivera qu'une Famille presentera

tera son Rebut; la Pauvreté un Etour-
di; la Paranté un Garnemant; & la
Charité un peu aveugle un aveugle
aussi, si non de Corps, au moins d'E-
sprit, c'est à dire un Ignorant, & un
Home du tout Incapable d'estre tel
qu'on le pretand.

En Troisieme Lieu, il faut ancore
aporter bien plus soin dans le Discer-
nemant, & dans le Chois de la Jeunesse, qu'on doit metre en un Seminaire, afin que tant que faire se peut, on
ne prene que des Jeunes Gens d'une
part bien nés, & de Naissance assés
bonne, doüés sur tout de bon & de Docile Naturel, Ployable au bien, & aus
bones Choses, & ornés plus ou moins
des Talans requis; & de l'autre Apelés délors aucunemant au Pastorat
(ainsi que nous avons marqué en nôtre Precedente Letre) & pour le moins
Enclins à l'Etude des Choses Saintes, & à la vie de Pieté & de vertu, que
doivent aprandre à mener ceus qui s'y
destinent, ou plutôt y sont destinés:
Dela vient, que l'on peut dire, qu'il
faut queque Espece de Vocation meme à cete Maison, & à son Genre de
vivre qui doit estre, & rouler égalemant

mant fur un Conftant Etude, & fur un Ufage continuel de vertu & de Pieté.

Pource qu'auffi il peut arriver, come l'on dit, qu'il eft arrivé déja, que *le Saint Miniftere* foit rendu vil, & paffe pour tel en l'Efprit de bien du Monde ; foit pource que la Pauvreté y a fourré des Perfones non feulemant de baffe Naiffance, mais d'Efprit bas & groffier ; foit parceque le Crédit, & la faveur, ou la violance & l'Intereft y ont pouffé, & introduit des Gens mal-faits, étourdis, Sauvages, Ignorans, Servils, Mercenaires; & qui pis eft, vicieus ; & quand cela ne feroit point, pouvant arriver, que ceus, qui n'auroient pas ces defauts, n'auroient pas auffi les vertus & les bones Qualités requifes, que doivent a-voir de bons & de vrais Pafteurs pour l'Inftruction, la Converfation, la Con-duite, & pour les autres Fonctions du Paftorat ; Pour toutes ces raifons, il eft fans doute Important, que dans le chois des Jeunes Gens propres à compofer *un Seminaire*, on ait egard, autant que faire fe peut à la Naiffance Tamporele & Spirituele, aus Talans

aus

aus Qualités, & sur tout aus bones In-clinations de ceus, qu'on presante, ou qui eus memes se presantent, pour le ramplir.

Ce n'est pas, que (come nous l'a-vons déja remarqué assés souvant) il faille exclurre aucun Etat ou Condi-tion de l'Entrée, & des Places *d'un Seminaire Public*, puis qu'une bou-tique & un village peuvent fournir parfois d'aussi bons Snjets, que des Pa-lais & des Chateaus; Mais il est bien juste aussi qu'on prene garde dans le Chois au Naturel des Persones, & à toutes les autres choses, qui aident à en faire un bon; & pourlemoins à evi-ter qu'on n'enfasse pas un mauvais, ou que meme on ne viene jusques au Point, de ne choisir du tout point.

Ce seroit alors tout perdre, & le moyen de bien-tôt reduire *un Semi-naire, ou un Collége* à l'Etat d'un Ho-pital, si l'on n'avoit égard, qu'à y re-cevoir des Pauvres, ou plûtot des Gueus Errans. Qui plus est, ce seroit le moyen de le faire devenir une Hote-lerie, ou un Logis à Cabaret, où l'on seroit reçeu, & norri sans rien payer; Et meme (si je l'ose dire) uue Espece

de

de Parc, ou d'Estable d'Animaus, qui ne seroient pas tous des Aigneaus; mais peut étre bien autres que des brebis, come en efet on peut voir dans une autre Conduite que la nôtre, que *les Colleges & les Seminaires* font devenus, ainsi que beaucoup de Tamples , *des Cavernes de vice, & des Maisons de Peché* , au lieu d'estre des Maisons *de Priere, & de vertu.*

Voilà pour ce qui regarde *l'Etablissemant & la Conduite en general d'un Seminaire :* voicy un point qui concerne ancore sa facilité, & cele du Moyen de l'Etablir meme dans les lieus , ou il ny en a pas de Publics, & de dreslés à frais comuns. C'est qu'en ceus où déja sont de bones Academies, les jeunes Gens, & sur tout les Etudians en Theologie, qui ont dequoy se pourvoir, & s'élever eus memes aus Sciences, sans étre à charge a Persone, foient obligés de Loger en queque Juste nombre ensamble dans des Maisons assignées à leur Education, chés des Pasteurs, Professeurs, ou autres Homes, qui les égalent ou les vaillent, Gens de sçavoir & de vertu, qui se chargent d'eus, & de leur Conduite,

de

de cele de leurs Persones aussi bien que de leurs Etudes, & de tous leurs Deportemans.

Cela étant authorisé par le Public, & par l'ordre d'une Academie, & de ses Recteurs, & Curateurs, peut faire, que la Jeunesse s'y range antieremant, & ne trouve pas mauvais de s'y voir assujetie, & sujete, pour ce que l'ordre en sera tel, & que leurs Honétes Hôtes seront duëmant authorisés : Il est veritable aussi, que come le dessein de ce Conducteur de Jeunesse ne doit pas tant étre de s'enrichir, & de profiter beaucoup quant au Tamporel de ce Negoce, que de procurer un plus grand bien Spirituel, qui s'accorderoit avec l'Honete Tamporel, qui s'y peut faire ; Il faut sans doute qu'il y ait un juste Tamperamant de toutes choses, & une certene Mediocrité, qui ne grevat ny les uns, ny les autres, soit par la Hauteur, soit par la bassesse des Pensions, afin que tous justes Interets particuliers s'y rencontrassent, & que rien n'empechat le bien comun.

Ce qui fait suggerer cet Expediant, & qui semble meme Necessiter à le

 pran-

prandre, est le grand mal, qui arrive de ce que les Estudians, & les Jeunes Gens Pretandans au Pastorat, ont la Liberté de se Loger, où il leur plait, & avec qui bon leur samble ; parfois dans des lieus peu Reformés, & des Maisons mal reglées ; souvant, & pour l'ordinaire dans celes, où pour le moins ils sont les Maitres, & Pretandent d'y faire tout ce qu'ils veulent, & qui n'est pas pourtant ce qu'ils doivent. D'ou naist la Perte du Tams, la Negligence des Estudes, la veuë & la Hantise de toute sorte de Persones, sans excepter les Mauvéses ; & anfin tous vices, & toutes Debauches, que l'œil d'un bon Inspecteur, le zele d'un bon Conducteur, & le Logis meme d'un Home de bien empecheroient d'arriver.

C'est par tous ces beaus Moyens, que l'Antiquité s'est conservée Longtams Chrétiene, quand les Deserts ont fleuri, & ont produit à l'Eglise des fleurs, & des fruits, qui pour estre Agrestes, & sambler Sauvages, n'ont pas esté de moins bone odeur, & de moindre gout, que ceus, qui sont venus dans les viles, & dans les lieus les plus cultivés.

Au

Au contraire, come les Animaus, & les oiseaus les moins privés, sont pour l'ordinaire les meilleurs ; & les Poissons de la Mer, & des grans fleuves, plus norrissans, & plus delicats, que ceus des Reservoirs, & des Etangs, qui santent plus la vaze, & la bouë, & sont aussi & plus fades, & plus mols ; De même les Homes élevés au Ministere loin des Homes, retirés du Siecle, & moins privés avec luy, sont sans doute les plus fermes, & les meilleurs aus Eglises, pour les norrir, & meme pour leur agréer, si elles cherchent aussi-bien leur profit, que leur plaisir.

En éfet qui ne seroit pas contant d'avoir *un Elie*, *& un Jean Batisté* ? Qui ne seroit ravi qu'*un Atanase*, ou qu'*un Chrisostome* le préchat, & le conduisit ? Où est l'Eglise, qui ne s'estimat heureuse d'avoir *un Basile, ou un Augustin* pour son Pasteur, & pour son Chef ? Le Desert fut celuy, qui dona jadis aus viles ces grans Homes, & ils vindrent du fond des Solitudes les peupler, ou plutôt ramplir les Eglises d'un Peuple Saint.

Les Colleges, & les Seminaires doi-

vent

vent en ce tams tenir la place de ces Lieus de la Tebaïde, qui fournissoient jadis aus Eglises tant de Peres, aprés les avoir élevés Anfans. Il faut de la Retraite, & du Loisir à ceus qui veulent étudier les Choses Saintes, & en meme tams les pratiquer. *Dieu parle à l'Ecart aus Ames, que luy meme dit mener au desert* pour leur parler, & par éfet *Ezechiel* a eu plus de visions aus bords du Fleuve Cobar, & Saint Jean en son Isle de Patmos, qu'ailleurs. Moins on void le Monde, moins on luy complait, & moins il plait, & sans doute aussi ne l'aimant point, on ne l'aprehande point.

Pour avoir donc de *bons Pasteurs* il samble, qu'il faille faire le contraire de ce qu'on faisoit jadis, pour faire de bons Chrétiens. On tiroit les Homes des viles, & ils aloient au desert, se former au Christianisme; & maintenant il faut tirer les Homes de la Retraite, & les atirer aus viles, pour avoir des Pasteurs bien propres à y faire des Chrétiens.

Sans afecter d'avoir des grotes, qui ne sont propres qu'aus Bétes, ou qu'à faire des Sauvages, faisons *de nos Seminaires*

minaires des *Maisons de Retraite*, &
de vertu ; où la Jeuueſſe, Retirée apre-
ne la Pieté, auſſi-bien que la Sçiance,
& s'aplique à la Pratique de la vraye
Religion, que Saint Jaques dit con-
ſiſter *à ſe tenir net du Siecle*, & exant de
ſes ſouïllures. Il eſt dificile de ne s'y
ambourber pas, ſi l'on s'y méle, &
beaucoup plus, ſi l'on s'y jete à corps
perdu.

De là Jugés, s'il vous plait, combien eſt dangereuſe la Maxime, de
ceus qui ont oſé dire, que pour ouvrir l'Eſprit aus Jeunes Gens, & meme
à ceus, qui s'adonent à l'Etude de la
Teologie, & de l'Ecriture Sainte, il
eſtoit bon, qu'ils frequantaſſent le
Monde, & meme le plus Mondain,
tel qu'il eſt pour l'ordinaire dans le
Sexe contraire au leur.

Certes les Saints, & les Sages, apres
le Sage des Sages, ſont bien de contraire Avis, puis qu'ils ne defandent *Prov. 7.*
rien tant à une Jeuneſſe, que de voir
Privémant l'Autre, & luy conſeillans
non ſeulemant d'en eviter la Converſ-
ſation, mais la rancontre ; & autant la
veuë, que l'Antretien.

Pour l'en divertir, voyons comant

dés qu'elle est retirée *en un Seminaire bien Reglé*, elle doit estre ocupée, & apliquer son cœur, & ses yeus à tout autre Objet, suivant qu'un bon Conducteur l'y doit dresser pour faire, qu'elle reussisse dans la Pieté, dans les Etudes, & dans tout ce qui la peut disposer *au Pastorat*.

SISIEME REMEDE,

Et Troisiéme moyen du Rénouvelemant du Pastorat par le bon Reglemant du Tams, des mœurs, de la vie, des Exercices & de la fasson de Precher, que doivent prandre ceus qui sont Apelés au Pastorat.

C'Est avoir fait un grand pas, & beaucoup avancé nôtre dessein, qu'avoir poussé bien avant ce grand moyen de Reformation de beaucoup de Choses à la fois, selon que nous venons de le faire voir à l'œil, & come toucher au doigt : Maintenant il faut venir à la poursuite, ou pour mieus dire à la decouverte de nos gèneraus Remedes, & aprés avoir amplemant
parlé

parlé *de ce Cinquiéme* & principal, que nous venous d'aleguer, en découvrir un *Sisiéme*, qui n'est pas moins Important, & sans lequel il ny a pas d'aparance de reüssir en nos bons desseins, ny meme en ceus de tous les Fondateurs, Curateurs, ou Recteurs des Seminaires.

Ce qui est donc Necessaire, en Sisieme Lieu & pour Sisieme Remede, est que la Jeunesse Theologiene étant une fois choisie, & bien choisie il faut s'apliquer soigneusemant à l'élever à la Pratique des choses, qui la peuvent dresser de plus prés au Pastorat, & pour cet éfet *regler son tams, ses mœurs, ses Etudes*, & les Exercices, qu'elle doit faire pour s'y disposer. *Son Tams,* pour la randre matiniere & diligente, & luy permetre beaucoup moins de veiller la nuit que de se lever devant le jour, soit pource que l'Esprit & le Corps s'en portent mieus ; soit pource qu'ils font plus propres à leurs Fonctions, & sur tout à celes de la Pieté.

Son Tams ancore, pour luy en assigner queques uns de Publics, ou de Comuns Domestiques, pour la Meditation,

tation, la Priere, la Lecture de la Bible, la Conferance sur elle, & pour autres tels exercices, qu'il est bon qu'*un Seminaire ou College de Theologie sur tout* pratique exactemant, & en Comun trois, ou quatre fois le jour; le matin dés le lever, le soir devant le Coucher, & si faire se peut, que que peu de Tams pris aussi devant les Repas, pour se mieus entretenir durant eus de choses bones & Saintes, aprés un peu de Lecture de la Bible, qui precede la Benediction, qui se doit faire de la Table, & de ce que Dieu y met.

Puis qu'une Maison particuliere bien reglée doit prandre cete Coutume, combien plus la doit avoir une Comunanté Publique? quoyque l'une & l'autre doive eviter de faire ces choses *par Coutume*, c'est à dire par Simple Habitude juifue & Literale; veu que tout ce que *des Chrétiens* pratiquent, doit estre fait *Chretienemant*, c'est à dire avec foy, & par Esprit de Pieté, qui porte à ne faire rien de Religieus sans attantion, sans reverance, & sans fruit.

Cela n'ampeche pas, qu'un *Etudiant*

diant *Chretien* n'ait, ou ne prene d'autres tams, pour se recüeillir en particulier, s'élever en Esprit à Dieu, & peu à peu se former à la Meditation Sainte, & aus Prieres dans lequeles il peut s'exercer soy meme en particulier; & aus Ocasions aussi étre exercé en Public en l'Assamblée des autres, afin qu'il se forme d'autant mieux à cet Exercice sur le Champ, plus par mouvemant Divin, qu'humain; & par grace, que par art; aussi bien par la Conferance, que par de petits Discours, ouantretiens promts & subits sur l'Ecriture, & sur les choses, qu'il y aura observées; sur lesquelles il est bon, qu'il s'acoutume de parler, & d'en dire, non par vanité & à la legere, mais avec humilité, & avec presence d'Esprit, ses sentimans.

Quant *à ses Mœurs*, *l'Inspecteur*, ou *Conducteur* tel que nous l'avons decrit, y doit veiller non en Epion importun, ou en Juge soupsonneus; mais en Pere Charitable, & en Eveque Soigneus; prenant garde aux deportemans d'une Jeunesse sujete à étre Coureuse, essorée, vaine, violante, Negligente, & Libertine; Ce qui

 doit

doit obliger celuy qui en a la Charge,
1. A ampecher ses Courses principalemant de Nuit, ses trop frequantes
sorties de la Maison, du Cabinet, & de
l'Etude, 2. Sa vanité en Paroles, en
Port, en Gestes, & en habits. 3. Ses
Jeus illicites, ou licites meme, lors
qu'ils amportent trop de tams, ou cau-
sent queque autre mal. 4. Sa Promti-
tude, ou sa violence aus Ocasions, &
aus rancontres d'oposition, ou de
déplesir. 5. Tout excés de Passion, ou
de vice quel qu'il soit, & sur tout
d'Impureté, & de gloutonie, qui peu
à peu menent la Jeunesse à l'Impieté,
& à toute sorte de pechés.

Par contre *un bon Inspecteur, & Conducteur* doit par de bons, & de frequans
antretiens, tant Comuns, que particuliers, l'instruire, & l'exciter à la
Pieté; luy en faire remarquer en l'E-
criture, au tams qu'on la lit, non seulemant les Maximes, mais les Examples; les luy rendans propres & pra-
tiques: Anfin metre ordre qu'elle em-
ployë bien son tams, ne frequante que
des Gens de bien, & sur tout gouste
Dieu & son Esprit, lequel gouté est
seul capable de la degouter du Monde,

de, & de la détorner du Mal, luy donant le gout du Bien, & l'envie de le pratiquer.

Quant *aus Etudes, le Sage Conducteur ou Inspecteur* doit aussi avoir l'œil, en Premier Lieu, qu'une Jeunesse, qui s'y trouve non seulemant destinée, come nous avons déja dit souvant, mais apliquée, s'y adonne entieremant; Et faire pour cet éfet qu'elle ne perde point son tams, & n'en mete pas trop au Repos, aus Repas, aus Frequantations, aus Promenades, & aus Divertissemans. En Second Lieu, qu'elle tiene queque bon train, ou Methode en ses Etudes, afin qu'en metant meme son tams a etudier, elle ne le perde pas à Etudier mal, ou en vain; c'est a dire ou lisant des Auteurs peu propres pour elle; ou ne recueillant pas bien, ce qu'il y a de bon dans les Bons; ou n'ayant pas la Methode de s'en bien servir, & le faire Sien. En Troisieme Lieu il est bon aussi, & necessaire, qu'il veille sur la Qualité des Livres, dont elle fait sa Lecture, ou la plus ordinaire, ou la plus chere, faisant en sorte qu'elle se garde sour tout de ceus, qui peuvent

luy

luy infinuër l'Impieté, la vanité &
l'air du Monde contraire à celuy de
Dieu, de l'Evangile, & de l'Efprit du
Seigneur : C'eft pourquoy tant qu'il
fe peut, il luy faut ôter des mains, fur
tout du Comancemant Plufieurs Orateurs & Poëtes Profanes, Maiftres de
ce Pernicieus fçavoir ; & non feulemant les Anciens, mais les Modernes,
& meme ceus, qui ne faifans pas Pro-
feffion d'anfeigner le Libertinage ou
queque vice que ce foit, ne laiffent
pas d'etre fort dangereus à la Jeuneffe, par l'Efprit boufon & ridicule
dont ils font pleins, & dont pour
l'ordinaire ils rampliffent leurs Le-
cteurs.

Il ne faut pas neamoins prandre en
cecy nôtre Avis fi fort à la Letre & à la
Rigueur, qu'en matiere fur tout de
Sciance des Langues, ou de l'Hiftoi-
re, il faille interdire tout a fait à la Jeuneffe Chretiene, & fur tout à la Jeuneffe difcernée & Sage, la Lecture de
certains Autheurs Anciens quoyque
Payens, qui n'ont pas beaucoup parlé
du Paganifme, & qui au contraire ont
plus ordinairemant traité des chofes
bones, & Morales, qui peuvent former
la

raïson & le discours ; que de celes, qui
peuvent aucunemant insinuër leurs
Erreurs. Pareillemant les livres du
Tams, c'est à dire d'une pompeuse
Eloquance, & d'un bien dire poli, &
meme ceus des Poëtes, ne sont pas
mauvais, & dangereus ; estans leus,
discretemant, & avec precaution ; &
parconsequant ne sont pas dignes d'u-
ne absoluë Proscription. J'ose dire,
qu'il en est meme de fort bons, & de
fort Utiles, soit en Prose, soit en vers,
Composés par des Gens de Foy contraire, mais qui souvant n'en traitent
pas, & ne font que parler des choses
receuës de part & d'autre, & prises de
toutes de bonne façon, sur des Sujets,
ou d'Histoire, ou de Morale, dont
chaque Parti convient, & partant ceus
là ne peuvent, ny ne doivent estre
mis au rang des Rejetables ou Pro-
scrits ; Mais au contraire peuvent souvant être leus avec profit, & avec Intantion de s'avancer dans les langues,
& dans une plus grande Pureté, ou Facilité de les parler ; non pour en aquerir de la Gloire, ou en antretenir la
Vanité, mais simplemant pour parvenir à l'habitude de s'exprimer avec
plus

plus de force, & avec plus de Naï-
veté.

Mais toûjours est il juste, de bien
prandre garde, qu'une Jeunesse n'abu-
se d'une Lecture, qui luy peut de vray
servir en queque maniere, & l'ayder
à se former en queque chose; mais aussi
luy nuire en d'autres, soit luy donant
un air Mondain; soit affoiblissant en
elle la force d'un Stile Divin, & luy
faisant prandre celuy, que le Siecle
agrée, pource qu'il est ou Lache ou
flateur, sous pretexte de ne passer que
pour poli, ou delicat : Il y a danger
aussi, que cete sorte de lecture n'am-
plisse trop l'Esprit des Jeunes Gens
d'Histoires, ou d'avantures, & d'une
certaine Science, qui ne sert qu'à faire
anfler, ou evanouir l'Esprit, plaire
aus Oreilles, & qu'antretenir la Vanité, ou meme introduire un Langage,
& un sçavoir Etranger au Langage de
Canâan, & *à la Science de* JESUS
Crucifié.

Ce suiet *de Pieté* m'introduit heureu-
sement à traiter celui *de la Generale
Sanctification, & de l'Esprit de grace,* que
doit prandre, & revetir *une Jeunesse
Theologiene, qui pretand au Pastorat,*
&

& qu'il faut tacher aussi de luy doner;
Ce qui fait aussi une Partie de notre
6ᵉ. *Remede, & du* 3ᵉ. *Moyen de Reparer
& reformer toutes choses soit dans le Pastorat, soit dans l'Eglise.* Nous avons
déja assés veu que faute *de Sanctification Pastorale*, les Troupeaus ne pou-
voient gueres étre Saints; & que *la
Sanctification* étoit une des plus Necessaires Qualités du Ministere pour randre une Eglise Sainte, ou Sanctifiée,
& qui avoit à le devenir tant par les
Paroles, que par les Examples des Pasteurs: Or le vray moyen qu'ils soient
de bons & de Saints Pasteurs, est que
de bonne heure ils soient *de bons & de
Saints Theologiens*, & partant aussi
que de bone heure ils en prenant l'air
& l'Esprit, qu'il faut tacher par toutes voyes de leur doner. En Premier
Lieu, les y exhortant souvant, & en
tenant avec eus des Discours Privés,
& Publics familiers. En Second Lieu,
les Apliquant le plus, qu'il sera possible à la Lecture, & a la Meditation de
l'Euangile & de la vie de J E S U S.
Christ & des Apotres; come aussi à
la Lecture des Livres de Pieté, qui en
donent le mieus l'air & l'Esprit.

3. Leur

3ᵗ. Leur donant autant qu'on peut, le gout d'une Retraite Moderée du Monde & de fes Compagnies, pour vivre en queque forte de fage, & de Saint Recueillemant. En Quatriéme Lieu leur donant queque Apetit des Chofes Divines, par la déconverte des Operations interieures de l'Efprit de Dieu, & de l'Onction qu'il a coutume d'Epandre dans les Cœurs qui font à luy ; veu qu'il n'eft rien, qui gaigne plutôt ceus des Homes, & fur tout des Jeunes Homes tant foit peu bien nés, ou memes nets & purs de cœur, c'eft à dire ancore aucuncmant Innocens, que ces Sentimans, & Graces Divines, dont Dieu fe fert pour attirer à foy les Cœurs.

Pour peu qu'il y ait de bones Difpofitions en cete Jeuneffe, il ne faut pas dilayer à travailler à fon bien ; mais prandre vite toute forte de moyens pour l'amener de jour en jour à une plus grande Sanctification, que cele, où elle fe trouve : Pour cet efet, tous fes Conducteurs doivent s'unir, & joindre leurs forces anfamble afin d'en venir à bout par ces cinq, ou fis moyens.

Le

Le Premier est de banir, & de blamer souvant tout air & tout Esprit vain & Profane, de leurs Auditoires, & Maisons; des Exercices de l'Ecole, & de la Chaire; & de ne s'espairgner pas en decriant l'Esprit vain, & l'Esprit Mondain, à recommander le Chretien & le Divin, dans tous les Essais, ou Exercices, que des Estudians en Theologie doivent faire, & dans lesquels ils doivent faire paroitre qu'ils l'ont.

Le Second est, que tous leurs Maîtres, Professeurs & Conducteurs prenent eus memes la Coutume sur la Fin de toutes leurs Conferences, ou leçons de randre Pratique, ce qu'ils leur enseignent de Speculatif; & de l'acommoder telemant à leur Sanctification, aussi-bien qu'à leur Instruction, qu'ils puissent en profiter autant come Chrétiens, que come Teologiens, qu'ils ne peuvent gueres estre bons, sans estre Saints : c'est pourquoy (come nous avons déja marqué) il seroit bon, qu'ils gardassent en queque façon en un Public, ou Particulier Auditoire, ce qui se garde en un Tample, & qu'ils fissent en leurs Conferances,

rances, ou leçons, ce qui se fait en un Sermon, à sçavoir, qu'ils recueillissent sur la fin de leurs Discours quelques fruits des verités, qu'ils ont dites, en faisant bien à propos l'Aplication à ceus, qui les ont ouyes. Par ce moyen il ne seroit jour, qu'une, ou deus fois la Jeunesse ne fut instruite de son devoir, & ne fut portée à s'en aquiter se Sanctifiant de plus en plus tous les Jours.

Le Troisiéme est de luy metre ordinairemant devant les yeux les Maximes principales de l'Euangile, come font, *la Haine du Peché & du Monde, la Haine meme de soy, le Renoncement à toutes choses, jusques à son Ame; l'Obligation à Crucifier la Chair & ses Convoitises, à porter la Croix, & à suivre Christ Crucifié; estre debonnaire & humble de cœur, Povre d'Esprit, Anfant en Malice, René par Grace, Detaché de Pere, de Mere, & de toutes Choses, Conforme en tout à la volonté de Dieu, vivant à luy, & de luy; Mort au Monde, & à soy meme, toûjours Combatant & toûjours vainquant l'Anfer, le Monde, la Chair, le Peché & toutes les Convoitises, &c.* Maximes tres très Importantes, qu'il faut d'abord inculquer à la Jeuneſſe, afin qu'elle s'y moule de bonne heure, & qu'en ſçachant la Pratique, elle puiſſe un jour mieus l'enſeigner, non ſeulemant de Parole, mais d'efet.

Pour celà meme *le Quatriéme moyen de la randre bien Chretiene*, eſt auſſi de l'Acoutumer. 1. A ſe bien conoitre, & conoitre ſes defauts voyant les beſoins, qu'elle a de s'amander. 2. à mortifier effectivemant aus occaſions ſes apetits dereglés, ſes paſſions interieures, & ſes ſens exterieurs. 3. A prandre de bonne heure le train d'une vie Paſtorale, comançant par la Chretiene, & par la Pratique des choſes qui aident a devenir bone brebis, devant qu'eſtre bon Paſteur. 4. A eſtre Contante d'eſtre tenuë en ſon devoir, d'y eſtre ramenée s'en egarant, ou Renouvelée en ferveur d'eſprit, venant à s'y ralantir.

On doit preque s'aſſeurer d'avoir de fort bons Paſteurs alors qu'ils ont eſté fort bons Chretiens, & n'y ayant qu'a ſanctifier des qualités, quand une fois des Perſones ſont Sanctifiées, la choſe n'eſt pas difficile, & il eſt aiſé

 d'eſtre

d'estre home de bien & Saint Public, quand une fois on là esté Particulier: C'est pour cela que *tous Conducteurs des Jeunes Gens, & sur tout des Jeunes Gens Estudians en Theologie, & Pretandans au Pastorat*, doivent s'efforcer de les faire Saints ; non pas *Saints Faux & Hipocrites*, car ce seroit faire *des Pharisiens* ; ny non plus des Saints *Ceremoniaux, ou Literaux*, c'est à dire ayans la seule Aparance, & le samblant de Reformation & de Sainteté; car ce seroit faire *des Juifs*, & même des Superstitieus ; mais *des Veritables Saints*, & des vrais Regenerés, qui font seuls les vrais Chrétiens.

C'est pour cela qu'il n'est pas mal à propos de doner icy en passant un bon Avis sur *la Pieté*, qu'il faut tacher de faire ambrasser de bone heure aus Persones, dont nous parlons ; C'est, qu'elles ne la prenent, & ne la metent pas en une simple Reformation de Chevelure, d'habits, de gestes, de Contenances, & de modestie Exterieure, car ce seroit doner lieu *au Pharisaïsme*, & souvant contretenir *l'hipocrisie, ou la Vanité*; mais plûtôt prenent l'Ame, & la vertu d'une vraye Pieté, qui regle
l'Ex-

l'Exterieur par l'Interieur, le Corps
par l'Ame, & retranche pour le moins
autant les paſſions & les vices, que la
Superfluité des Cheveus, & des habits : Et parce que même il arrive,
qu'une extraordinaire Afeſtation de
bele Aparançe exterieure, & d'habit
& Port reformé, devient une Pierre
d'apochemant à ceus la memes qui
l'ont, & aus autres, qui le voyent; aus
uns, pource qu'il les attache, ou leur
fait croire, qu'ils ſont bien *Reformés,*
ou Refaſſonnés, dez qu'ils ont pris *cete*
façon, ou cete Forme, & qui plus eſt,
leur fait tirer queque gloire, ou vanité de leur remarquable Etat, & de leur
Singularité, qui ſant *le Moine,* & fait
parfois *la Superſtition:* Aus autres auſſi,
pource que leur Simplicité, ou Charité leur fait prandre une Reformation
d'habits, pour une Reformation de
cœur, & les porte ſouvant à adorer
une Aparante vertu come une Idole.

Pour ces Raiſons il ſamble juſte d'a-
jouter ſur ce Point ces deus Avis; le
premier, de n'afeſter pas *un Exterieur*
trop Reformé, ou Refroigné, & qui ex-
cede en Singularitez fort remarquables le Comun, quand il n'eſt pas in-
M 3
de-

decent & essoré ; mais se contanter
d'une Mediocrité honeste & humble,
qui d'une part ne souffre rien de super-
flu, & beaucoup moins de Mondain,
ou vain ; & de l'autre tiene un juste milieu entre la neteté & l'ordure ; antre
la trop grande negligençe, & le trop
grand soin ; en un mot *antre le Phari-*
saisme, & le Gentilisme, étant *Propre*
sans estre *Gentil,* en queque sens que
ce soit ; & en meme tams *Reformé*
Chrétien, sans estre *Pharisien Affeté.*

Le deuxiéme est, d'ambrasser d'a-
bord *une Pieté* qui reforme l'Interieur, & l'Exterieur tout ansamble,
l'Ame & le Corps à la fois ; qui ataque & coupe l'Arbre du Vice, & des
Convoitises tout d'un coup ; *Celes du*
Monde, & de l'Orgueil, qui est au Mon-
de, en metant la Coignée à la Racine,
& l'abatant si bien tout à la fois, qu'au
dedans sa vie, sa Seve, & sa Moële se
fletrissent ; & qu'au dehors ses bran-
ches se sechent & ses fueilles, qui sont
les vanitez, tombent à bas. C'est là
vrayemant le moyen de luy oster tout
en peu de tams, & l'ayant depoüillé le
metre en estat d'un Arbre, qui ne
puisse plus s'en orgueüiller ni de sa
toufe,

toufe, ni de ſa verdure ; ni de ſes
fleurs, ni de ſes fruits, n'étant plus
qu'un pouvre Tronc.

L'Eſprit Surnaturel doit donc tenir
en l'Arbre humain la Place du Naturel, le ſuc de l'amour de Dieu ſecher
en lui le ſuc de l'amour du Monde ;
& la vie Interieure de l'oraiſon, de la
Mortification, & de la Pieté chreſtie-
ne, produire come Racine ; & come
Ame Interieure, une vie exterieure
propre d'ele, & Conforme à ſa vertu.
Voilà pour ce qui regarde *la Particuliere Sanctification de la Jeuneſſe, qui
s'éleve au Paſtorat :* Mais parce qu'ele
n'eſt, & ne doit pas eſtre ſimplemant
pour éle meme, étant deſtinée au Bien
public, & à l'Edification des autres ;
pour cet cfet il eſt juſte, de dire un
mot *de l'air Pieux, & de l'Eſprit Saint,*
qu'éle doit prandre pour agir vers le
Prochain, & s'amployer à ſa comune
Sanctification, auſſi bien qu'à la ſiene
Particuliere. C'eſt auſſi ce que ce 5' *Remede à nos maus, & Troiſieme Moyen
à guerir ceus du Paſtorat* comprand,
ainſi que nous l'avons marqué ; & que
nous le faiſons antandre ſous le Nom
du Reglemant des Exercices, auquels la

 Jeu-

Jeuneſſe doit eſtre elevée dans les Academies, ou les ſeminaires, ſoit qu'elle y ſoit antretenuë, ſoit qu'éle meme s'y eſleve à ſes Depans : Or pource qu'entre tous ces Exercices le Principal eſt ſans doute *la Propoſition,* (come l'on parle) ou *l'Eſſay d'expliquer l'Ecriture, & de precher :* pour cet efet il importe de doner ſur cete matiere des Avis, qui aident la Jeuneſſe, qui *s'y* dreſſe à prandre l'air, & l'Eſprit de parler qu'il faut qu'éle ait, pour precher chretiénemant.

Le Premier eſt, de banir au plûtôt de ſes Etudes, & de ſa façon de parler, tout *Air Mondain,* tel qu'eſt celuy, que les Faiſeurs de Romans, ou de Comedies donent, aprenans à dire les choſes autremant qu'éles ne ſont, en termes hiperboliques, ampoulez, & ſouvant meme profanes. *Le ſecond eſt,* de ſe faire au contraire un ſtile ſaint, ſimple, mais fort ; net, & male pris des termes de l'Ecriture, & de ſes façons de concevoir. *Le troiſiéme* eſt de faire de bone heure un fond ſolide de la Lecture de la Bible, & de ſon Intelligeance, par le moyen d'une grande Meditation, humble priere, Conſultation des
Saints,

Saints, & Conferance avec eus ou vifs, ou morts, par le moyen de leurs écrits.

C'est pour cela, qu'ancore que du comancemant il samble, qu'il y ait queque sorte de Necessité, qu'un jeune home Premierement compose avec travail ses Actions, & y mete meme non seulemant plusieurs heures, mais plusieurs jours, soit à cause de sa difficulté à mediter, soit pour cele qu'il peut avoir à s'exprimer; Deuxiememant, doive revoir & polir (come on parle) ce qu'il a desia écrit, afin de ne pas produire des choses mal digerées, ou enoncées barbaremant. Troisiememant, samble obligé d'aprandre par cœur sa leçon, & come reprandre son ouvrage pour le doner; neamoins des Gens de bien sont d'avis avec raison, & qu'ils ne prenent cete Methode, que come par necessité; & tachent de ne s'y atacher pas de sorté qu'ils soient obligez de la continuer toute leur vie, sans jamais l'abandoner, & sans pouvoir faire autremant; mais que peu a peu ils s'habituënt telemant à la bone, & à la vive meditation des Mysteres, & des textes saints, qu'en

 con-

concevant bien le Sens & l'Eſſance,
c'eſt a dire les veritez, & les points les
plus ſucculants, qui s'y trouvent con-
tenus; ils puiſſent en parler par ſenti-
mant, & par preſance d'Eſprit; par forte Aplication de panſée , & par atache d'Imagination, ou de diſcours In-
tellectuel au dedans , que la Langue
s'eforce d'exprimer, & de produire au
dehors.

Mais parce que la choſe ſamble d'a-
bord impoſſible, & pour le moins fort
difficile à des Jeunes Gens, & peut eſtre
meme au Sens, & au Jugemant de pluſieurs habiles homes avancez en Predication, & en age; il ſamble aucunemant neceſſaire de marquer icy le
moyen de faciliter un peu la choſe, &
de faire voir comant on peut s'y habi-
tur ſans grand danger, & qui plus eſt
ſans grand travail. Ce Moyen eſt premieremant en general d'etudier ſi bien
la Sainte Theologie, qu'on puiſſe dire, qu'on antand à fond autant qu'on
peut, la Religion, & la Foy; & qu'on
en poſſede les Matieres, non ſeulemant
ſans ombre d'erreur, ou d'Ignorance,
mais ancore avec lumiere, verité & net-
teté. Deuſiememant, Qu'en ge-
ne-

neral ancore on posside l'Ecriture, &
que pour cet Effet on ne l'ait pas luë
seulemant mais recueüillie ; & pour le
moins etudiée de tele sorte, qu'on en
sçache les androits les plus essenciels,
& les plus propres aus Mysteres &
aus veritez, qui s'anoncent comunemant.

En troisieme lieu, & plus en particulier, qu'ayant un Texte sacré à expliquer, on s'y aplique comançant
par la Priere ou par l'Elevation d'E-
sprit à Dieu, luy demandant le sien, &
sa lumiere; l'assistance de sa vertu, & ses
dons de Sapiance, & d'Intelligence
Spirituele : Qu'en suite si l'on a besoin
de l'ayde d'un Commantaire on fasse
chois du plus pur, du plus net, & du
plus court; s'en servant plus pour antandre le Sens de son Texte que pour
en former, ou en remplir son Discours.
La raison est, que pour l'ordinaire ce
que quequn prand d'un autre, n'est
bien propre aucun sens, c'est a dire ni
sien, puis qu'il l'a amprunté; ni souvant convenable a celuy qui s'en veut
servir : & pour le moins est il constant, que cela ne touche gueres, &
remplit plus la memoire, que le cœur.

En

En quatrieme lieu, que d'abord on anvisage son Texte, pour voir les Points, qui y sont compris & pour en faire la Division convenable en peu de mots, & qu'il s'y agisse de Comandemant, ou d'Exhortation ; de verité particuliere, ou Generale ; de Principe de Foy, ou de Mœurs ; & de ses Preuves, ou Confirmations : Sur quoy choisissant tousiours ce qu'il y a de plus net, & de plus utile, on peut chercher & trouver une juste & Courte Antrée, qu'on a coûtûme d'appeller Exorde ; ou s'en passer meme si l'on veut, sur tout quand c'est une Continuation de Matiere, & si l'on voit qu'un Avant Propos, ou doive conduire trop loin, ou ne soit ni assez propre, ny assez Court.

En cinquieme lieu, en la Tractation des choses, il faut avoir divers Egards, par example qu'elles soit premierement Solides, & bien Orthodoxes, conformes à l'Ecriture, & à l'Analogie de la Foi. Deusiememant, qu'elles soient propres du sujet, & non pas trop essoignées deluy generales, & (pour le dire ainsi) vagues. Troisiememant, qu'elles soient, autant que faire

faire se peut, Intelligibles, claires, & netes, soit en paroles, soit en sens. Quatriememant, qu'elles ne soient pas trop antassées, & beaucoup moins trop étanduës. Cinquiememant, qu'elles soient sur tout bien fondées, bien etablies, & bien prouvés par les Ecritures, & par des Raisons tirées d'elles, soit par bone consequance, soit par des Textes exprez. Sisiememant, qu'elles ne soient ni grossieres & basses ni aussi trop subtiles & sublimes; jusqu'à santir l'afectation, ou meme la vanité; les ornant de Sentances propres, d'Examples, de Comparaisons, & meme de Pieuses Affections, qui les randent tout ansamble & plus agreables, & plus claires à la veuë, & à l'ouyë des Homes d'Antandemant.

En sisieme lieu pourtant il faut sçavoir, qu'on doit telemant bien menager toutes ces Choses, que par effet les principaus mouvemans se doivent faire sur la Fin, & justemant à leur place, qui est le Recueil non seulemant des Instructions & des Doctrines, mais des Fruits, & des mouvemans, auquels on doit sur tout s'atacher apres es avoir fondez solidemant; & tirés

pro-

Propres des chofes & coulans d'eles
come naturelemant : C'eſt en cete derniere Partie là, qu'il faut amployer
toute ſa force de Corps, & d'E-
ſprit, ſoit à exorter, ſoit à Repren-
dre ; icy à emouvoir à Amour, & là à
Crainte ; en un androit ancourager,
en l'autre Abatre, & en un mot faire ce
2 Tim. 4. que St. Paul dit à Timothée, *Argüe,*
& tance en tams, hors tams ; & ce
qu'ont fait durant les leurs les Prophetes, & particulieremant *Eſaie, Jere-*
mie, Ezechiel, Joël, Amos, & quequés
autres, dont les Ecrits ſont la plus bele
& la plus forte Eloquance, qu'on
puiſſe ouyr ; & la meilleure Rethori-
que, qu'on puiſſe voir.

Sur ce Point ancore il ne faut pas
oublier de dire, qu'il faut conſoler,
auſſi bien que deſoler ; & ancourager
à la Pieté, auſſi bien que porter à la
Pityé, & qu'il ne faut pas moins exciter à aymer, qu'à craindre ; des Mouvemans de Charité & de douceur,
quand ils ſont bien faits, n'ayans pas
moins de force à toucher les Cœurs,
& meme à les Convertir, que ceus de
la Crainte des Jugemans de Dieu, &
des Peines, que le Peché merite &
cauſe

cauſe en ce Monde ; & en celuy qui
eſt à venir.

Mais come nous ne faiſons pas etat
de faire icy le Traité *d'une Rhetorique
Sainte* , nous nous contantons d'y
marquer certains Chefs neceſſaires
à un bon Diſcours , & à un Sermon
vraymant Chrétien , laiſſant à d'autres
Perſones , ou à d'autres Tams à traiter
cete Matiere plus au long ; pour achever de remarquer en ce lieu , pour un
neuvieme & dernier Chef ſur ce ſujet ;
que ce qu'il faut qu'une *Jeuneſſe Theologiene* fuye ſur tout, eſt une double ſorte
de Style, l'un ordinairemant Metapho-
rique, obſcur, ambrouillé , anflé , trop
fus , & trop ſerré auſſi, ſur tout quand
il n'eſt pas Santencieus ; ou quand il ne
faut pas , qu'il le ſoit ; trop ſec , trop
maigre, & tout à fait ou Rampant , ou
groſſier.

L'Autre eſt *le Style* Ampoulé, De-
clamateur , volant en l'air , perçant
les nuës , & paſſant comme un vant
haut ſur la Teſte du Monde ſans
toucher le Cœur , & s'en alant comme un oiſeau de Paſſage , qui ne s'arrete en aucun lieu ; ou bien trop Poli,
& trop affectant d'eſtre beau , pur & e-
levé :

levé: Beaucoup plus est à fuïr le mondain & l'affeté, le Romanesque, & l'Hyperbolique, qui n'est pas fort differant du Mansonger, & qui doit absolumant estre banni des Ecoles Saintes, des Academies, & sur tout des Chaires Euangeliques; dans le quelles ne doit avoir lieu, & jamais paroitre, qu'un Style bon & pur de vray; mais simple & net; nerveus, & fort; & sur tout pris de l'Ecriture, & revenant à celuy des Prophetes, des Apotres, & des Homes Saints.

Anfin il faut parler de cœur, Precher par Esprit, & preque *Precher* de meme que *Prophetiser*, c'est à dire non pas veritablemant par des dons, & des mouvemans extraordinaires, & bien fort surnaturels, tels que sont ceus qui font predire l'Avenir, ou qui font faire des Miracles, ou qui acompaignent la vertu des guerisons; mais bien par de veritables Touchemans de Dieu & de ses Mysteres, & par un Sentimant au dedans des choses que l'on produit au dehors; Anfin come J E S U S dit en l'Euangile, Luc.6.45. faire en sorte, que *la Bouche parle de l'Abondance du cœur,* & qu'on puisse dire

dire aucunemant *le Seigneur dit,* Ecou- *Apoc.2.3.*
tez *la Parole de l'Eternel,* Oyez ce que
l'Esprit dit aus Eglises.

Et puis que nôtre Discours peu à
peu nous a obligez à plus dire sur ce
sujet que nous ne pensions, lors que
nous avons comancé à en parler, ache-
vons le par un Avis tres necessaire *à la
Jeunesse Apelée au Pastorat,* & angagée
dans les Essais, ou Exercices de la Predication ; à sçavoir qu'elle se garde
soigneusemant de deus grands Defauts, l'un est de prandre un Ton de
Voix, ou de Pleureur, ou de Chantre,
qui samble garder les tons d'une Mu-
sique ordinaire, desagreable & en-
nuyeuse, & presque aussi Endorman-
te, qu'une perpetuelle Monotonie, &
aussi infructueuse pour le moins,
qu'un ton de Pleur, ou de Chant,
qu'on n'aime pas.

A ce meme Defaut ancore faut il raporter celuy qui fait sambler, qu'un
Home lit plûtôt, qu'il ne Preche ; &
fait plûtôt sambler, qu'il a un livre
entre ses mains, qu'un Texte à Inter-
preter, & un Discours d'Esprit, & de
Pieté importante à faire. Je ne parle
pas icy des Defauts de la trop grande

N

Pre-

Precipitation, ou Volubilité de langue, qu'il faut moderer en sorte, qu'on ne parle ni trop vite, ni trop l'antemant; & qu'on s'escoute soi même, & que l'on se fasse ecouter, ou plûtôt antandre aus autres. Je ne parle pas aussi de la Hesitation, sur-tout quand elle est frequante, veu qu'elle brouille le Predicateur & l'Auditeur; & lasse telemant l'un, qu'elle rand l'autre Ennuyeux. Il seroit bien moins mauvais d'estre lant, & de ne parler que par stations, ou par poses, pourveu que ce qu'on dit ne fut pas mauvais; que de repeter trois fois un meme mot, quoy quil soit bon.

L'Autre Defaut est celuy du Geste, ou trop vaste & vague, ou trop violant & amporté. Celuy qui n'en fait presque point, samble une Buche, ou pour le moins une Statue, qui ne se meut point en chaire, ou n'y remuë que les levres; Celuy qui en fait trop aussi samble un peu le Comedien, & prandre la Chaire pour un Theatre. Le Mimique est ridicule & en rand autruy; le perpetuel Gesticulateur se montre Inquiet, & péu Retenu; mais celuy, qui acompagne d'un Geste moderé,

deré, & pourtant vif sa Predication, marquant par ses yeux, par sa Contenence, & par ses mains ce qu'il dit de bouche, dit deux fois ce qu'il profere, & grave en queque façon des Mains, ce qu'il ne fait que peindre, ou crayoner de la langue : Toutefois il faut etre fort sobre en Gestes, pour n'en pas venir à la Gesticulation ; & pour par meme moyen eviter l'Affeterie, la Mondanité & la Politesse du Port, des Contenances & des mains, que la vanité, ou la folie fait regler à queques uns come au Compas, & au Miroër.

Mais sur cete grande & importante matiere de la Predication, & de l'air dont il faut que la Jeunesse Chretiene, & Theologiène s'y eleve, il faut sçavoir qu'il n'y a rien qui luy soit plus necessaire que trois choses ; L'une est *l'Esprit de Dieu, & sa Grace*, les mouvemans & les sentimans Divins, que la Retraite, l'oraison, & la meditation sainte comuniquent. L'Autre est *la bone vie*, la Pureté des mœurs & la Conduite Euangelique, qui disposent beaucoup un Cœur à étre ecleré de Dieu, & à sentir ses veritez & ses My-

ste-

ſteres ; & la Troiſieme eſt *l'Onction de par le Saint*, laquelle imbibant un cœur, le penetrant & l'ampliſſant, en fait monter la douceur & l'efficace à la Bouche, done un Style fort touchant, & bien ſouvant ſuggere un autre langage, que le pur humain, & des expreſſions, non ſeulemant plus beles, & plus abondantes ; mais plus fortes & plus Eloquantes, que celes des plus braves Orateurs, & des plus parfaits Rhetoriciens.

C'eſt donc la vraymant l'air, & le Style de Precher, qu'il faut, que des Jeunes homes prenent, & qu'il faut tacher auſſi de leur doner. Voilà l'Unique moyen de faire, que la Predication ſoit Efficace, & qu'elle ne devie-ne pas *un ſon en l'air, un Airain qui tinte, ou une Trompete qui donne un Signal vague, & incertain.* C'eſt cete maniere de Precher, qui n'eſt pas Declamation, non plus qu'un Rolet apris, & recité pour ramplir un certain Tams, auquel la Coûtume eſt qu'un ſeul parle, que Pluſieurs ecoutent, & qu'il ſe faſſe *un Oeuvre*, qu'on apelle, *Oeuvré*, & qu'il faut faire par Aquit.

Quand meme les Gens de Bien, & les

1 Cor. 14.

les Habiles tant Professeurs, que Pasteurs introduiroient la methode, & la façon de n'en aporter pas tant à Precher ; mais de se contanter simplemant de lire un assez long Texte en chaire, & sur ces Paroles, faire de simples, mais de solides Reflexions, & en termes familiers, & nets produire leurs sentimans conformes à ceux de l'Ecriture, de la Foy, & de l'Esprit ; ne seroit ce pas randre d'une part la Predication aisée, & soulager beaucoup l'Antandemant, & la memoire d'un Prédicateur, aussi bien que l'Attantion & la Conception d'un Auditeur ? & de l'autre la randre utile, & faire en sorte, que tout ce qui se diroit fut amporté, & tornat heureusemant au Profit d'un Auditoire, & autant à la Sanctification, qu'à l'Instruction d'une Eglise, tant pour les Petits que pour les Grands.

Certes l'Experiance fait voir le peu de fruit, que les Predications Declamatoires produisent, & combien les plus estudiées & les plus Methodiques sont faites en vain, quoy qu'eles coutent beaucoup. La même experiance prouve aussi le grand besoin, que le

Peu-

Peuple a d'Instruction Familiere, &
meme le plaisir qu'il temoigne avoir
de bien concevoir, ce qu'on luy dit,
& le profit qu'il temoigne faire de ce
qu'il a bien antandu : Autremant, si
ce qu'on luy dit, le passe, & ne le touche du tout point, il n'en devient ni
plus sçavant, ni plus Saint, mais en reste toûjours aussi Ignorant, & depra-
vé, qu'il estoit.

Certes nous ne lisons pas, que les
Apôtres fussent des Declamateurs; ni
qu'ils tonassent de haut come nous
perchez sur des Chaires, qui sam-
blassent à la Tribune des Harangues,
d'ou Ciceron declamoit. Ils n'en
prenoient pas meme le ton, & n'a-
voient garde d'en avoir le style ; ou
pour le moins de l'affecter pompeus,
coulant, & poli. Tout au contraire
leur façon de Precher etoit simple,
etoit naïfue ; & neamoins touchante,
& forte, & leur ordinaire Chaire etoit
un Banc de Synagogue, ou un siege de
maison, lors qu'ils ne Prechoient pas
debout.

Leur façon de parler etoit extrememant familiere, conformemant aus
Familles, qu'ils instruisoient come Peres,

res, *Anonçans la Parole par les Mai-* Act.5.42.
fons, difent leurs Actes, dont chacune
faifoit une Eglife, par la Jonction d'un
voifinage fi faint, que l'Affamblée en
pouvoit bien porter le nom, puis qu'ele
en avoit les œuvres, & prouvoit chaque jour par fes mœurs, auffi bien que
par fa Foy, fa Sainteté.

On ne fçavoit alors ce que c'eftoit
que Methode, & qu'Artifice, que
Prêcher par Regles & par Figures, &
que conduire fa Vois, ou fes Geftes par
mefure, & par Compas. L'Efprit
Saint fourniffoit tout, Panfées, Paroles, mouvemans, affections, & fur tout
energie, & vertu Puiffante à toucher
les cœurs, & les convertir à Dieu ;
abatre les uns, relever les autres ; convaincre ceus ci, confoler ceus la, les
exhorter, & les ancourager tous à bien
dire, & à bien faire, *Perfeverans* (co- Act.2.42.
me dit le livre des Actes) *en la faine*
Doctrine, en la Priere, en la Comunion,
& en toute forte de bones œuvres, &
d'exercices de Pieté.

En efet Saint Paul parlant de leur
Predication auffi bien que de la Siene,
dit, *Qu'elle n'a point eté en Paroles a-* 1 Cor. 2.
trayantes de bien dire, ou en fapiance hu- v. 1, 4.
N 4 *mai-*

maine, mais en demonstration d'Esprit,
& de vertu bien Divine, en Puissance
de Dieu, (dit il) pour amener toute
Ame captive en obeissance de Foy à Je-
sus-Christ, & pour renverser tou-
te hautesse, qui s'eleve contre luy.

Le même Apôtre, marque dans les
mêmes letres qu'il écrit aus Fideles de
Corinthe, que sa façon de Precher
dans les Assamblées, étoit cele de
Conferer sur les Ecritures, & d'expliquer familieremant leur sens, ce qu'il
apelle *Prophetiser*, pource qu'en efet
l'Interpretation s'en faisoit come sur
le champ par sentimant, & par mouvemant Divin sans grande Premedi-
tation ; & beaucoup plus sans Preparation puremant humaine, c'est à dire Vuide de l'Esprit surnaturel, ne
provenant que du Naturel, & meme
de l'Artificiel.

Et pour faire voir, que *cete maniere*
de Précher étoit la plus comune, & la
meilleure, aussi bien que la plus Anciene, & la plus Authorisée, nous lisons dans le livre des Actes des Saints
Apôtres, que les Eglises Juifves la
Pratiquoient en toutes leurs Assamblées, come prouve en particulier le
1e Cha-

1e Chapitre de ce meme livre, où Saint Paul eſt *exhorté aprés la lecture de la loy & des Prophetes, par les Chefs & les Intandans de l'Aſſamblée,* que ſi luy & *les Freres qui l'acompagnoient, ont queque Parole d'Exhortation à dire au Peuple,* ils le faſſent avec toute liberté ; come nous liſons au 4. Chap. de l'Euangile ſelon Saint Luc , que *Jesus antrant en la Synagogue de Nazareth en un jour de Sabath ſelon ſa coûtûme, s'y leva pour lire, & étant heureuſemant cheu ſur le Chap. 61e. d'Eſaye, portant que l'Eſprit du Seigneur étant ſur luy l'anvoyoit Euangeliſer,* s'apliqua auſſi hardimant que modeſtemant cete Parole , & l'acomplit meme ſur le champ , evangeliſant, come il fit.

O ſi nous étions aſſés Forts , & aſſés Simples, pour ramener cete façon de Precher ! O ſi nous étions aſſez humbles, pour nous memes nous en contanter, & pour faire auſſi que les autres, vouluſſent ils, ou non , s'en contantaſſent ! O que d'une part nous randrions la Predication aiſée ; & que de l'autre auſſi nous randrions la Predication utile ! Mais diſons le vray du

vray, Nous memes peut être les Premiers, n'en ferions pas bien fatisfaits,
pour deus Raifons; dont l'une eft,
que nôtre vanité mondaine n'en feroit pas fatisfaite, & ne trouveroit pas
fon Conte, en une maniere de Precher, qui ne feroit qu'humble, fimple,
& familiere. Elle aime les grands
mots, peu conformes à cete Baffeffe.
Elle aime trop les Periodes arron-
dies, les frafes ronflantes, & les ex-
preffions pompeufes, pour fe contanter d'un ftyle fimple & naïf, & d'un
ton Familier, qui n'imite pas celuy
des Canons, ou du Tonerre, ou pour
mieus dire les Fanfares des Trompetes, puis qu'en efet un Predicateur
vain & mondain paffe pour un Fan-
faron.

L'autre Raifon eft, que pour parvenir *à cete maniere de Precher*, qui eft
cele *de Prophetifer*, & de Parler come
fur le Champ des Ecritures, ou pour
le moins en conferer familieremant
entre gens Apelés, & propres à l'Ad-
miniftration de la Parole; il faut d'u-
ne part un grand Fond de cognois-
fance, & une grande Intelligence des
Myfteres de la Religion, & de la Foy;
cc

ce qui se trouve raremant dans les E-
glises, & ne se void qu'en fort peu de
Persones Sçavantes & Saintes tout
ansamble, & de l'autre aussi il faut une
grande Presance d'Esprit, & d'Esprit
non seulemant naturel, mais Surnaturel & Divin; eclairé de Dieu, &
touché de luy pour parler de luy, &
de ses œuvres aus Homes, aussi bien
par ses lumieres que par ses Saints
mouvemans.

En efet il faut de cet Esprit, qui
selon que dit Saint Paul *sonde & par le*
le Mystere, qui selon luy ancore Apru-
fondit les choses Profondes de Dieu, &
fait dire (come dit Saint Luc) *ses*
admirables Grandeurs. Il faut de cete
Onction de par le Saint, qui anseigne tou-
tes choses, ainsi qu'asseure Saint Jean,
& qui anseigne toutes veritiés, & y con-
duit, come asseure JESUS-CHRIST.

Come donc il faut sur tout en une
samblable ocasion, que *de l'Abondance*
du Cœur la Bouche parle, il faut aussi,
que le Cœur soit abondant en grace,
& en santimans divins, & parce qu'il
s'en trouve Peu qui en soient pleins,
& qui à la fois soient Sources & soient
Ruisseaus, ou pour le moins Bassins

&

1 Cor. 2.

v. 10.

Act. 2.
v. 4. 11.

1 Jean. 2.
v. 27.
Jean. 16.
v. 13.
Matt. 12.
v. 34.

& Canaus, pour recevoir & pour doner l'eau de la Grace, l'eau de l'Efprit de Dieu, & de fa vraye Conoiffance avec le feu de fon Amour; pour cela meme eft il dificile, qu'il y ait un grand nombre d'homes Divins, ou d'homes pleins de l'Efprit de Dieu, qui puiffent en cete maniere parler aus homes de luy, à peu prés come le nombre des grands Prophetes eft rare, & celuy meme des petits Profetes n'eft pas grand.

Toutefois il eft certain, que fi de bone heure la Jeuneffe deftinée au Paftorat étoit élevée à cet Efprit, par la Pratique d'une grande Pieté, aidée de la Retraite, & de la Meditation, & fur tout d'une grande Pureté de vie, auffi bien que d'un Etude affidu de l'Ecriture; peu à peu éle s'acoûtumeroit par des Exercices domeftiques, & Frequans de Conferance en matiere de chofes Saintes, aus Publics, & meme aus Eclefiaftiques devant les grandes Affamblées, qui en tireroient bien plus de Fruit, que de toutes les Declamations, qu'on a coûtume de faire, & d'apeler par vanité de beles & de grandes Actions. Travaillons donc à re-

remêtre une Fasson de Prêcher,
qui ne nous danne pas, sauve le monde, & le sanctifie, ou fasse Saint avec
nous.

SEPTIEME REMEDE,

*Et Quatrieme Moyen du
Renouvelemant du Pastorat, qui est
le Renouvelemant du Zele, qu'il doit
avoir, & que doit prandre de bone
heure la Jeunesse qui y est apelée, & y
pretand pour mieus obtenir ce que
nous venons de dire.*

IL faut necessairemant que les Pasteurs & les Predicateurs ayent une
Qualité entre autres necessaire à leur
Etat, à leur Parole, & à toutes leurs
Fonctions. C'est *le Zele,* & *un Saint
Zele de la Gloire de Dieu, du Salut des
Ames, & du Progrés Spirituel de l'E-
glise,* dont ils ont le soin. C'est le Sel
de leur Terre, l'Ame de leur Corps,
ou pour mieux dire l'Ame de leur A-
me, sans laquelle ils sont des Troncs,
& des Tas de cendres qui n'ont sans
Zele ny Esprit, ny gout, si le feu manque à leur composition ; & leur Corps
ne

ne peut être dit avoir, ou d'humeur
radicale ou de chaleur naturele, ou
plûtôt furnaturele, qui le fasse prandre pour vivant.

C'est en efet *le septiéme Remede*,
qu'il faut aporter à tous nos Maus,
veu qu'assuremant toutes nos foi-
blesses, nos langueurs, & nos autres
Symptomes vienent de Manquemant
d'un si bon feu. Tout traine, tout
defaut, tout meurt preque en nous,
faute de Zele, que nous avons tous
si grand pour nos Interets, & pour le
Monde ; & que nous avons si petit &
preque nul, pour Dieu & pour son E-
glise, qu'on a juste raison de dire à
plusieurs Pasteurs, ou Anciens, ce qui
est dit à ceus de l'Apocalypse, à l'un,
Tu as le bruit de vivre, & tu es mort,
& à l'autre, *voy d'ou tu es cheu, & re-*
prans ta premiere Charité.

La Charité est un feu. Le Zele en
est un aussi. l'Amour l'engendre, l'A-
mour l'entretient, & il n'en est preque
jamais de Grand, qu'il ne soit Zele.
L'Amour fait vouloir le bien de la
chose aimée, procure sa Conoissance,
Poursuit la Gloire, & n'est pas contant qu'elle ne soit conuë, aimée, &
ho-

honorée de plusieurs. C'est un Feu, qui brule tousiours, & qui par consequant cherche tousiours de la matiere, & de quoy non seulemant s'antretenir, mais s'augmanter. Si cela se void en l'Amour humain, combien plus se doit il trouver dans le Divin? & si les Serviteurs, les Sujets, & les Anfans ont du Zele pour leur Prince, pour leur Maitre, & pour leur Pere; combien plus en doivent avoir les Serviteurs de Dieu pour Dieu, & ses vrais Ministres pour le bien de son Etat.

Nous avons desia veu dans la precedante Letre, *le Zele* qu'avoient eu pour luy les Patriarches, les Prophetes & les Apôtres; & come ils ne s'estoient jamais epargnez en rien, de ce qui pouvoit concerner sa gloire, donans example à tous ceux qui auroient part à leur Charge, de s'acquiter de leur devoir, & ne pretandre pas à l'honeur de leurs Amplois, qu'ils ne prissent part à leur travail. Nous sçavons ce que pour tous les Apôtres, l'un d'eus avance, disant, que *le Soin & le Soucy de* 2 Cor. 11. *toutes les Eglises l'etreint, & qu'il* v. 28. *se fait tout à tous pour gaigner tout le* 1 Cor. 9. *monde à Christ.* Nous n'ignorons pas v. 19.

non

non plus *le Zele d'Elie* reprefentant tous les Prophetes ; & celuy de Moyfe tenant la Place des Patriarches Anciens, capables de faire honte en leur Zele, à ceux qui font eftimez, & dits Nouveaus.

C'eft fur ces grands Serviteurs de Dieu, que tous autres fe doivent mouler, & fur tout ceus, qui par excelance portent le nom de fes Miniftres, foit pource que fans un Zele famblable au leur, ils n'en peuvent bien foutenir le nom ; foit pource qu'en effet fans luy, ils ne peuvent pas en faire, come il faut, les Fonctions. Ce feu donc leur eft abfolumant Neceffaire ; & il faut que de bone heure, ceus qui pretandent au Paftorat tachent de l'avoir.

Les Moyens de l'obtenir, font en premier lieu *la Priere*, & le Comerce avec le Ciel d'où ce feu defcend come en defcendit celuy d'Elie. En fecond lieu *la Meditation* vive, & Frequante *de la Vocation Paftorale*, & des Obligations du Miniftere, qui amporte neceffairemant ces deus chofes, l'une, *Atache au Service de Dieu come Miniftre* ; & l'autre, *Soin d'une Eglife ou d'un Troupeau come Pafteur*. Le troifieme

sieme est *une juste crainte du Jugemant
de Dieu*, auquel il faut randre compte
non seulemant des Talans receus, & mal amployéz; mais ancore des Ames, & des Brebis mal conduites, dont Dieu dit, *qu'il redemandera le sang.* Ezech. 18.
Le quatrieme est *la veuë, & l'Imita-tion des Prophetes, des Apôtres, & des Saints Homes de Dieu,* qui ont eu la meme Charge, & qui en ont fidele-mant exercé les Fonctions, ne s'espair-gnans du tout en rien; mais travail-lans jour & nuit au bien des Ames, co-me Saint Paul le dit de soy pour tous eus. Le cinquieme est *la Consideration du Zele,* que les Gens du Monde ont pour le Monde; un Artisan pour son gain, un Marchand pour son Tra-fic, un Home de guerre pour sa charge, & meme un Paisan, ou un Berger pour sa Terre, ou son Troupeau; La Maxime, qui porte *que les Anfans du* Luc. 16. *Siecle sont plus sages, que ceux du Ciel,* v. 8. pouvant bien nous porter à dire, qu'ils sont aussi plus Zelez, & plus vaillans.

Anfin quiconque se dit Pasteur, ou le veut etre, doit avoir de la consciance, & ne pas pretandre d'avoir cete Charge come un Honeur; mais come

O

un

un fardeau, pour lequel il faut avoir
de la vigueur. Quéque Animal que
ce soit a beau etre gros & gras, il faut
qu'il ait du courage, des forces, &
du feu pour porter son Fais, & ne pas
ployer sous luy. Un Home peut etre
habile, & bon Ouvrier, qui ne laisse
pas d'etre Pauvre, s'il est paresseus.
Les Meilleurs outils se rouillent, n'e-
tans pas mis en usage; & les plus forts
bras s'engourdissent, s'ils ne se re-
muent point. Il faut, qu'un Pasteur
soit toujours vigilant, & vive &
meure debout come un Prince, puis
qu'il en est *un d'Esprits*, & partant plus
propre à veiller. Il doit etre tou-
jour Actif, & meme Agissant, toujours. C'est un Astre à toujours rouler & luire; doner du bril & de la chaleur; influër continuellemant, & continuelemant se mouvoir. Mediter,
Parler, Ecrire; mais toujours des
choses bones, doit etre sa Constante
Ocupation: Instruire, exhorter, con-
soler, & conseiller meme en consciance & en Conduite les Ames; Anfin toujours travailler pour eles est son
Metier, & doit etre son travail, aussi
bien que son plaisir. D'ou il conste,
que

que come tout Ouvrier a du Zele pour
son ouvrage, & pour son art, tout Pasteur, & tout Ministre en doit avoir
pour le sien.

Mais par ce que le Ministere est plus
qu'un Art, & qu'un Metier, & que
vraymant il est, ou doit étre come il
s'apele, *Service ou Ministere du grand
Roy,* c'est à dire de l'Etat de Dieu, &
de J. CHRIST; & de la grande Reyne,
Princesse, ou Principauté l'Eglise; il
faut beaucoup ancherir sur cete com-
paraison, c'est à dire, qu'il doit étre
zelé au bien de ces deux Etats, come
l'Officier, & le Ministre du plus grand
ampire du monde; come le Gouverneur des places, & des frontieres les plus
Importantes d'un Royaume; & come
un General d'Armée, de qui tout un
Camp depand & en suite le succez d'u-
ne Campaigne, ou d'un Combat de-
cisif. Il faut meme ajouter à cela, qu'un
Pasteur est Pere, & qu'il doit avoir le
zele pour son Eglise, qu'un Pere a pour
sa Famille, & aporter le meme soin,
pour le Bien de ses Brebis, que le plus
zelé Pere du Monde aporte, & montre avoir en toutes occasions pour
celuy de ses Anfans. Anfin redisons

 an-

ancore icy, *qu'un Pasteur sans zele est un Corps sans Ame*, & un Home sans humeur radicale & sans chaleur; un Tronc sans vie ; un Vaisseau sans voile ou sans vent; & plutot un Fantome ou pour parler avec Dieu chez un Prophete, *une Idole Pastorale*, & un Faus Berger, qu'un vray Pasteur.

Aussi void-on, come nous l'avons bien assez marqué en nôtre Precedante letre, que faute de Zele en luy, tout va mal en une Eglise. Qu'en elle come en un Jardin, ou en un champ negligé croissent l'yvroye & les epines, & toutes sortes de mauvaises herbes, c'est à dire que tous vices y pullulent, & que toutes choses laissées come à l'abandon vont de mal en pis. Les Predications sans Zele font seches, come des Plantes sans suc; les Catechismes froids sans feu divin laissent les cœurs tout à fait glacez; les Reprehensions & les Censures sans ce celeste sel font fades, & de nul effet. L'Administration meme des Sacremans est fort peu touchante, & presque morte sans cete Ame, & ils se pratiquent, come s'ils n'etoient que de pures Ceremonies, & des Symbo-
les

les Aparans. Anfin tous exercices de
Religion, ainfi (que nous avons defia
dit, & que nous ne fçaurions affez redire) ne font qu'un *pur Oeuvre*
œuvré, operé ou à operer toufiours, fans
la Foy operante par la Charité. Gal. 5.
v. 6.

Mais quoy? eft-ce bien affez pour
bien former, ou Reformer des Eglifes,
de parler du Zele que les Pretandans
au Paftorat doivent avoir? Ne faut il
pas, que les Pafteurs defia faits, & for-
mez en ayent? Certes *nôtre Prece-*
dante letre nous a montré clairemant,
par la Découverte de celuy *des Pro-*
phetes des Apôtres, & de tous les Saints
Homes de Dieu, que tous ceus qui ef-
toient eftimez tenir leur place, & fuc-
ceder à leurs Charges, & à leurs Amplois, en devoient avoir un Grand, &
bruler d'un facré feu come *Moyfe,* &
come *Elie* en l'ancien tams ; come
Jean Baptifte, Pierre, & Paul dans
le Nouveau : C'eft pourquoy il eft jufte de parler un peu icy des Moyens de
le ralumer, s'il s'eft tant foit peu ef-
teint ; & de l'antretenir s'il refte ancore, & s'il brule en queques uns.

Ce n'eft pas tout de recognoitre,
& de fe plaindre, s'il fe ralantit. Un

lumignon fumant se fait assez voir, &
meme santir etant eteint; mais il reste
en luy tousiours un peu de quoy le ralumer, & dequoy luy randre & sa lumiere & sa chaleur. Une eau de
bouillante qu'elle etoit, devenue tiede
se rechaufe, & rébout ancore aise-
mant. Si donc le Zele Pastoral se ra-
lentit en quequ'un, ou en queques
uns, sera t'il dit, qu'il s'eteigne tout
à fait, ou qu'il doive demeurer eteint?
Ce feu ne peut il point etre rallumé?
& ne reste t'il pas assez de vif charbon,
d'estinceles ou d'alumetes, propres
à le ralumer?

Dieu qui ne laisse point son Sanctuaire, qui est l'Eglise, sans feu, & sans
Chandelier, que ceus de l'ancien
Tabernacle figuroient; a pourveu,
qu'il y eut tousiours de quoy les antretenir; & s'ils s'esteignent meme, ou
pour le moins vienent à jeter moins
de lumiere, & moins de feu & de chaleur, qu'ils n'avoient; & qu'ils n'en
doivent avoir, a de quoy leur en redo-
ner. Je veus dire, que quand le Zele
Pastoral auroit aucunemant defailli,
ou pour le moins seroit beaucoup di-
minué, il y a tousiours des moyens, &
fans

sans doute aussi des gens propres à le
resusciter, & ralumer aussi grand,
qu'il etoit auparavant, & qu'il doit
estre toûjours.

Ces moyens sont apres, ceus *de la
Priere, & des* Demandes particulieres, & publiques faites à Dieu, le Premier dans les Persones Eclesiastiques;
le Second dans les Politiques; & le
Troisieme en diverses autres voyes,
dont on peut aider ces deus.

Quant au Premier, c'est *aus Synodes Nationaus, ou Provinciaus,* plus ou
moins universels, d'y avoir l'œil, y
tenir la main, & en doner de bons
Avis, tant de vive voix aus Pasteurs
& Anciens Assamblés, que par ecrit
aus Eglises, amployans principalemant leurs tams, leurs concerts, &
ceux de leurs Assamblées, à une affaire
de ceté nature bien plus Importante, & plus digne d'Elles, que cent
autres choses de fort petite consequance, & parfois meme puremant
Temporeles, ou Humaines; Chica-
neuses ou Passionées, qui s'y peuvent
proposer, ou baloter.

En effet come ces Corps ne sont
point sans bones Tétes, ausqueles on

doit joindre de bons Cœurs; & come
parmy tant de Deputés choisis des E-
glises, qu'il faut presuposer vraymant
Choisis, c'est a dire, pris de Plusieurs
Mambres, ausquels ils sont preferés;
se peut il faire, ou que le Dechet de Zele leur soit incognu? ou que n'etant
pas ignoré, ils soient Flatés? & que
tant de Gens oculés ne le voyent
point, ou que tant de langues bien
pandües, & tant de Bouches Eloquantes n'en disent rien? Certés si cela é-
toit, il y auroit bien de l'Aveuglemant meme volontaire, & de l'Ignorance, ou Negligence affectée. Il y
auroit bien du Silance criminel, & qui
plus est une etrange Dissimulation,
en des Persones obligées à voir tout,
& ne faire rien, de ce qui peut concerner le mal, ou le Bien Public des
Eglises, dont ils sont estimés les
Bouches, aussi bien qu'ils en sont
estimés les Yeux.

Quoy donc? s'il arrivoit que Chacun d'eus le dit en particulier, &
qu'aucun d'eus ne l'osat dire en Public?
Que tous le reconusent, & que pas
un seul ne le voulut decouvrir? Ne seroit ce pas être Medecin, ou Chirurgien

gien Infidele quoy que Sçavant ; &
peu Charitable , quoy qu'Escleré ?
puis qu'on conoîtroit le mal sans le dire , & sans le traiter aucunemant ?
C'est étre Complice de la mort , que
ne remedier pas à une mortele Maladie ; & c'est meme trahir sa vile, ou
son Camp, que de ne couvrir pas ou
le Traitre, ou l'Espion.

Mais graces à Dieu, l'on ne peut
manquer n'y d'oeil, n'y de langue en
un Synode. Il y en a trop pour y a-
voir de l'aveuglemant, ou du Silance
Criminel : Come donc il y a aussi en
cete sorte d'Assamblée, quand elle est
bien faite au nom de Dieu, & que son
Esprit s'y trouve à peu prés come en
cele de Jerusalem : Il y a de la venera-
ble dignité par des Persones dignes
de Veneration, & de l'Authorité meme en des Gens, que l'Age, l'Expe-
rience, la Science, la Charge Pastorale, le Zele, la bone vie, la Pureté
d'Intantion , & les autres bones qualitez doivent randre considerable
non seulemant aus Fideles Particuliers ; mais aus Eglises antieres, qui
la reverent par Pieté, l'ecoutent avec
respect , la reçoivent avec biensean-

O 5   ce,

ce, & y deferent meme avec humble affection. Cele qu'on peut voir en ces Affamblées, au bien public de la gloire de Dieu, de cele de JESUS CHRIST, du Salut des Ames, & de toute autre fin qu'elles se proposent, aussi bien que la Conformité aus Regles de l'Ecriture, que les leurs doivent avoir obligé à croire, qu'un Synode plus ou moins univerfel peut beaucoup pour ralumer le Zele eteint, par ces deus voyes ; *la Premiere*, par la vive voix, & par de puiffantes Exhortations faites aus Deputez prefants, non un jour, & une fois, mais plufieurs fois tous les Jours ; par diverfes bouches non feulemant eloquantes & fçavantes ; mais pieufes & zelées, qui foient pleines d'Authorité & de poids.

La feconde par ecrit, & par lettres apellées Circulaires, & fort comunes aus Synodes Anciens, meme au tams qu'ils ont efté Juftes & Bons ; par lequeles une bone & fainte Plume parlat pour toutes les Langues Synodales aus Eglifes, & en eles à tous les Fideles par voye d'exhortation, d'ouverture de cœur, & de temoignage public de Zele, fit favoir le befoin, qu'il

qu'il y a de le ralumer, & les Motifs
de le faire en toutes fortes d'Etats;
pour qu'à limitation du Paſtorat, l'E-
cleſiaſtique reprit feu, & celuy de tous
les Corps, ſe ralumat à ſon example,
& qui plus eſt à ſon ſoufle, & à ſon
Feu.

A celuy des Synodes ſe peuvent
joindre, & mouler meme *les Claſſes, ou
les Colloques* come on parle, c'eſt à dire les Aſſamblées des Egliſes, ou des
Deputez des Egliſes particulieres d'un
certain Detroit de Pays, & des viles
ou vilages, qui pourroient bien s'aſ-
ſambler mieus pour cela, que pour toutes autres Affaires, ou moins importantes & generales, où ſimplemant
d'interet particulier : Là chaque Deputé reprandroit feu, & en raporte-
roit ſans doute plus qu'il n'en auroit
aporté dans l'Aſſamblée, où tous les
charbons les plus vifs, bien joints anſamble etans fortemant ſouflez, s'am-
brazeroient d'avantage & revien-
droient aus Egliſes plus Brillans, &
plus Brulans, qu'ils n'etoient.

Mais quand meme les Expedians
Generaus ne reüſſiroient pas, & que
des *Synodes, des Colloques, & des
Claſſes;*

Claffes ; où ni les Corps Antiers des Eglifes, ni ceus memes des Confiftoires ne fe trouvent pas, & ne paroiffent que Reprefentez en un ou deus de leurs Mambres ; ne pourroient venir à bout de reparer le Dechet du Zele, & le remetre dans le Corps Confiftorial, Paftoral, & en tout l'Eclefiaftique ; qui doute, qu'un Corps d'Eglife, voyant fon Befoin particulier, n'y deut pourvoir ? & luy meme s'exciter pour exciter fa chaleur, & en doner aus parties qui en manquent, & fur tout aus Principales ; come nous voyons qu'un Corps humain devenu froid, s'efmeut luy meme pour s'efchaufer ; & ayant à force de bras & de travail excité fa Chaleur, la Comunique & la Repand à fes Mambres les plus froids.

Quant *à la feconde forte de Perfones,* que nous avons dit pouvoir beaucoup contribuer *à la Reparation du Zele,* qui font *les Perfones Politiques,* lequeles Dieu n'a pas feulemant elevées dans les Charges, pour etre les Gouverneurs des Etats ; mais les Tuteurs, & Protecteurs des Eglifes en etans les Mambres les plus Eclatans ;

auffi

aussi bien qu'ils sont les Gardiens des
deus Tables, & les Depositaires des
Loix non seulemant humaines, mais
Divines: Il est constant par l'Ecriture, & par les Examples qu'on y lit,
qu'ils sont propres en general *à la Reformation des Eglises* ; & en particulier
à l'Excitation du Zele meme Pastoral,
ainsi que nous en voyons les preuves
en *Moyse* Ramenant *Aaron* à son Devoir ; en *David*, en *Salomon*, en *Ezechias*, en *Josius*, & en queques autres
Saints Princes ; qui ont ralumé le Zele des Sacrificateurs de leurs Tams ; &
en l'*Ampereur Constantin* meme, en
Theodose, & en queques autres de leurs
Successeurs ; qui ont pris autant de
peine pour le Bien des Eglises, que
pour celuy de leurs Etats, & qui n'ont
épargné ny leur soin, ny leur Authorité, ny leurs veilles, ny leurs pas, ny
meme leurs Paroles, & leurs ecrits,
non plus que leurs finances, & leurs
tresors ; pour faire en sorte, que *le
Zele de Dieu, qui les bruloit*, brulat
tous ceus de sa Maison ; & sur tout
les *Principaus Domestiques*, qui sont
les *Pasteurs*, puis qu'ils en sont *les E-
conomes*.

De-

Defait ſi le Paſtorat, & le Corps Eccleſiaſtique reprand Zele, ou a deſir & deſſein de le reprandre, il apartient ſans doute au Politique de s'y joindre, & par meme moyen non ſeulemant l'authoriſer, mais l'aider ; car il importe fort, qu'en une tele Conjoncture *Melchiſedec* & *Abraham* ſe rancontrent ; ou pour mieus dire, que *Moyſe* & *Aäron* ſe joignent enſamble come Freres ; & que *David*, *Ezechias*, & *Joſias* d'une part ; *Abyathar*, *Sadoc*, *Aſaria*, & *Elohija* de l'autre ſe trouvent unis Leur Parole, en eſt plus forte, auſſi bien que leur vois plus haute, & plus épandue. La Politique, & l'Ecleſiaſtique jointe font plus de bruit & plus de fruit ; & les Exhortations de l'une etant aidées, & apuyées des Ordres publics de l'autre, trouvent les Peuples plus credules & plus ſoumis.

Quand par malheur meme il y auroit tant d'oubli, ou de foibleſſe dans le Corps Ecleſiaſtique, que le Politique y reconut de la langueur, de la Tiedeur, ou *du Dechet antier de Zele* ; qui eſt ce qui n'avouë, qu'il a droit non ſeulemant come Chef d'Etat, mais come Principal & conſiderable mambre

bre Public Eclesiastique, etant Chrétien, d'aporter ses soins & d'amployer meme son Pouvoir à remedier
aus maus Eclesiastiques, ansi bien
qu'aus Politiques, par des moyens
propres à l'Etat des Eglises, & au
sien.

Cela veut dire, qu'il le doit, come
il le peut faire. 1. conferant souvant,
& privémant sur ce Suiet, soit avec le
Corps antier Eclesiastique, soit avec
le seul Pastoral. 2. Les exhortant avec
amour & avec Douceur à ce Dessein, &
ne temoignant pas tant user d'ampire,
& d'Authorité que de Conseil & de
bon Desir; Ainsi trouvons nous, qu'-
Ezechias en usa, lors qu'il *Apela* 2 *Chron.*
chez luy les Principaus Sacrificateurs 29.
& que les ayant Assamblez, il confera
avec eus amiablemant de la generale
Reformation d'Israël. *Herode* les
Assambla bien pour se servir d'eus, en
son tragique dessein, & combien
plus un Fidele Souverain le faira t'il
pour les amployer à un bon. Troisiememant en ajoûtant en cas de besoin
l'Authorité, & y engageant aussi bien
le pouvoir, que le Droit public, puis
qu'il en est l'Instrumant, l'Appuy &

le

le Gardien : & c'eſt alors, qu'il peut
faire des Admonitions, & meme des
Ordres, qui ne paſſent pas ſes Droits
pour faire faire à chaque Etat ſon devoir, conformemant à ſon obligation; & temoigner de vive voix, &
par ecrit au nom du Peuple & de ſes
Chefs, qu'il y a *du Relachemant*, que
la Negligence déplait, & qu'il faut
ralumer le Zele, ou l'exciter. *Moyſe*
parla ainſi d'Authorité non ſeulemant
à *Coré & à Dathan*, mais à *Aaron* ſon
propre Frere; & l'Ampereur *Con-
ſtantin* remontra bien aus Paſteurs, &
aus Peres aſſamblez, au Concile de
Nicée, quequesuns de leurs defauts,
qu'il les pria de corriger, puis qu'il
les leur faiſoit voir.

La troiſieme ſorte de Moyens propres *à faire reprandre Zele*, ſoit aus Paſteurs, ſoit aus Egliſes, ſamblent dé-
pandre immédiatemant de Dieu, &
du cours de ſa Sainte Providance; laquelle pour reveiller des Andormis,
pour piquer des Inſanſibles, ou pour
le moins des Gens cheus, ou prets à
cheoir en letargie, leur anvoye, &
leur preſante pour l'ordinaire trois
Moyens *à leur faire reprandre Zele*, &
les

les faire *Repantir*, selon ce mot ecrit
en l'Apocalipse à un Ange figurant
tout Pasteur & tout Troupeau rafroi-
di, *Reprans Zele, & te Repans.*

Le *Premier* est, *une Affliction universelle*, come est cele d'une Guerre,
d'une Peste, d'une Famine, ou de
tel autre fleau, dont le Seigneur a
coutume de chatier les pechés, non
seulemant des Etats, mais des Eglises, les Pasteurs & les Troupeaus estans
alors extraordineremant obligés, aussi
bien qu'Universelemant avertis de
revenir à eux memes, pour se reconoitre Pecheurs, *reprandre Zele* pour se
repantir, & s'amander de leurs pechés. C'est alors qu'ayans sujet de se
retorner vers Dieu par prieres & par
Junes, qui sont de fort bons moyens
à ralumer leur Zele esteint ; ils sont o-
bligez de s'eveiller aus coups qu'ils
santent, & au bruit meme que fait le
Tonerre de l'Ire de Dieu, qui les menasse de son Feu, s'ils ne ralument le
leur.

Le *second* est *une Persecution particuliere, ou generale faite aus Eglises* par
leurs Enemis, soit qu'ils s'en prenent
aus biens tamporels, soit qu'ils s'en

                    pre-

prenent aus Spirituels, & à la juste liberté de Consciance, qui est le plus
cherqu'eles ayent; car c'est alors, que
touchées au vif, & come aus pruneles
de leurs yeux; angagées au necessaire
Detachemant de leur bien, & de leur
vie, pour s'atacher à leur Foy, & afin
d'y tenir bon; eles se trouvent dans
l'Extraordinaire besoin de recourir
à Dieu avec ferveur d'esprit & de
Repantance; & parconsequant en e-
tat de *ralumier leur feu de Zele* à la veuë
de celuy meme des buchers; soit pour
se preparer à la povreté ou a l'Exil, soit
pour se preparer meme à la Mort.

C'est ainsi, que nous voyons que
l'Ancien Israël s'eveilla souvant, *&
reprit Zele*, ou se voyant en servitude,
ou étant sur le point d'y étre mis. C'est
ainsi que le livre des Juges, ceux de
Samuël, des Rois & d'Esther aussi le
marquent; & toute l'Histoire des mar-
tyrs des Premiers, & des Derniers
Siecles confirmé par cent Exemples,
que non seulemant des Persones particulieres, mais des Eglises antieres se
font Renouvelées, & ont repris Zele,
en meme tams, qu'*eles ont été repri-
ses*, c'est à dire *Chatiées* de la main de
Dieu,

Dieu, selon que David s'ecrie ; *Tou-*
che les Seigneur & ils se convertiront ;
Humilié les, & ils s'humilieront. Quand
tu les as afligés, ils ont recherché ta
Face, & sont tombés à tes pies.

Le troisieme est, quand il plait à
Dieu, de susciter par son Esprit, &
par sa Grace des Homes un peu Extraordinaires, non seulemant en Talans,
& en qualités mais sur tout en force
d'Esprit, et en Zele ; et quand il anvoye aus Eglises, come des Flambeaus
propres à les éclérer, et ralumer à la
fois, et à resusciter en éles, le premier
Esprit de Foy et de Pieté, qu'elles
ont eu : car c'est alors, que come d'ordinaire sa vertu les anime, son Esprit
les meut, et les fait parler, et la Benediction les acompagne ; ils ont une
certaine Energie, ou efficace singulie-
re à toucher les cœurs des Peuples, et
les attirer fortemant à la Repentance
des Pechez, et à un bon train de vie,
qui fait que la pluspart s'eveillent de
leur someil spirituel, et prenent un
nouveau feu de Zele et de Sainteté.

C'est aussi alors, qu'il faut bien se
doner garde, d'empecher un si grand
Bien, et de s'opposer en façon aucune

à l'œuvre, qu'ils antreprenent, et qu'ils font envoyez faire, qui n'est rien moins quequefois, *qu'une Antiere Reformation*, et qu'un Renouvelemant de plusieurs Cœurs anviellis: Cet avis est d'autant plus necessaire, que Satan fait tous ses Efforts, pour aneantir les leurs, & ne travaille à rien tant, qu'a susciter la Haine, & l'Anvie contre leurs Persones, leur Conduite, leur Doctrine, & leur Desseins: Ainsi s'est il oposé à ceus de tous les Prophetes, come il paroit en l'Anvoi, & en l'histoire d'*Elie*, de *Jeremie*, & de quelques autres plus particulieremant Anvoyez renouveler Israël. A ceus de J. CHRIST meme & des Apôtres, contre lesquels il n'a cessé de susciter non seulemant *les Herodes*, *les Pilates*, & *les Cesars*, mais *les Docteurs de la loy*, *les Princes des Prêtres*, *les Sacrificateurs*, & les Homes les plus obligez à les soutenir, les laisser faire, & meme les imiter.

L'Ancien & le Nouveau Testamant sont pleins d'histoires, & d'Examples qui le prouvent, n'y ayant presque jamais paru d'home Anvoyé de Dieu au monde pour le convertir; & meme à
son

ſon Peuple pour le Reformer; que la
Calomnie n'ait attaqué, que l'Envie
n'ait blamé, que la Haine n'ait pourſui
vi, & que la Violance ne ſe ſoit efforcée
d'acabler. Incontinant les ſoupçons
vienent, que ces Gens ne ſoient des
Heretiques, ou des Factieus; des gens
propres à gater les Etats, ou les Egliſes; & plûtôt des Emiſſaires du Diable, que de veritables Anvoyez de
Dieu. Incontinant les mediſances,
& les Calomnies volent, dont les
grands & les petits ſont prevenus,
pour faire en ſorte, qu'ils ne le ſoient
pas des bones choſes, qu'ils pourroient
aprandre d'eus : Leurs Diſcours ſont
epluchez, & bien ſouvant interpretez
mal à propos; leurs Actions ſont ancore plus epiées; & tout ce qu'ils diſent, & font, eſt mis *à l'Inquiſition*, &
parfois à une ſorte d'Inquiſition d'autant plus nuiſible, qu'elle eſt moins
cruelle; & que ce n'eſt pas toújours
cele, qui met les gens en priſon, ou qui
les envoye au feu.

Mais ſur tout le plus grand mal en
de teles Rancontres eſt ſans doute,
celuy *de l'Anvie Phariſiene*, s'il s'y
trouve des Eſprits Phariſiens; & des

Jalous ou Anvieus Spirituels, qui apre-
hendans la diminution de leur gloire
ou de leur credit, par l'acroissemant
de celuy de JESUS, & de ses Disciples, sont les plus dangereus, & les
plus propres, aussi bien que les plus
prompts, & les plus prets à les décrier,
& à leur nuire; soit parce que les Peuples dependent d'eus, & pour l'ordi-
nere deferent beaucoup à leur Parole;
soit pource qu'ils sont Invantifs en
moyens, subtils en pieges, & roides
en sentimans, qu'il leur est aisé de faire passer pour bons & Justes, pour in-
justes, & malins qu'ils soient.

D'ailleurs aussi leur Hypocrisie n'é-
tant pas si tôt découverte, leur Jalousie
conuë d'abord, & leur Conduite ran-
duë suspecte incontinant; il est dificile d'eviter leurs pieges & leurs lacets, & preque impossible aus Ames
simples de n'y tomber pas : Mais ce
que les bons Conducteurs tant Politiques, qu'Eclesiastiques doivent faire,
& faire meme de bone heure pour prevenir les Dangers, qu'il y peut avoir
que les Serviteurs de Dieu, Anvoyez
de luy, pleins de son Zele, & bien meus
pour les Eglises, n'echouënt antieremant,

mant, eſt ſans doute de ſe declarer pour eus, d'és qu'ils ſe ſont déclarez à eus; & de faire trois choſes en leur faveur, ou plûtôt en faveur de leurs bons deſſeins, qu'ils montrent par elles appuyer, & même ſeconder des leurs.

La premiere eſt, de ne point permetre que la Calomnie les acable, & que l'Anvie prevale contre eus, decriant leurs Perſones, & leurs travaus. La deuſieme eſt, qu'eus memes prenent bone cognoiſſance d'eus, de leur Miſſion & de leur Conduite, tant par leurs Atteſtations, que par leur propre façon d'agir, & de vivre, & par de bons Eſſais de ce qu'ils ſont. Et la Troiſieme eſt, qu'au cas qu'ils ſoient recevables, & vrais Serviteurs dè Dieu, ils les authoriſent & ſoutienent hautemant, ſe declarans Protecteurs de l'œuvre qu'ils entreprenent, qui ne va qu'a la Reformation des Egliſes, & des Peuples, & au bien Temporel, & Spirituel des Etats.

Pour cet effet *le Magiſtrat Politique* cherchant plûtôt la Valeur, & la Bonté, que le Nombre, peut conferer avec les plus gens de bien Ecleſiaſtiques, & Politiques, Pasteurs ou non; & tous ansamble s'unir à soûtenir ceus qui le sont, & concourir ansamble au succez *d'une Reformation generale,* que sont anvoyez antreprandre sous eus ces Particuliers. Que s'ils ne sont pas assez heureus pour trouver un si juste, & si avantageus suport, il ne faut pas neamoins, que de tels An-voyez de Dieu sé découragent dus-sent ils travailler seuls, ou peu aidez; pour ce qu'ils le sont assez l'estans de Dieu, & son Esprit sufisant bien à leur donner l'authorité & la force, dont ils ont besoin, pour fournir seuls à leur travail, & qui plus est l'amener à une heureuse fin par son succez.

ça donc, que *l'Home de Dieu, & son veritable Apôtre,* ou Anvoyé de luy s'ancourage, *prene force,* come il fut dit à Josue; *& ne sé détorne pour rien du droit Chemin :* Mais plûtôt *trousse ses reins,* come Elie; & come les Saints Apôtres, les aye *ceints, & serrez,* pour aler, *& porter du fruit* come eus, an-core qu'avec eus il rancontre bien des Obstacles, & des Pierres d'achope-mant; des Tribunaus, & des Prétoi-res; des Trones d'Herode, & des chai-res

res de Caïfe : des Sinagogues, des A-
reopages, & qui plus est *des Nerons,
& des Lions.* *Elie* eut bien *des Acabs
& des Jesabels* en téte, *Jeremie* tous
les Grands & du Tample, & de la Cour,
& tous les Profetes *des Jeroboams,*
aussi bien que Jean Batiste des Herodias, & des Herodes.

Il nè faut que roidir son cœur, plus
que ses bras ; suivre son feu, & son bon
vant, capable d'elever haut, & porter
loin. Que peut faire l'home à l'home qui est à Dieu ? Tout un Camp peut
il l'efrayer ? Tout un monde l'ebran-
ler, quand il seroit le celeste meme,
& le premier mobile le plus fort ; sans
le vouloir, & sans l'aide du Premier
Moteur, qui est celé du Profete, ou de
l'Apôtre, que luy meme meut ?

Que le Pasteur donc, qu'il daigne
mouvoir, ne craigne rien ; mais asseuré
qu'il est de son Anvoi, & en suite de
son mouvemant divin ; *qu'il aille oû
l'Impetuosité de son bon Esprit le pousse.*
Il est une *Roüe du Char de Dieu, que son
soufle fait rouler.* Chose bien considerable. *Le Feu* estoit joint *à l'Air,* ou
au vant en ce Chariot de gloire, pour
figurer, que *le Pastorat* doit estre bru-

                                 lant

lant de Zele souflé de la bouche, & par
le vant de l'Esprit de Dieu. Aussi
les Animaus, qui le menent, sont *des
Anges*, qui figurent *les Pasteurs*, ainsi
qu'ils en ont le Nom, en font l'Ofice,
& en doivent avoir les qualitez.

Leurs visages sont *des Faces d'Ai-
gles*, pour marquer leur Elevation, &
la hauteur aussibien que la force de
leur vol. *Des faces de beufs*, pour sig-
nifier cele de leur Labeur, ou Labou-
rage, & la fermeté de leurs piés, & de
leurs pas. *Des Faces de Lions* aussi,
pour faire voir leur Courage, & leur
Chaleur ; & anfin d'homes, pour
montrer, que leur Zele est raisonable, & n'est pas *sans la Sçiance*, & sans
la Sagesse, qui le doit regler.

Ce n'est donc pas, que je veüille,
que les Pasteurs soient des Aveugles,
puis que ces Angeliques Animaus sont
tous pleins d'yeus ; ni qu'ils soient
amportez, ou furieus dans leur Zele,
puisque l'air, qui les pousse, est propre
à le rafraichir : Et puis ces Roües, ne
volent, & ne se precipitent pas : Eles
vont, & sont conduites doucemant ;
celuy qui est sur le Char estant Dieu
meme, & un samblable à un Home, &
vrai

vrai Fils de l'home, vrai Fils de Dieu :
Mais pour cela le Feu du Zele ne laisse
pas de les bruler, puisque ce Fils de
l'home, & Fils de Dieu meme en est
brulant.

Prenez donc courage (Pasteurs Zelés) & ne ralantissez pour rien ni vôtre chaleur, ni vôtre feu.   Il brûlera
tout come paille, & *come épines seches*,
dit l'Ecriture, le soufle de Dieu l'alu-
mant.   *Sa grace, non vous, faira tout
en vous ; & sa vertu se parfaisant en vôtre Infirmité*, vous faira pouvoir toutes choses en celuy, qui daignera vous
ranforcer.   *Le Chariot de feu* ne doit
pas seulemant anlever dans le Ciel
Elie, mais le faire aussi aler, & voya-
ger sur la terre ; & come le sien, &
celuy des Temoinsde l'Apocalipse,
devorer leur enemis.   Heureus s'ils
brulent plûtôt du feu de leur charité
que de celuy de leur vangeance ; & de
l'Amour plus & plûtôt, que de la haine, & du Jugemant de Dieu !

HUI-

HUITIEME REMEDE,

Et cinquiéme moyen du Renouvelemant du Pastorat, par le Rétablissemant d'une veritable vocation à luy, reconoissable en la Jeunesse, qu'on y esleve, & qui y pretand.

LEs graces & les vertus, dont nous avons parlé jusques icy, come propres aus Pasteurs, se trouvent veritablemant en ceus, que Dieu apele au Pastorat.

C'est pourquoy nous avons tant dit dans la Letre precedante *qu'une vraye Vocation à cété Charge* etoit absolumant necessaire ; & par effet c'est le *Huitieme Remede à nos maus, & le Cinquieme Moyen du Renouvelemant du Pastorat, & de la Reformation par luy dés Eglises,* come nous l'avons assez fait voir. Nous n'en traiterons pas icy derechef la necessité, l'utilité, & les fondemans : mais bien tout simplemant la Pratique ; puis que nous ayons assez parlé des maus, que *le Defaut d'ne bone & veritable Vocation divine* pouvoit causer, ouvrant la porte à l'Ignogno-

gnorance, à la Licence, à l'Avarice, à la
Vanité, à la Paresse, & à tels autres vices, qui l'ouvrent en suite au desordre, & à tout dereglemant. Au con-
trére une bone, & une veritable Vocation de Dieu au Pastorat l'ouvre aus
habiles, aus saints, aus sçavans, aus zelés, aus diligens, & à des homes aussi
humbles, & modestes que hardis, &
genereus.

Tous ces biens ayans eté suffisam-
ment traités, aussi bien que les maus
contraires *en la precedente Letre*, nous
n'en fairons pas grande mantion en
cele cy ; mais nous atacherons simplemant à ce qu'il faut à peu prez faire
pour en executer les bons avis. Surquoy *le Premier* de ceus, que nous a-
vons à doner, est que de bone heure,
& par avance on fasse le Chois, dont
nous avons tant parlé, un corps d'E-
glise, de Consistoire, de Classe, de Col-
loque ou de Synode meme, non plus
que de Magistrature ne devant pas se
laisser aler d'abord à prandre tout ce
qu'on luy offre, & beaucoup moins
l'aller chercher ; mais au contraire
Choisir veritablement, c'est à dire,
antre plusieurs bons Suiets, prandre

tou-

tousiours les meilleurs, & ne se contanter pas de peu, quand on peut avoir beaucoup.

Le Second est, que pour venir mieus à bout de faire un bon Chois, il faut tacher de cognoitre les Persones, non seulemant en leur Naturel Bon ou Mauvais, & quant aus Qualités qui l'accompagnent; mais sur tout en la Conduite, & en la vie; & s'informer pour le moins autant des mœurs, & des dons surnaturels, que des naturels, ou des talans, que des Pasteurs doivent avoir. De quoy il ne faut pas s'asseurer sur le simple Temoignage qu'equ'un, mais sur celuy de plusieurs, & ne se contanter pas d'un comun bruit souvant faus, mais en avoir des preuves bien veritables.

Le troisieme est, de ne pas tant deferer à ce qui s'en dit, ou par les Amis & les Parans, ou meme par un vulgaire peu intelligent en ces matieres, & quequefois prevenu & surpris d'un peu d'eclat; qu'au Jugemant des Gens de bien, Sages, des interessez & Judicieus, qui sçavent de qu'est le Pastorat; & le point important dont il s'agit, quand il s'agit d'y élever, ou d'y apliquer quequ'un.

Le quatrieme est d'en exclurre les Sujets, qu'on reconoit premieremant orgueuilleus & vains, fiers, & altiers de leur nature; infolans, ou debauchez; libertins & peu pieus; pour le moins jusques à ce qu'ils foient devenus humbles, modestes, retenus & tout à fait bien reglez, non par simple effort humain de prudance politique, & beaucoup moins par hypocrisie, & par simple bele aparance; mais par grace & par vertu: Et quand meme il y feroit arrivé de l'Amandemant, il feroit juste; sur tout si des grands excez avoient precedé; de doñer & de prandre un juste tams pour doñer lieu raisonable foit a leur reparation, & à leur antier effacemant; foit à l'Edification publique; devant que panser à produire en public un home, ou non affez amandé, & affez meur; ou meme non affez propre à edifier, l'ayant esté, & l'estant ancore à detruire, ou à beaucoup scandalifer.

Le cinquieme est d'avoir meme un juste Egard à l'age affez meur ou non; & pour le moins aus qualitez, qui en peuvent fupléer tous les defauts; come font le Jugemant avancé;

Prudance aquife devant le tams ; la
Pieté finguliere, qui meurit par avance
les Efprits ; les Dons extraordineres,
qui ont coûtume d'y contribuer beaucoup ; & la Douceur meme du naturel
acompaigné de graces furnatureles, de
fantimans , & de gouts divins, qui
d'ordinaire forment mieus un home,
que ne font pas les années , ainfi que
nous l'avons dit en nôtre Precedente
Letre, laquele marquant tous les defauts d'un Jeune age, en a marqué aufli
l'extraordinere Suplemant , & à peu
prez toutes les Regles, qu'il faut obferver dans le Chois d'une Jeuneffe, raremant propre à la Charge de ceus qu'on
nome par excellence Anciens.

Le fifieme eft, pour n'etre pas trom-
pé en ce Chois, de tirer de bons effais
des Sujets, que l'on veut prandre; Effais
qui ne doivent pas feulemant étre des
Examens de queques heures, fur des
langues & des Lieus comuns, ou des
Propofitions (come l'on parle) fur des
Textes , fur lefquels on a beaucoup
d'heures, & fouvant beaucoup de jours
à fe preparer ; & a s'ayder des Sermons, & du travail des Autheurs, lequels par fois on ne fait que copier;
mais

mais bien, par une assez longue epreu-
ve de leur capacité, & suffisance sur
toute sorte de matieres ; & de leur vie,
& Conversation chrétiene, soit dans
les Eglises, qui les veulent apeler ;
soit dans les Seminaires bien Reglés,
ou eus memes le sont devenus, ou se
sont temoignés tels.

Autremant s'il arrive, qu'on se contante de queques Temoignages, qui
peuvent être mandiés, extorqués, &
parfois memes Hyperboliques & bien
excessifs ; ou d'un leger Examen, que
deux ou trois Comis peuvent faire
superficielemant, & sur des choses
triviales, & durant fort peu de tams ;
ou anfin si l'on s'arrete à de certains
Examens ou Essais riches du butin, ou
du bien d'autruy, ou fort aisés à
tomber sous la portée, ou le caquet
d'une Jeunesse avantagée de queques
dons naturels ; il est assez infaillible,
que pour l'ordinaire on sera pris, ou
de l'aparante beauté de son langage,
de son geste, & de sa vois ; ou du premier feu qui sortina d'elle, & qui sera
un peu brillant, ou meme du hasard
heureus d'une Reponse, & d'une rancontre de demandes, ou faciles, ou

pre-

preveuës ; & anfin ou des Recoman-
dations des Maiftres, des Parans, &
des Amis, qui fairont faire en un mo-
ment une faute qui durera la vie entiere & d'un Home & de Plufieurs ; &
qui caufera auffi à une, & parfois à plufieurs Eglifes, un long domage, & un
mal perpetuël.

Pour le Prevenir, & s'en garder, cet
Avis d'un long Effai eft d'autant plus
neceffaire, qu'on ne conoit pas fi tot
les Homes, fur tout quand ils font
Ambitieus & Intereffez ; c'eft à dire
quand ils veulent parvenir à queque
Charge, qui contante leur avarice, &
leur orgueüil : C'eft pourquoy nous
avons defia marqué, qu'aprés un deü
& bon Examen des Pretandans au Miniftre & aus Eglifes ; il eft bon, qu'e-
les faffent des epreuves d'eus, & de
leur Converfation, auffi bien que de
leur Habileté ; demeurans queque
tams au milieu d'eles, & y donans de
conftantes, & diverfes marques de
leur Suffifance, & Probité.

On peut dire fur cela, que foit le befoin preffant, foit la Povreté d'une E-
glife, ne peut pas porter ce delai, ou
fournir à la Depenfe, qu'il faut faire
en

en un tel cas ; mais n'est il pas aisé de
repliquer, que come la cure precipi-
tée d'une playe, n'est pas cele qui la
guerit bien, & qu'il vaut mieus se fer-
vir d'un remede lant, mais bon, que
d'un Prompt pour l'ordinaire & leger,
& dangereus ; & que ce n'est pas tousiours le meilleur en un voyage soit de
terre, soit de mer, d'aler si vite, qu'on
se rompe le Col, ou qu'on s'egare sur
l'un de ces Elemens ; & que sur l'autre
on done dans un banc de sable, ou
contre un brisant ; Aussi n'est ce pas
faire le bien d'une Eglise, que luy doner vite un Pasteur, & le luy doner A-
veuglémant ; c'est à dire non assez co-
ghu, & eprouvé, Sçavant & Saint ? Et
pource qui peut concerner l'Eppir-
gne, est il juste, d'en estre trop Desi-
reus en une telle ocasion ? & de menager queques deniers, qui souvant
peuvent bien ne l'etre pas en d'autres
moins importantes ; & ou il n'est pas
question, come en cele cy, d'acheter,
ou pour mieus dire d'aquerir un Home, qui doit etre à une Eglise un
grand Tresor ?

Pour qu'elle en ait un, cet Avis ancore est necessaire, que dans *la Voca-*

tion de qui que ce soit, il ne faut pas
tant le mesurer à une bele Aparance
de qualitez, & de Talans naturels,
qu'au Zele selon la sciance, & qu'au
Fruit qu'il est capable de produire, &
que desia il a produit en soy meme,
& dans les autres à l'Edification publique, et particuliere de plusieurs ; Ce
qui nous oblige a dire , qu'il faut
que ce soit propremant le Sujet bon,
et utile, qui se fasse rechercher, et qui
se rande recomandable luy meme en
sorte, que quand il ne seroit aucunemant recomandé par persone, et non
pas meme beaucoup par son air exterieur ; on ne laisse pas de le chercher,
et de le prandre, bien qu'il se cache de
luy meme, et fuye d'etre choisi, d'estre
trouvé, et d'estre pris.

C'estoit jadis *une Maxime tres con-*
stante des Anciens Saints, qu'il ne faloit
aucunemant se Produire, ou s'elever soy
meme au Pastorat. Que qui le faisoit,
meritoit deslors d'en etre exclus, & que
le meilleur etoit d'apeler ceus, qui ne s'y
apeloient pas, & non ceus qui s'y inge-
roient. En efet durant long tams la
bone Conduite fut, que la pluspart
prirent la Charge saintemant forcez,
&

& que des Gens furent Pasteurs en
ayans de vray les qualitez, & les bones dispositions, mais non pas l'Ambition. Ce n'est pas qu'au Fonds ils
n'y consantissent, & meme par avance
n'en eussent selon Dieu queque Desir,
suivant qu'il est ecrit, que si *quequun*
a effeCtion d'etre Eveque, il desire une
œuvre excellante, ou come d'autres disent, *une pesante, & grandemant impor-*
tante ; selon que les qualitez, dont
Saint Paul fait en suite le denombre-
mant, le montrent, & prouvent en meme tams, que *l'AfeCtion* dont il parle,
doit etre sobre, & moderer non seulemant les aCtions & les voyes à y parvenir, mais les desirs à la vouloir.

Et puisque nous somes sur ce Point,
il est bon, que pour aider une Eglise
à bien choisir, nous fassions une juste
Reflexion sur les qualitez, que cet
Apotre ecrivant à deus Pasteurs faits
de sa main, & donez d'elle avec chois
à leurs Eglises, à sçavoir *Timothée &*
Tite ; requiert en tout *Ministre Pa-*
steur, ou Eveque, disant, *qu'il les doit*
avoir ; & premierement en general
être (dit il) *Irreprehansible,* c'et à dire
Irreprochable & sans Crime, ainsi que

Plu-

Plusieurs interpretent le mot du Texte originel, ce qui d'une part amporté Innocence, ou Sainteté, & de l'autre exclut tout sujet de publique A-
cusation, celuy de la particuliere meme estant osté, ou efacé.

En second lieu, qu'il soit exampt de
tous les vices, ausquels sont ordinairemant sujets les Homes Irregenerez,
tels que sont les *Yvroignes*, *les Gloutons*, *les quereleus*, *les Coleres*, les convoiteus de Gain deshonete, les Avaricieus, les manteurs, les doubles de
cœur, les Fourbes, & tels autres,
qui selon l'Apôtre ne doivent pas,
etre faits Diacres, & beaucoup moins,
Eveques, & Anciens.

En troisieme lieu, qu'ils doivent
être douëz non seulemant de Talans,
mais de vertus, antre lequeles Saint
Paul marque plus expressemant celes
cy, *la Sobrieté*, *l'Attrampence*, *& la
moderation*, *l'honeteté & la Pureté de
vie*; *la Capacité d'anseigner*, *la Charité*, *l'Hospitalité*, *& la Debonaireté
vers le Prochain*; *l'humilité*, *la vigilance*, & la Conduite de sa Persone,
de sa Famille, & de l'Eglise de Dieu;
anfin, toutes les vertus, que non seulemant

mant un mambre, mais un Chef Eclesiastique doit avoir.

En quatrieme lieu, pour montrer meme que l'Apotre veut en general, qu'il
soit un saint quant aus mœurs, &
quant aus Talans; un home qui ait un
grand Zéle, une Sciance, & une Predication utile, en laquele il ne recher-
che, ni gloire, ni flaterie ou vain A-
plaudissemant, il dit par exprez, qu'il *Tit.1.v.6.*
ne doit pas etre *un Nouvel Aprantif,*
ou come d'autres lisent, *un Novice en
la Foy, & en la Doctrine;* de peur qu'e-
tant anflé d'Orgueüil, il ne tombe en Jugemant, & ne soit pris aus lacets du
Diable; mais redit à Tite, *qu'il faut,* *Tit.1.v.9.*
qu'il soit Amateur des Bons, Sage, Juste,
Saint, & Continant; retenant fortemant
la bone Doctrine, & ferme la Parole fi-
dele, qui est selon Instruction; afin qu'il
soit Puissant à exhorter, & admoncter
par une saine Doctrine, & à Convain-
cre par elle meme tous Contredisans.

Cela fait bien voir, quel doit étre
un vray & un bon Pasteur; & ouvre
merveilleusemant les yeux à une Eglise, & à tout le monde, pour en faire le
Chois, qu'il apartient; & ne se meprandre pas en leur Premiere, ou se-

 con-

conde, & reiterée vocation ; Puis que c'eſt à ces Marques propremant qu'il les faut conoitre, & en ſuite les Juger. Bienheureuſes les Egliſes, qui y ont egard ; & toutes les Perſones, qui ont droit de leur doner, ou apliquer des Paſteurs ! Certes aprez un Tableau ſi Acompli, que celuy que vient d'en faire le grand Apotre, & Paſteur Saint Paul, il faut etre ou bien Aveugle pour ſe meprandre ; ou bien malin, pour ſuivre en cela ſa Paſſion.

Il eſt aiſé de recueïllir du diſcours de ce grand Home, que les Vains & les Mondains doivent etre ou exclus, ou Retardez de l'entrée, ou de l'Apel à ces Charges. Que les Jeunes gens, ou vieus ancore *Paſſionés, violans, non moderez, & Attrampez*, n'y doivent pas etre admis devant que leur Feu, & leur Courrous ne ſoit eteint, & pour le moins fort abatu. Que *les Inconti-nans, les Yvroignes, les Avares, & les Profanes* en doivent etre Rejetez, & tout à fait interdits : que *les Fins me-mes & les Ruſez* n'y doivent pas etre Introduits : & que *les Ignorans* auſſi, *les Foibles, ou Chancelans en la Foy ; & les Gens de nulle Authorité, Hardieſſe,*

ou

ou *Force*, non plus que *les Steriles en bones œuvres*, & *en Paroles* y etre aucunemant amployez.

A tout cela si l'on ajoute un dernier Avis, qui est qu'en matiere *de Vocation Pastorale* premiere, ou seconde, c'et à dire *d'Aplication à une nouvele Eglise*, on ferme la Porte *à toute Ambition ou Avarice*, qui font qu'un Home se produit luy meme, se presente, & se pousse, pour ocuper un premier, un second, & parfois un troisieme lieu; & *à toute Brigue & Cabàle* de Parans d'Amis, ou de Partisans; en un mot à tout Concert, & Complot d'Iniquité, qui ranferme pour l'ordinaire, & amporte queque *Simonie Tamporele*, & *Spirituele*; on achevera sans doute assez bien cete Matiere, & l'on metra les Eglises dans un Etat à bien choisir, & à regler come il faut en tout sens leurs vœus, c'et à dire *& leurs Souhaits & leurs suffrages*.

Que si par contre *la Pitié*, ou *l'Amitié* fait ouvrir la Porte sous le Pretexte de povreté, & de misere; ou sous celuy d'Inclination, & de Paranté; & si meme *la Violance & le Credit*; *l'Avarice, & la vanité* la trouvent ai-

sée

sée à forcer; qu'arrivera t'il que tout Desordre, & qu' Antrée à foule, come en une ville qu'on a prise, & que l'on met au Pillage ? qu'y aura t'il qu'*I-gnorance*, que *Negligance*, que *Vice*, & que *Scandale* sur la Chaire? Qui paroitra t'il qu'un lumignon fumant, ou tison eteint, qu'on verta sur le Chandelier d'un Tample, au lieu d'un clair flambeau, qui y doit bruler; & dés Pures lampes, qui y doivent jeter parmi l'eclat de l'or pur, celuy de leur sacré feu?

Mais dira t'on, *Un Tel est si Chargé de Famille, l'autre est un si povre & si miserable home, ou Garçon, Fils d'un bon Pere, & parfois d'un bon Pasteur; Celuy cy est desia a receu, & avancé même en age de vie & de Pastorat, & il ne peut en etre aussi degradé:* Celuy là, traine depuis un longtams, & a peu se randre Habile par son grand loisir? faut il ou en rebuter plusieurs, ou même en Deseperer un seul ? Avec le tams, on peut avoir non seulemant (come on dit) de l'Age, mais devenir bon, & sage, & même sous Esperance, ou d'Etude, ou d'Amandemant de vie desia souvant & promis & Protesté, ne peut on point faire grace, & avancer par Charité &

par

par Pitié, ou un Povre Ignorent, ou
un Home non ancore meur, & pluſieurs fois Rejeté?

Mais qu'eſt il de plus aiſé, que de repondre, que ſi de teles Conſiderations doivent, ou peuvent avoir lieu
en des matieres civiles, elles ne doivent, ni ne peuvent point en avoir
avec raiſon en des charges Ecleſiaſtiques? Qu'à la verité, quand il s'agit
d'Aumone, & d'œuvres de charité,
il faut preferer les plus miſerables, &
les plus povres à tous ceus qui ne le
ſont pas, ou le ſont moins; & que
quand il eſt queſtion auſſi de faveurs,
ou de bienfaits gratuits, on peut avoir
plus d'egard aus Parans, & aus Amis,
qu'aus Etrangers; & enfin en affaires
particulieres, pourvoir aus particuliers le mieus qu'on peut; mais qui a
jamais panſé au moins raiſonable-
mant & bien, que pour favoriſer un
particulier il falut nuire au public?
Que pour tirer de la neceſſité une Perſone, ou une Famille, on dût ruiner
toute une Egliſe? qu'on dût fournir
au Tamporel aus depans du Spirituel?
& que pour contanter, ou un Pere, ou
un Ami, on dût m'écontanter mile
Fre-

Freres, mile Sœurs, & mile Amis qu'on
doit preferer en esprit à eus?

Et pource qui regarde *la Pretanduï
Esperance d'une plus grande Capacité,
ou Probité*, combien de fois eprouve
t'on, qu'ele est vaine, ou mal fondée?
Que ce n'est qu'en Imagination qu'on
se la forme, & qu'à la legere qu'on se la
promet? Au reste qui est ce, qui sous
une simple Esperance en l'air, batit
queque chose de solide? qui est l'home, qui fie à un larron tous ses biens,
à un mauvais valet, sa maison, & à un
Infidele ses Thresors, sous pretexte
qu'il espere, qu'il quitera sa coutume
de voler? Ou ancore qui est ce, qui se
fiant, qu'un Ignorant Medecin aquerra
de la sciance, ou qu'un méchant Avo-
cat etudiera mieus qu'il n'a fait, fie
sa santé à l'un, sa cause à l'autre en
danger de les perdre toutes deus?
Quequ'un comet il sa vie sur la terre
ou sur la mer à un vaisseau pourri, à un
Pilote mal expert, ou à un Guide Fol,
ou Traitre? Le meilleur est donc sans
doute de ne fier rien à dejeunes, ou
vieus mechans, en attandant qu'ils s'a-
mandent. Il faut les voir *Amandés*,
devant que leur rien fier, & sur tout
un

un Depot si precieus qu'une Eglise.
L'Esperance est bone, mais come elle
ne fait rien tenir, ou posséder, elle ne
doit aussi faire rien doner, & rien
avoir, qu'ele n'ait fait voir en cete matiere des effets de ce qu'ele fait tant
Esperer.

Anfin il faut en ce point observer à
la Rigueur les regles d'Euangile, po-
sées par J. CHRIST & par ses Apotres,
d'antrer en la Bergerie, non par le Toit
& les Fenetres, mais par la Porte, & le
Portier meme l'ouvrant. De n'y antrer,
ni pour écorcher, ni pour meurtrir, ni
en Larron, ni en brigand, & non pas meme en mercenaire, mais en Berger, &
en bon Berger.   Qu'il ne faut pas s'as-
seoir soy meme aus premieres Places du
Festin, ni y venir sans en avoir la vraye
Robe, qui est cele de la Vocation de
Dieu & de sa Grace; & qu'il ne faut
pas meme y prandre les premiers rangs;
mais attandre que l'on die, amy monte
un peu plus haut.   Que Persone ne s'ar-
roge cet honeur, ni ne doit se l'arroger,
ni s'y elever luy meme; mais attande d'y
étre apellé come Aaron, & élevé come
Christ; & que le Saint Esprit die au dedans & au dehors, separés moy Paul &
Bar-

Barnabas, pour l'œuvre, à laquelle ie les ai eleus. Ainſi il faut, que ce même Eſprit faſſe les Paſteurs, et abliſſe les Eveques & les Anciens dans les Egliſes, come Chriſt y a mis les uns pour être Apotres, les autres, pour etre Euangeliſes; ceus cy pour etre Docteurs; ceus la pour etre Paſteurs; ainſi que le dit l'Apotre ſi expreſſemant *apelé, & mit de luy.*

C'eſt pour cela, qu'il eſt ſi juſte, & même ſi neceſſaire, quand il s'agit de vocation Paſtorale, de tacher de decouvrir, ſi les Sujets, qu'on pretand apeler ou apliquer, en ont *l'Eſprit & la Grace;* ce qui ſe conoit premieremant aus ſentimans de Pieté, de crainte, & d'Amour de Dieu, dont on voye avec les paroles les Efets. Deuſiememant en l'Innoſſance, Pureté, & Sainteté de la vie bien Chretiene, & plus Chretiene que l'ordinaire & que la comune de ceus meme qu'on croit bons Chretiens. Troiſiememant en la Retraite du monde, de ſes Debauches, de ſes vanitez, & de ſes ordinaires Convoitiſes, qu'il paroiſſe qu'on ne fuit pas ſeulemant, mais qu'on ataque, combat, & vainc. Quatriememant, au Zele qu'on montre avoir

avoir de la gloire de Dieu, du bien de
l'Eglise, du salut des ames, & du pro-
grez de la Pieté & de la Foy. Cinquiememant à l'Atache Sainte qu'on a
à l'Ecriture, & aus mysteres; & à la
peine, qu'on prand pour s'avancer, &
pour avancer les autres, non seulemant en leur conoissance speculative,
mais en leur gout, & en leur pratique.
Sisiememant à l'Air de les traiter,
non vain, curieus, sec, & sterile; mais
humble, onctif, simple, & utile, dont
l'Esprit de Dieu les fait sonder & parler, dit le Saint Apotre, *en qui, & par
qui* J E S U S *parloit.*

Anfin *la vie Examplaire, & l'Action
eficace,* queque qu'elle soit particuliere, ou publique; en la chaire, ou hors
de la Chaire; en la Compagnie des
Grans, en l'Instruction des petits; en
la visite des malades, en la conversation avec les sains, qu'un Pasteur doit
tandre à faire tous Saints; est sans
doute la grande Marque, & le Caractere le plus vif, qu'il doit porter, & qui
doit paroitre en luy, pour le faire reconoitre digne, qu'estant eleu de Dieu
par grace, il le soit d'une Eglise par
merite.

Ce sont des Gens faits de la sorte, que les Ancienes Eglises aloient cher-cher dans les deserts & qu'eles trioient, & tiroient come par force dans les villes, pour les defricher. *Ces lis creus antre les Epines*, repandoient loin leur bone Odeur; & quoi qu'au lieu de lever la téte, & se faire voir au monde; au contraire ils la baissassent jusqu'à terre, & l'anselevissent dans des Cellules, & des grotes; Neamoins on ne lessoit pas de voir leur blan-cheur; & de vouloir en suite contam-pler l'une, & flairer l'autre de prés.

Tel fût le Chois, qui se fit des Ho-mes, que nous avons desia souvant no-mez, *les Basiles, les Gregoires, les Chry-sostomes, & les Augustins*, qu'on forssa saintemant d'estre Pasteurs, ayans esté bones Brebis; & en la bouche, en la Plume, & en la vie desquels on reco-nut *Une Onction, une Douceur, une Vertu & une Eficace Sainte*, à faire des Saints come eus.

O si nos villes nous produisoit des Gens samblables à ceus, que ces soli-tudes ont produits! Que nos Eglises qui sont des Terres aussi sechés, & steriles, à presant que des Deserts, se
roient

roient heureufemant arrofées, & fe-
condes non feulemant en bons fruits,
mais en Arbres, qui en porteroient !
O qu'eles deviendroient propres à ve-
rifier les Profeties Anciénes, qu'aus
derniers tams, *les folitudes fleuriroient,*
& que le Defert feroit come le Carmel &
le Liban. Ces Colomnes du Defert meme, ces *Jeans Batiftes*, viendroient en
l'Efprit d'Elie convertir les cœurs des
Anfans aus Peres, & faire deffandre
ceus des Peres aus Anfans, pour les faite tous Anfans de Dieu.

Ils viendroient prêcher *la Repan-*
tance & l'Amandemant aus Troupes,
qui font les Eglifes ; borderoient de
Penitans le Jordain, & noyez qu'ils feroient en l'eau de leurs larmes, noye-
roient en cele de la grace de Dieu, &
dans le Sang de J. CHRIST leurs Pechez. Ils ataqueroient la Sinagogue.
Ils ataqueroient Herode ; & confon-
droient aufli bien l'hypocrifie cou-
verte, que l'Incefte decouvert. Ils
pour fuivroient egalemant les Viperes,
& les Bafilics, ou les Renars ; & ne fou-
friroient pas plus les Farifiens, & les
Scribes des Eglifes, que les Courtifans
& les Courtifanes de ce Siecle corrompu. R A-

Alors veritablemant le monde seroit pour changer de Face, & le Christianisme pour se reformer, courant come *la Galilée, la Judée, & les autres Contrées* à ces nouveaus *Elies & Jeans,* qui leur feroient ouïr leurs vois. Alors nous pourrions atandre de bons remedes à nos maus, ayans de bons Medecins ; & le Pastorat estant renouvelé en zele, les troupeaus le seroient bientôt en mœurs.

NEUVIEME REMEDE,

L'Etablissemant, ou le Rétablissemant d'un bon Ordre, ou Train.

Par les Pasteurs dans les Eglises.

Avec de bons Avis sur ce Sujet ; soit pour le Reglemant des Assemblées, & leurs exercices ; soit pour les Catechismes, Instructions, Ecoles, &c.

PUis que nous somes heureusemant parvenus (mes Freres) jusques *au juste Renouvelemant du Pastorat,* en découvrant les remedes à ses maus, & les moyens de les guerir ; Il est tams, que nous revenions à ceus *du monde Chré-*

Chrétien pour voir comant *le Pastorat* sain, ou saint, en peut le mieus faire la Cure, qui ne sera pas impossible, s'il se sert de ces Moyens.

Le 1. est celuy que les Pasteurs bien apelez & biens meus se fassent gouter autant qu'ils peuvent à leurs Troupeaus en general, & en particulier à chacune de leurs Brebis, & sur tout à celes, qui composent queque Corps, & qui ont queque Pouvoir antre les mains, pour en doner aus bones choses, & aus Progez de leurs bons desseins.

Toutefois il ne faut pas prandre cet avis en sorte, que nous vueillions conseiller à des Homes Eclesiastiques, un Agréemant Politique, qui porte d'une part à la Complaisance, & meme à la Flaterie des peuples, ou des corps entiers; & de l'autre ne travaille qu'à leur gloire, & à leur propre etablissemant. Au contraire ceus qui se proposent une fin si humaine, & si mondaine; & qui pour en venir à bout, ont coûtume d'avoir un Port, des Gestes, & des sous-ris affetez; de faire des Complimans & des Salutations Pharisienes hors de la chaire; et de doner

ner

ner des loüanges excessives, & des elo-
ges flateurs aus Persones, dont ils
n'y osent pas blamer les vices, & de-
crier les Pechés; me samblent s'eloi-
gner si fort de leur devoir, qu'ils dechoient de leur Etat, & meritent si
peu d'etre tenus pour Pasteurs, qu'on
doit plûtôt les regarder come des Declamateurs, & come des Charlatans.

Non, ce n'est point par ces voyes
mondaines, basses; & meme Anfanti-
nes, tout à fait *indignes du Pastorat,*
que des Pasteurs se doivent randre
agreables aus Eglises; & se faire gouter à leurs Troupeaus; mais bien premieremant par un vray Esprit de Charité generale, qu'ils temoignent avoit
pour eus, & dont ils produisent aus
ocasions les Actes & les Efets vers toute sorte de Brebis. Deusiememant
par un Esprit de grande Debonaireté,
& douceur, dont ils parlent, & agissent
vers toutes sortes des Gens, autant
que la Charité le veut, & que la Justice le permet. Troisiememant, ne donans sujet aucun de soi meme à qui
que ce soit, de facherie, ou de Rebut;
& beaucoup moins d'Aversion, se gar-
dans d'offenser Persone, ny de Parole,

le, ny de Fait ; mais au contraire ser-
vans tout le monde autant qu'ils peuvent, & leur portans aussi bien de l'honeur, que de l'Amour. Quatriememant, Prenans soin de toute sorte de
gens, riches & povres, principalemant en leurs maladies, & en leurs a-
flictions ; prenans pour le moins autant de part à eles & à leurs maus, qu'à
leur prosperité, & à leurs biens, dont
toújours les Spirituels leur doivent
plus etre à cœur. Cinquiememant, les
oyans, & les voyans volontiers, soit
quand ils ont besoin de leurs visites,
soit quand ils recherchent leurs Avis ;
ou meme leur decouvrent l'Etat de
leur consciance, & de leur ame, s'a-
dressans à eus pour la conduire, & pour
la regler chrétienemant. En sisieme
lieu s'aquitans bien de leur Charge, &
de tous les devoirs, qu'ele comprand ;
come sont Instruire, Catechiser, &
Précher ; Visiter les Povres & les Malades ; se trouver exactemant aus
Assamblées ; & y doner ordre public,
Example particulier, Edification antiere : Vrais moyens, aussi forts, que
Justes, pour gaigner à soy un Peuple
& se l'aquerir sans peine tout à la fois.

Le

Le *second est*, Que les Pasteurs s'efforcent, dez qu'ils sont etablis en une Eglise, de prandre, & de doner un bon Train à toutes choses ; car come l'on dit comunemant, que *qui comance bien une chose, l'a faite à demy ; & que l'Estofe garde le premier Pli, qu'on luy donne*, & le vaisseau *sa premiere Odeur* ; il importe extrememant que des Pasteurs antrans en charge, comancent bien ; non seulemant par de beles, mais par de bones Predications, par lesqueles il se declarent pleins de Zele, & de bons Desirs pour le bien, & pour la Reformation de leurs Troupeaus ; Enemis des tous les vices, & sur tout des grands, & des scandaleus ; montrent hair l'Impieté, la Profaneté l'orguëil, la Debauche, & tous excez ; qu'il est necessaire, que l'on sache, qu'ils ne suportent en Persone ; & qu'ils sont prets de censurer, & de reprimer en Tous.

Il sert aussi beaucoup, qu'en particulier, ils fassent prandre un bon train du Comancemant aus Assamblées, pour se trouver non seulemant frequantes, & assiduës ; mais modestes, & saintes sur tout dans les lieus saints ;

Atan-

Atantives à ce qui s'y fait, aus Invocations, Confessions des Pechés, loüanges, Predications, Catechismes, Prieres, & Administrations des Sacremans; ne souffrans pas volontiers, qu'on s'en absante, qu'on y viene tard, qu'on y cause, qu'on y mene bruit, ou meme qu'on y paroisse distrait, & beaucoup moins volage, & sur tout vain en Or, en Argent, en Fard, en Mouches, en Frisures, & en habits Riches, & Pompeus; que les Apotres *Saint Pierre & Saint Paul* defandent plus expressemant à l'Israël Nouveau, que le Profete *Esaye* à l'Ancien.

L'Exactitude à faire tenir le monde assidu, modeste & attantif aus choses saintes, est le vray moyen d'avoir bien tôt des assamblées bien reglées, & de bone edification tant aus Etrangers, qu'aus Domestiques, & come souvant l'Exterieur en matiere de Pieté, sert beaucoup à l'Interieur; & fait que l'ame instruite par les sens, se compose & regle elle meme; & attantive qu'ele est aus choses saintes peu à peu les goute, & s'y atache avec plaisir; cete Aplication & Modestie exterieure fait

qu'a

qu'a la fois toute une Eglise s'adone
à la Pieté, & prand meme la coûtume
d'en bien pratiquer les Actions.

Le Troisieme est, Que come ce n'est
pas tout de regler exterieuremant le
Corps d'une Eglise, & ses Assamblées;
mais que le principal & le plus important sans doute est de doner un vray
Esprit de Pieté; *les Pasteurs* tachent
d'abord, sur tout voyans les Actions
Saintes profiter peu, ou se faire mal,
c'est à dire sans Attantion & sans fruit,
& preque par simple coûtume, & par
maniere d'aquit; de faire eus memes
leurs Actions ordinaires d'un nouvel
air, & d'un Esprit de ferveur singulie-
re, pour determiner plus facilemant
les autres à y etre attantifs, & fervans
aussi; & par meme moyen, porter tout
un peuple à faire les sienes d'un air u-
tile & serieus.

Pour cet effet, il est bon que soit
qu'on se serve de formulaire de prier,
d'invoquer, de confesser les Pechés, &
d'administrer les Sacremans; soit
qu'on fasse les memes choses par propre meditation, & par sentimant divin d'une maniere touchante & vive,
& à laquele il n'y ait rien à redire; mais
au

au contraire, non seulemant à tout ad-
mirer, mais aprouver & goûter ; on
viene heureusemant à bout de la fin
qu'on se propose, qui est d'instruire,
sanctifier, & randre l'assamblée attantive, & atachée à tout ce qui se dit, ou qui
se fait en elle de divin, & de digne d'a-
tache, & d'atantion. C'est pourquoy,
on ne peut avec raison trouver mauvais, qu'un habile & bon Pasteur fasse
luy meme ses prieres sur les sujets, qui
se presantent, & selon les Ocurrances,
avec sentimant de Zele & de Pieté ;
qu'il les change aus ocasions, selon
qu'il est à propos, & selon qu'il s'y trouve disposé & meu divinemant. Qu'il a-
joute de secondes lumieres aus premieres, & tousiours s'il peut, de nouveaus Mouvemans Saints, & des paroles capables de toucher par la langue,
& par l'oreille les cœurs. Qu'il expli-
que, ou interprete avec Onction une
chose par une autre, conformemant à
l'Ecriture & à la foy ; & qu'en un mot
il parle par Esprit, & en Esprit de grace, & de Pieté ; evitant les redites im-
portunes, aussi bien que les methodes
gesnantes ; & beaucoup plus l'Affe-
ctation, ou l'Artifice, pource que les

premieres ont coûtume d'annuyer; les secondes d'assoûpir, & les dernieres d'antretenir la vanité.

Sur tout, il est important de prandre garde, que *les Exercices Chrétiens* ne devienent pas *des Sacrifices Legaus;* la Pieté Euangelique une Religion literale et Juifve, et que dans une Eglise tout se fasse par coûtume *come œuvre œuvré, ou operé,* ainsi qu'on dit comunemant : A cause que d'une part cela n'est point au regard de Dieu un vray Culte, puis qu'il le condamne meme dans les Juifs, ainsi qu'on le lit au chap. premier d'Esaye et en divers autres lieus ; et que de l'autre il ne touche aucunemant ceus qui le pratiquent, et ne leur donne ny sentimant d'honeur et d'amour, ny mouvemant de Repantance, et de Sanctification : Au contraire l'habitude en engendre le mepris, fait qu'on n'en tire aucun fruit, et qui plus est, cause souvant la Superstition, et meme l'Impieté.

De la vient, que peu à peu *la Religion se tourne en coûtume;* le Christianisme se fait come Naturel, et pour le moins Habituel; devient corps, et devient *letre tuänte sans Esprit vinifiant.*

fiant. De là il arrive, qu'on fort des Tamples le meme qu'on y eft antré. Qu'on y chante come des Orgues; qu'on y prie come des anfans, preque fans intelligence, & pour le moins fans attantion; qu'on y ecoute ce qui s'y lit, ou ce qui s'y dit fans l'Antandre, & quequefois meme ne l'ecoute t'on pas bien, c'et à dire avec atache, & avec aplication; en un mot on fe contante d'avoir eté dans un Tample & d'y avoir eté de Corps, & montré fa contenance, fans y avoir eté d'Efprit, & fans y avoir pratiqué une vraye Devotion.

Toutefois laiffe t'on pour cela de croire, que l'on a fait fon devoir? & fouvant ne fe figure t'on pas, qu'on a fort bien payé Dieu? Que l'on eft bon Chretien, pource que l'on a chanté des Pfeaumes, ouï des predications, & paffé une heure moitié affis, moitié debout, tantôt veillant, tantôt dormant en lieu faint? Come fi la Religion confiftoit en Contenances, & en *Exercices corporels, qui ne profitent de rien* (dit l'Apôtre) fans la *Pieté profitable à tout.* C'eft pourquoy un Pafteur doit fur tout vaquer à faire en

forte,

forte, que toutes les Actions Saintes se fassent, ainsi que nous avons dit, avec Esprit, & avec Grace ; & luy meme l'aporter en ce qu'il fait, de Divin l'ayant receu, le montrer en ce qu'il dit, & le doner à ceus qui l'oyent.

Le quatrieme Avis en suite de celuy là est, que si tôt qu'il se trouve en une Eglise, il tache de découvrir ses plus grans besoins, & particulieremant celuy de l'Instruction familiere, s'il void qu'elle manque, & que les grands & les petits soient peu intelligens dans les mysteres de la Foy, & dans les points de la pieté. C'est icy un des plus grands, qu'on puisse dire, & un des plus importans à la Reformation, & au profit d'une Eglise ; & c'est celuy qu'on doit nommer, *le Soin de catechiser*, & de catechiser non telemant quelemant, ne faisant rien que begayer avec de simples Anfans ; mais parlant meme en eus aus Grands, & s'acomodant telemant aus uns, qu'on n'annuye pas les autres ; mais qu'on prene une si bone methode d'instruire, & un air tout à la fois si simple, mais si solide ; si facile, mais si serieus ;

rieus ; si familier & si grave tout ansamble, que les Anfans y profitent, &
que lesHomes faits y puissent aussi profiter : Que ce soit, come on le dit des
anseignemans de l'Ecriture, une Ri-
viere, où les Aigneaus puissent nager,
& les bœufs aussi marcher ; Et les uns
et les autres boire selon leur soif, et
leur besoin.

En effet il y a un Aïr d'instruire, qui
n'est ni trop bas, ni trop elevé ; mais
qui tient un certain Milieu, qui come
un Air sert aussi bien aus petits, qu'aus
grands oiseaus, serve aussi à tous Fideles ; et soit assez sçavant pour les homes, assez simple pour les anfans, et
propre à tous, come la Religion Chretiene convient en efet à tous ; et come
la veritable Theologie Positive s'aco-
mode à la portée de toute sorte d'E-
sprits, pour peu qu'ils ayent de Foy.
Ce n'est donc pas une Façon pedante-
sque de Catechiser ; ou cele de doner
seulemant de petits points à sçavoir,
et à repeter par cœur, tousiours dans
les memes termes ; qui est la meilleure
et la plus utile, soit aus petits, soit aus
grands, sur tout dans l'Instruction publique d'une Eglise ; puis que bien
sou-

souvant, ce n'est parler, ou que faire
parler en l'air à la façon des Perro-
quets, ou des Pies; mais bien *la Maniere de Catechiser*, dont nous parlons,
qui consiste Premieremant à bien poser un point de Foy, & proposer un
mystere. Deusiememant, à le dedui-
re netemant; & en doner une Intelligence claire. Troisiememant, à le
dire si bien, qu'un Anfant le puisse
comprandre,& un Home fait s'en contanter. Quatriememant, à s'en expliquer si bien qu'on n'y laisse rien à dire,
& qu'on se puisse prometre, que qui
l'aura bien antandu, restera informé,
& bien instruit de ce qu'il luy faut sçavoir sur luy. Cinquiememant, que par
diverses Interrogations, & Reponses,
on forme le sens & le jugemant des
Anfans memes, à le retenir autant par
Antandemant, que par Memoire; & à
en repondre de meme façon. Sisiememant, qu'on rande utile, ce qu'on dit,
non seulemant quant à la Foy, mais
quant aux mœurs, & toutes les Instructions qu'on avance, propres à la Pratique des vertus, & au profit que toute
l'Assamblée en doit tirer.

Cete maniere d'Instruire, ou Catechi-
ser,

fer, pourveu qu'elle foit auffi frequante, qu'exacte, eft fi utile, qu'en peu
de Tams il eft aifé de Renouveler la
face de toute une Eglife ; & en la randant Sçavante la randre Sainte, &
n'y laiffer aucun etat, ou aucun Age
dans l'Ignorance, ou l'Impieté : Sur
tout fi l'on fait en forte, que les Peres
& les Meres y affiftent, & faffent repeter en leurs maifons à leurs Anfans, ou
Domeftiques, ce qui leur aura efté dit
en cele de Dieu, par leur comun Pere
Spirituel, qui eft leur Pafteur.

Il doit procurer auffi, que la meme
chofe fe pratique en particulier au regard des Anfans dans les Ecoles Publiques, fur lefquelles il peut veiller felon que fa Charge luy en donne droit,
afin qu'elles foient pourveües, non
feulemant de Perfonnes habiles, & a-
droites à anfeigner ; & bien Inftruites
en la Foy, pour en doner des Inftru-
ctions, & pleines de Pieté, afin qu'elles
puiffent en ramplir une Jeuneffe ignorante, & vuide de teles chofes ; mais
propres elles-memes à les recevoir,
quand elles en manquent, ou ont befoin de les augmanter. Sur quoy, qui
peut s'abftenir de deplorer la Negligence,

gence, & qui plus eſt les Abus qui ſe
peuvent voir en des Ecoles Chretienes, grandes, ou petites; dans lequeles
tant de Jeuneſſe eſt elevée à la Conoiſſance des Letres humaines, ſans l'étre
beaucoup à la Conoiſſance des Divines; & où l'on paſſe tant d'heures à manier *un Ciceron*, *un Virgile*, *& un Homere*, et ſi peu, ou point du tout, à manier *une Bible*, et à faire antandre *un
livre de l'Ancien ou du Nouveau Teſta-
ment* ; de Chriſt, et de l'Euangile à des
Anfans Euangeliques, et Chretiens?

En verité n'eſt-ce pas une Honte, et
une choſe bien Reprochable à tous
Chretiens, qu'en leurs Colleges ils en-
tandent plus parler d'un Ceſar, ou d'un
Pompée; d'un Demoſthene ou d'un
Ciceron; d'un Ovide, ou d'un Virgile;
que d'un Prophete, ou d'un Apotre,
que d'un Abraham, et d'un Moyſe, et
meme de JESUS CHRIST? Que l'on
mere plus de tams à faire antandre un
Martial, et un Horace, qu'un Job,
qu'un David, et queque autre Poëte
ſaint? Qu'en un mot on Aprouve plus
le Grec d'Homere, que celui de l'E-
vangile ; la vie d'Alexandre, que celle
de JESUS CHRIST; et l'Hiſtoire ou la
Philo-

Philosophie des payens , que celes de l'Euangile & des Chretiens?

Certes ceus, qui ont eté autrefois du sentimant de banir toutes ces choses de nos Colleges, ont eu d'autant plus de raison, qu'en premier lieu les Anciens Peres, & pour le moins les meilleurs ont eté de cet avis, qu'ils ont porté meme dans les Conciles, où ils l'ont fait devenir de particulier public. En second lieu, qu'a presant & dans nos tams depuis meme plusieurs siecles, il n'etoit ni n'est necessaire de feüilleter aucunemant les livres du Paganisme, & de sa Foi, pour en decouvrir l'Impertinance ou la Fausseté, & pour prouver à des Pretres, & à des Peuples Idolatres leur faus culte, & leur veritable impieté. En quatrieme lieu, qu'il est constant que sous Pretexte d'aprandre à bien parler en ces livres on y aprand à mal faire ; & que sous la pureté d'une Langue coulent mile Impuretés, qui souillent des innossans, & qui leur aprenent etans petits, de grans pechés, des pechés infames, qu'ils peuvent cometre estans plus grands.

En quatrieme lieu, que meme en

ces

ces derniers Siecles, il n'a plus eté, ni n'eſt beſoin de tant etudier des Auteurs Profanes, pour en puiſer de l'Eloquance, & du bien dire ; puis qu'on en a de Pieus, & de Chretiens, qui les egalent ; & qui pour le moins ſuffiſent à nous faire auſſi eloquans, & auſſi ſages, qu'il faut que des Chretiens le ſoient, & que de Saints Juifs l'ont eſté. Il y a de bons Orateurs & de bons Poëtes Grecs & Latins, qui valent bien *des Demoſthenes & des Cicerons.* Il y a *des Virgiles* meme Reformez, & pluſieurs Poëtes Sacrés auſſi aigus, & naïfs *qu'un Horace & qu'un Martial* ; & par tant qu'eſt il beſoin de chercher de l'or, ou des perles dans la bourbe de ceus cy, en ſe ſaliſſant les doigts ? puis qu'on en peut recueillir à plenes mains & mains netes, dans les eaus claires, & ſur les bords dorés de ceus la ?

Mais ſur tout, qui eſt ce qui peut ne pas trouver bien etrange, que Chriſt ſoit moins anſeigné à une Jeuneſſe Chretiene que des Divinitez payenes ? qu'on mete les ſis heures, & meme les douze, ſi l'on joint celes du jour avec celes de la nuit, & les Domeſtiques aus Claſſiques, à faire antandre à des

an-

Anfans, non seulemant des fables &
des bagateles; mais des choses profanes, & contraires à leur Religion & à
leur nom? & qu'on ne mete pas une
heure, ny par fois la moitié, ou le
quart d'une à leur anseigner des choses saintes & à les instruire de la Foy,
qui est pourtant la premiere, & au
dire de plusieurs l'unique chose, qu'ils
doivent sçavoir? Que l'on corrige
plus en un Anfant un Peché contre
la langue de Ciceron, ou d'Homere,
& un defaut contre les loix de la Gram-
maire Latine, ou Greque, qu'un
Peché fait contre Dieu, & cent fautes
remarquables comises contre ses loix?
Est il Possible, qu'un Solecisme, ou
Barbarisme soit devenu plus reprochable, & plus digne de chatimant
en nos Anfans, qu'une Desobeissance
à Dieu, on à leurs Parans, ou qu'une
friponerie, ou un mansonge? Qui
croiroit jamais, que des Chrétiens
aprissent moins le Christianisme, que
les Juifs le Judaïsme, ou le Talmud;
& que les Turcs, le Mahumetisme,
ou l'Alcoran? Toutes ces Nations ne
sçavent guere que leur Religion, &
n'en anseignent point d'autre à leurs

 Anfans;

Anfans; & nous avons la curiofité de
fçavoir meme les profanes; & n'avons
pas cele d'aprandre l'unique Religion,
qui rand nos Anfans, & nous auſſi Religieus?

La Chofe parle d'elle meme, & cet
abus eſt trop grand, pour n'etre pas
corrigé, & pour le moins reduit à un
uſage ſi tamperé, & ſi fobre, qu'il
ne puiſſe nuire ny à grands, ny à petits Eſtomacs: Peut etre meme feroit
il bon de s'abſtenir tout à fait de cete
viande, pour bien apretée qu'elle
famble, puis qu'on peut bien dire
d'elle, ce qu'on dit des Champignons
& de certains autres fruits de corruption, & d'Animaus faits ou produits
de la boüe, & des Cloaques; que pour
bien cuits, & vuidez qu'ils fojent, ils
font toujours venimeux; & qu'apres
leurs meilleurs aprets ils doivent étre
jetés par les fenetres. En effet les livres, dont nous parlons, font pour
la plus part pleins de venin; & come
des Poiſons bien preparés, ils font de
vray doux à la bouche, & beaus à voir;
mais ils étoufent le cœur, & font mourir ceux qui les goutent, & qui pretandent s'en norrir.

Il

Il n'a pas eſté mauvais d'indiquer en paſſant ces choſes à propos de l'Inſtruction de la Jeuneſſe, dont un Paſteur eſt en partie chargé, au moins pour avoir le ſoin qu'elle ſoit Catechiſée; & à cet effet pourveüe de Maitres, & de Maitreſſes, qui ſojent capables de l'anſeigner, & qui non ſeulemant ſachent, mais qui veüillent s'en bien aquiter: C'eſt ſans doute à luy d'y avoir l'œil, & pour cet effet prandre la peine de Catechiſer luy meme ſouvant; pour d'une part en doner la forme aus Maiſtres; & de l'autre contribuer, à ce que de bone heure les Anfans, qui ſont la Pepiniere d'une Egliſe, ſoient élevés come il faut en la conoiſſance de la Religion Chrétiene, & en la Pratique de la Pieté conforme à la vraye Foy.

C'eſt par là, que la plus part des Reformateurs ont comancé, & qui plus eſt, avancé leurs Reformations. Quoy qu'ils fuſſent de Grands Docteurs, pluſieurs d'eus n'ont point dédaigné de ſe faire des Maitres d'Ecole; & pouvans anſeigner des Homes faits, come l'experiance l'a fait voir, ils n'ont pas laiſſé de s'apliquer à anſeigner

seigner des Anfans, & preque les devenir pour begayer avec eus.

Il ne faut pas meme nier, que leur
plus grand foin n'ait efté de compofer
des Catechifmes ; & meme qu'antre
les Ouvrages, que leurs Plumes ont
produits, ils ont efté des meilleurs ;
Des Confeffions de Foi n'étant rien à
leur Avis, fi une Inftruction Familiere
n'en devenoit l'Interprete, & ne les
faifoit antandre à tous les Fideles familieremant.

Si nous remontons plus haut que ces
Illuftres Catechiftes, Nous en trou-
verons devant eus parmi *les Albigeois,
les Vaudois, & les Freres furnomés de
Boheme, & de Hongrie*, de non moins
Recomandables qu'eus, non feulemant
en Sciance, mais en Sainteté ; & ancore par deffus meme Tous ceus là,
nous verrons dans les Premiers Tams
de l'Eglife plufieurs des Premieres Peres, qui fe font ainfi faits Anfans avec
les Anfans, & n'ont fait que begayer
avec eus des Premiers Rudimans de
l'Euangile.

O fi Nous avions la meme Humilité,
le meme zele ! O que nous verrions
bientôt une Anfance, une Jeuneffe
tout-

tout-autre, que cele que nous voyons
en nos jours aussi libertine qu'Ignorante; & sans doute pleine d'impieté
& de vice, parce qu'elle ne sait point
ce que c'est que Pieté, & que vertu !
O qu'on verroit bientôt la Sainteté
aussi répanduë que la Foi; & tout un
Siecle changé, pource qu'une bone Ge-
neration prandroit la place d'une mauvaise, & pour le moins fort Ignorante
du Bien, que toutes doivent savoir.

NEUVIEME REMEDE,

La Reprise, ou le Rétablisse-
mant de la Liberté, Autorité, &
Force sainte Pastorale come aussi de
la Vigueur & Rigueur d'une bone
Discipline.

APrés avoir parlé des Petits, venons aux Grands, & continuans
nos Avis particuliers aux Pasteurs,
produisons en icy Un, qui serve à la
Reformation d'une Eglise antiere, & de
Neuvieme Remede à tous nos maus. C'est
celuy, que Nous osons doner, fondés
tant sur la Raison & la Justice, que sur
le Droit particulier de la Charge

 Pasto-

Paſtorale, touchant *la Liberté Sainte*, que doit prandre d'abord un Paſteur de Parler & d'Agir en toutes choſes, conformemant à ſon Etat, & à ſon Devoir ; ſoit pour Inſtruire, ſoit pour Reprandre ; ſoit pour agir come il faut, qu'un veritable Paſteur agiſſe au milieu ſon Troupeau.

Cet Avis eſt d'autant plus juſte, qu'il eſt fondé ſur des Textes de l'Ecriture, ſur la miſſion ſoit Prophetique, ſoit Apoſtolique, & ſur les Examples des Prophetes, des Apotres, & de tous vrais Apelés, ou Anvoyés du Seigneur. Sur des Textes de l'Ecriture, qui nous font voir *Moyſe & Aaron*, obligés à parler à Pharaon & au Peuple, tant d'Iſraël, que de l'Egipte en toute Authorité & Liberté de la part de Dieu. *Samuel*, qui quoyque Jeune, reçoit cele d'anoncer *à Heli*, & *à ſes Anfans* leurs Pechés, & en ſuite leur Punition ; *A Säul* ſa Rejeĉtion, & à tout Iſraël cele, qu'il avoit faite de Dieu. *Elie*, & *Elyſée*, qui taxent avec toute liberté non ſeulemant les Peuples, mais les Rois ; & leur reſiſtent bien autant qu'à *Bahal & à ſes Pretres*. *Eſaye*, *Jeremie*, *Ezechiel*, *Daniel*, *Amos*, *Oſée*, *Jonas*,

Exod. 3. 4, &c.

1 Sem.

1 Rois.

Jonas, & tous les autres Prophetes ;
qui ont ordre de ne rien celer, mais de
crier à plein Gosier, & de dire à Jacob
tous ses forfaits, & à la Maison de Juda
toutes ses Iniquités ; d'anoncer aus
Juifs, & aus Gentils la Penitance, &
de menasser égalemant Samarie, Jerusalem, & Babilon.

Mais sur tout sont remarquables en-
tr'eus, *Jeremie & Ezechiel*, dont
l'un reçoit ordre *de detruire & de bâ-* Jerem. 1.
tir ; d'Arracher & de planter, & de
faire cent choses hardies, sous le Symbole *de ses Ceintures, & de ses Vaisseaus*, qui sissent voir les Corruptions,
& les Chatimans du Peuple ; & l'autre l'Authorité *de decouvrir les Pechés
de toute sorte d'Etats*, en faisant des
trous aus parois du Sanctuaire, & re-
vêtant un front d'Airain & de Bronze,
aussi bien qu'un courage d'Aigle, &
qu'une Hardiesse de Lion. C'est à
celle là qu'il faut aussi comparer la sainte liberté *de Jean Baptiste*, qui vint en
effet du Desert Rugissant come un
Jeune Lionçeau, & qui quoi qu'il
n'eut ancore qu'anviron trante ans,
se dona la Liberté de censurer de vieilles Tetes, & meme des Coronées ;

 &

& ne craignit point d'apeler du Nom de jeunes, & de vieûs viperes de jeunes, & de vieus Farisiens. Il ataqua même *Herode, & les deux Hirodiades,* & ne rabatit jamais rien de sa Rigueur à reprandre haut & publiquemant les uns & les autres, non plus que de sa vigueur à precher la Penitance, & le Royaume du Ciel.

JESUS luy meme, le grand *Anvoyé de Dieu son Pere,* prit d'abord *Authorité* sur toute la Synagogue, dont il ne l'amprunta point ; & aussi libremant, que hautemant la reprit de son Hypocrisie, de ses Fraudes, de sa Rapine, & de son Orgueil. *Les Saints Apôtres* aprez luy resisterent à ses memes gens, & à leurs ordres, & firent voir aussi bien qu'antandre, *Qu'il valoit mieux obeyr à Dieu qu'aus homes,* & rejeter plûtôt toute la Sinagogue, qu'un seul Christ. En particulier la sainte Liberté *de Pierre* contre *Simon, Ananie, & Saphira* paroit dans les Actes, aussi bien que celle de St. *Pol* contre *Elymas,* devant *Felix, Feste, Agrippa, Berenice,* & autres només en ce Livre, & en ses Lettres ; ou il exhorte ses Disciples *à Reprandre, à tan-*

cer

cer ; *& à exhorter en tams & hors tams,
& à combatre en bons Soldats,* come ils
firent vaillamant, & apres eus tous les
Saints homes, qu'ils eurent pour Successeurs.

De fait on peut remarquer, qu'autant de Tams, que cete *Sainte Liberté
d'agir & de parler* fut dans les Pasteurs, meme dans les siecles les plus
corrompus par l'Erreur, ou par le vice,
les Eglises n'alerent pas mal, & se con-
serverent assés pures ; où tout au contraire dez que la Timidité, la Complaisance, & le trop grand Suport de
l'Iniquité, & des Iniques se glisserent
dans la Chaire & dans la Conduite
Pastorale, Tout ala de mal en pis, &
il y eut un *Relachemant visible de Discipline, & un General Dechet de Zele &
de Pieté* en toute sorte d'Estats. Les
Petits aussi bien que les Grands ne
voulurent plus étre repris, mais étre
tous suportez en leurs vices, & en
leurs scandales : chacun voulut étre son
propre Maistre, & vivre à sa Mode, *come
alors qu'il n'y avoit ni Maitre, ni Juge
en Israël.* Chacun prenant sa Passion
pour sa Regle, & n'en voulant pas
meme prandre de la Parole de Dieu ;

fit

fit tout à fa fantaifie, & de là vindrent les Defordres, & les maus de tous nos Péres parvenus jufques à Nous, qui ayans agrandi la Porte, en avons ancore plus qu'eus.

Sous le nom *de cete jufte Liberté*, que doivent prandre de bone heure les Pafteurs, eft fans doute contenüe *l'Authorité, la Force, & la Hardieffe*, dont ils doivent auffi agir, & parler dans les Eglifes, pour y produire du Fruit: Pource que s'ils y paroiffent *Laches*, ou *Timides*, d'abord Satan plus hardi qu'eus, trouvera le moyen de leur faire plus de peur, d'emouffer leur Zele, & de faire avorter d'abord leurs bons Deffeins: S'il n'y a pas auffi beaucoup d'Authorité en leurs Paroles, elles voleront en l'air come legeres ; ou tomberont à terre come des Feus volages, & des foudres bruts. Si elles n'ont point d'eficace, eles tornent en Acoutumance & en mépris, & endurciffent plutôt qu'elles n'ebranlent le monde, pour fortes ou pour rudes qu'elles foient. Le moindre Pecheur auffi, qui leur refiftera, les faira randre, & les plus Grands les fouleront come à leurs piés: C'eft pourquoy le courage *des Elies,*

Elies, & *des Jeans Baptistes* leur est necessaire, ou sans remonter à eus, celuy *des Basiles*, *des Chrysostomes* & *des Ambroises*, pourveu qu'ils en usent bien.

Ce mot doit étre ajouté, pource qu'en effet en Premier lieu, il y peut avoir du Zele Indiscret, & meme un peu violant, tel que suggere l'Imprudance, la haine, ou quequ'autre Passion. En second lieu, il se peut faire qu'en queques uns, la Hardiesse soit Impudance, ou pour le moins Etourdissemant, quand la Raison, & la Justice ne s'y trouvent pas. En troisieme lieu, il faut toujours que la Sagesse l'accompaigne, & que la Charité le regle, soit au regard du Tams, & des Ocasions, qui se presantent; soit au regard des Persones vers lesqueles il faut l'exercer. En quatrieme lieu, il y faut toujours aporter une juste Moderation, & assaisoner telemant les choses & les Paroles, qu'en abatant on releve, qu'en effrayant, on encourage; qu'en desolant, on consolé aussi, et que pour le moins on accompagne l'un de l'autre, & l'on ne desespere rien.

Ce n'est pas pourtant, qu'il faille se
rela-

relacher, ou se faire voir changeant,
veu qu'on se randroit par là non seulemant meprisable, mais inefficace, &
de nulle Authorité : Ce qu'il faut bien
eviter, & pour cet effet l'Avis de
Plusieurs est bon ancore, de ne se randre pas trop familier, de peur de se
randre Contamptible : On l'est, ou
l'on le devient, quand on est trop facile à admetre toute sorte de Conver-
sations, & Principalement à se trouver
aux Festins, & aus Repas un peu ço-
muns ; aus Assamblées de Pompe, de
joye, & de simple Divertissemant ; aux
Compagnies de Jeunesse vaine, ou libertine ; & meme à celes des Gens
trop vulgaires, & preque brutaus ; Debauchez, Grossiers, Indiscrets, & In-
capables d'un Comerce bon & serieus.

Queques uns osent ajouter, qu'avec
les Grands memes les Homes de Dieu,
sojent, ou fassent un peu les Grands,
quoy que non pas les Orgueilleus ; &
qu'ils tachent toujours de conserver
au milieu d'un Esprit humble, & retenu, un Air grave, & qui n'ait rien
de lache, de flateur, & de servil : La
raison en est, que pour l'ordinaire
les Riches & les Grands du monde,

pre-

pretandent sous eus asservir tout, &
faire tout depandre d'eus ; & en particulier le Pastorat, pour peu qu'il se fasse
esclave, ou vil ; ou paroisse meme
Peureux : Certes si cela estoit, il se
ruineroit luy meme, & s'osteroit sa Liberté. Il faudroit qu'il se tut, n'osant
rien dire, ni preque remuer soit la Langue, soit le doit. En efet peut on bien
reprandre ceux qu'on craint, & dont
on s'est fait une fois mechant valet ?
Ce n'est pas que hors des Fonctions de
la Charge Pastorale, & à la Reserve
de sa Sainte Liberté, & de sa juste Au-
thorité, il y ait de Gens au monde plus
obligez à randre honeur à toute sorte
de Persones ; & à doner des examples d'humilité & de soumission aux
Grands, sur tout *Authorisés, & duemant*
établis en Dignité, que les Pasteurs,
qui à l'example *de Christ obeissant aus*
Cesars ; des Apotres respectans les
Proconsuls, & ordonnans *d'etre sujets* Rom. 13.
aux Puissances non seulemant pour la v. 5.
Crainte, mais *ancore pour la Conscian-* 1 Pier. 2.
ce, *& d'honorer les Rois en craignant* v. 17.
Dieu ; ils ne doivent se montrer soumis à leur Authorité, atachez à leurs
Tribunaus ou Trones, & assujetis à
leurs

leurs ordres Politiques, & Civils, selon
la Justice, & selon Dieu ; mais il faut
bien aussi se doner garde de s'antra-
ver soimeme, & d'angager *sa Liberté
Pastorale* en tele sorte, qu'on n'aît
plus cele ni de reprandre, ny d'aver-
tir quand il faut ceux qui Pechent,
ou qui errent en matiere de Pieté, ou
de Foy ; & qu'en Corps & Cœurs sub-
jugués & asservis, on ne soit plus Esclave & Serf des Homes, qu'Anfant, &
que Serviteur de Dieu.

Certes Nous voyons bien, que *Samuël* honora, & meme baisa *Säul,*
mais il ne laissa pas de le menasser, &
le reprandre. Il l'excomunia meme,
ou plutôt le declara Excomunié. *Natan* parla bien à *David* avec respect,
mais aussi avec hardiesse, & l'apela
Pecheur, aussi bien que Roi. *Elie* se
tint vers Acab en son devoir, mais il
ne desista pas de luy dire, & de luy
aprandre le sien. *Esaye* antra humblemant, mais hardimant vers Ezechias,
non tant pour luy anoncer sa maladie,
corporele, que pour luy découvrir la
Spirituele, & luy parler plus hardimant de ses pechés, que de sa mort.
Jeremie n'honora pas seulemant, mais
aima

2 Rois 20.

aima *Sedecias*, & neamoins il ne laissa
pas de le reprandre aussi feveremant,
que fa Cour. Les Sacrificateurs memes
ordinaires voyans *Ofias* frapé de Lepre, le fraperent d'Anateme, & le
chafferent du Tample, felon la Loi,
quoi qu'il fut Roi. Anfin *Daniel*, qui
eut tant de refpect pour *Nebucad-
netfar*, & pour *Belcezar* fon Fils, tous
deus Poffeffeurs d'un grand Ampire,
ne leur prononffa-t'il pas leurs fantan-
ces, aprez leur avoir fait come leur
procez, & au moins aprez que le Ciel
l'eut fait pour luy.

Jean Batifte, qu'Herode honoroit,
honora *Herode* auffi, mais pourtant il ne
laiffa pas de luy reprocher, qu'il honoroit trop les Herodiades. S. Paul auffi
eut du refpect pour Felix, pour *Agrippa*, pour *Berenice*, & pour les Sacrificateurs; & neatmoins il ne laiffa pas de
leur anoncer le Jugemant, & de leur
reprefanter le danger qu'ils couroient,
de l'ancourir. S. Pierre parla ancore
plus hardimant aus derniers, affeurant
qu'il n'avoit garde d'obeyr à la Sinagogue, qui le portoit à defobeyr à
Dieu.

O qu'il feroit bon que Nous gar-

daf-

daſſions ce Juſte Tamperamant! O
que les Paſteurs feroient bien en cela,
come en tout le Reſte d'imiter les
Profetes & les Apôtres; & de pratiquer bien la maxime de leur grand,
& comun Maitre, quand il dit, *Ran-*
dez à Ceſar ce qui apartient à Ceſar;
mais auſſi randés à Dieu, ce qui apar-
tient à Dieu; meſlans la Force à la
douceur, le vin à l'huile; & joignans
une humble Liberté, à une Libre Humilité vers les Grands.

A cet Avis *de la Sainte Liberté,*
Force, & Hardieſſe Paſtorale, on peut
bien joindre celuy *d'une Juſte Seve-*
rité, & de l'obſervation d'une Exacte
Diſcipline; qu'il faut d'abord, qu'un
Paſteur tache de garder, & de faire
garder pour le bon ordre non ſeulemant exterieur, mais interieur d'une
Egliſe. Chacune come l'on void a le
ſien, & meme pluſieurs le méme en
divers Pays. De tout Tams les Egliſes
ont eu le leur, dez qu'eles ont eſté
Egliſes, c'eſt à dire dez qu'elles ont
formé des Corps d'Aſſamblées ſain-
tes. Dieu meme par Moyſe a fait celuy de l'Egliſe Juifve en la Loi, dont
pluſieurs Points ont paſſé à la Chrétiene,

ne, pour y etre observez selon l'Esprit.
Les Estats Tamporels ont bien leur
ordre, & pourquoy n'auroient le leur
les Spirituels ? Le Monde naturel en
general a le sien, selon lequel il est
conduit, & en particulier ses Principales Parties como le Ciel, la Mer,
& la Terre, & tout ce qui se passe en
eus, à son ordre, ses saisons & ses mouvemans Reglez. Un Royaume, une
Republique, une Armée, un Parle-
mant, et tous Corps de Justice, et de
Police, ont leurs Disciplines ; par laquelle ils marchent, ils agissent, et qui
plus est, se conservent en bon Etat.
Pourquoy donc une Eglise qui est un
Ciel, une Terre, un Royaume, une
Republique, une Armée, et un Corps
de Peuple, non seulemant Raisonable, mais Fidele et Saint, n'auroit elle
pas aussi sa Discipline, pour se maintenir en bon Etat, et pour marcher,
et faire marcher tout son Monde en
son Devoir?

Les Homes ne sont pas en la Terre
des Infaillibles come dans le Ciel ;
aussi n'y sont ils pas des Bienheureux.
Ils n'y sont ni parfaitemant Eclerés,
ni puremant Saints, et uniquemant

                    nais

nais de l'Esprit Saint : Au contraire
y etans Ignorans, et meme fautifs, ils
ont besoin d'y etre bien Instruits, et
bien Reglez. Ils ont besoin d'y étre
meme Relevez, et Redressez, quand
ils tombent, ou quand ils s'abatent;
d'etre ramenés, quand ils s'esgarent,
et d'etre corrigez quand ils se déré-
glent : C'est pourquoy *une Discipline
Eclesiastique* est necessaire Conformemant à l'Euangile, étant et debuant
estre Euangelique; et à la Conduite
d'une Eglise, qui est une Famille, une
Armée, une Republique, et un Royaume de Dieu.

Presuposant qu'elle est Conforme à
sa Parole, et qu'elle ne s'escarte d'elle
en rien, come en effet elle y doit toute
etre fondée ; et une Eglise Chrétiene,
l'étre sur cele de Christ ; Il est aisé de
voir, que son observation exacte, est
un des bons moyens de la Conserver
antiere ; de la maintenir en bon Etat
dez qu'une fois elle y est mise ; ou
meme de l'y remetre, alors qu'elle en
est déchuë : Anfin c'est un aussi general que bon Remede à Prevenir ou à
guerir tous ses maux : Ce qui fait que je
le mets au Rang de ceux, qui peuvent
guerir

guerir les nôtres aussi generalemant, que bien.

De fait que peut étre une Eglise sans Discipline, et sans ordre, lequel l'Esprit doit faire observer, qu'un Tumulte, et qu'une Confusion? Que sera ce si chacun y est admis, et y est souffert vivre selon son Caprice, et n'ecouter que ses Passions? N'est ce pas le moyen d'y recevoir, et d'y doner de grands Scandales, sans les pouvoir reprimer? et n'y pouvoir étre au contraire qu'avec autant de danger, que de Douleur? s'il est Permis à tous les vices d'y entrer, et à tous les vicieux d'y demeurer; ils y seront bientôt les Maistres, et en auront bien-tôt chassé les vertus, et les vertuëus. Ce ne sera plus une Eglise, une Assamblée fidele, et un Peuple du Seigneur; Mais une Synagogue, une Cohüe, et meme un Peuple de petits, et grands Demons.

Par example si l'on souffre d'une part, des Impies et des Profanes; des Blasphemateurs ou Jureurs en vain du nom de Dieu et faussemant; des Quereleus des vindicatifs, et des meurtriers; des Impudiques, des Ivrognes,

et

& des Diſſolus; Et ſi de l'autre on ſu-
porte par Example, qu'on viene tard
aux Aſſamblées, & qu'on les frequante
peu ; Qu'on les trouble par les alées
& les venües avec Irreverance & avec
bruit ; Qu'on les profane par la vaine
pompe, l'Inſolance, & le Caquet ; &
qu'on en uſe come on fairoit d'une
Maiſon, ou d'une Compaignie fort
mondaine, ou meme d'une Aſſamblée
de culte ſuperſticieus, Payen, ou juif;
n'eſt il pas viſible, que c'eſt faire d'u-
ne Egliſe un Monſtre , & un Corps
Prodigieux? ou pour le moins un Li-
bertin , & un Mondain ? Que c'eſt
plutôt faire au dire de l'Ecriture, une
*Caverne de Brigans qu'une Maiſon de
Priere* ; & une bande de voleurs qu'u-
ne armée de Soltals , ou plutôt une
Aſſamblée de bons Citoyens ?

Il faut donc neceſſeramant , qu'il
y ait de l'ordre, & de l'ordre bon &
Saint ; c'eſt a dire tel, que l'Euangile
le preſcrit & que ſon Eſprit le met.
Ordre, qui ſe peut comodemant ramener à ces trois Chefs.

Le Premier eſt, de tacher de faire
en ſorte, qu'*une Egliſe* ſoit compoſée
de bons Mambres, & que le Principal
de

ſon Corps n'ait que des Parties bien
Saines, c'eſt à dire des Perſones de
tous Etats, bien Apelées, bien Touchées, & Converties à Dieu ; mues
de ſon Eſprit & de ſa Grace, Tandres
à ſes Sentimans, Pieuſes, & an un mot
Exemplaires en leur vie, & en leurs
Mœurs ; afin qu'eles ſoient Capables
de ſe Conduire par les vrayes loix
Chretienes, qui ſont celes de la Charité : Certes il n'eſt propremant que
cele Sorte de Mambres, qui ſoient
capables de ſe Regler par les vrayes
loix Euangeliques, & de ſuivre la Diſcipline de *Chriſt*. Mais s'il arrive qu'u-
ne Egliſe n'ait pas tous ſes Mambres
tels, c'eſt à un Paſteur de prandre
ſoin, & de Travailler Inceſſamant
par Inſtructions, Exhortations & Ca-
techiſmes, à les faire tels : & à les ramener peu à peu à un bon Train, & à
un Etat non ſeulemant de mieux faire
exterieuremant leur Devoir, mais autant qu'il eſt poſſible, interieuremant
le faire bien.

Le Second eſt, de Reprimer fortemant d'Abord tous vices & tous Scandales. 1. De Parole, les decriant ; &
faiſant voir, combien ils ſont contrai-

res

res au Christianifme, & Indignes des
Chrétiens. 2. Anfeignant la Pratique d'une veritable Pieté, & montrant par les Examples de la Primitive
Eglife, combien on doit avoir horreur
avec elles, de tous maus, & fur tout
des vices, & des Excés, qu'ele n'a
jamais foufferts. 3. Ne manquant point
d'Apliquer, autant qu'il eft neceffaire,
le Fer & le feu aus grandes Playes, qui
paroiffent Incurables fans ces Moyens;
c'eft à dire toute forte de Cenfures E-
clefiaftiques aux Suiets, qui les meritent; non feulemant en particulier,
mais en Public; fi les fautes font Publiques, & fi le Public eft en danger
non feulemant d'en tirer queque Scandale, mais d'en prandre, come il arrivé par fois, uu Example dangereux.

Le Troifieme eft, que pour faire
reüffir la Pratique des Cenfures, &
d'une bone Difcipline, il famble neceffaire d'y garder toutes fes Regles.
La Premiere d'y parétre Exact d'A-
bord, & s'y faire croire plutôt fevere
& Rigide, que lache, ou mol. La
Seconde, qu'il ne faut pas manquer de
l'obferver aus premieres Ocafions, qui
s'en Prefantent, pour ce qu'il eft bon
de

de tirer la Bride au Cheval dez qu'il s'eschape, & qu'il ne n'a pas un bon train. Le prompt Chatiment de l'un corrige l'autre, & il sert beaucoup de fermer la Porte au vice, dez qu'il l'ouvre pour antrer ; de peur qu'on ne puisse plus la luy fermer étant antré. La Troisieme est, Qu'on se garde bien de faire, ou d'avoir en la pratique d'une Exacte Discipline, *Acception des Persones*, & come on dit, *deux Aunes, & un double Poids* ; l'un pour les Petits, & pour les Pauvres ; ou pour le moins, pour les Persones Indifferantes, & vulgaires ; & l'Autre pour les Riches, & les Grandes ; pour les Gens de Consideration Mondene, & pour les Parans, ou les Amis. *Cete Acception,* avec *cete Diversité de Traitemant*, outre qu'elle sent le mauvais monde, ne sert qu'a Scandaliser le Bon : Choque extrememant celuy, qui ne se void ny Consideré, n'y Epargné ; & qui plus est, rand inutiles les Censures, & fait mépriser, rejeter, & secouër la Meilleure de toutes les Disciplines, aussi-bien que l'autorité, qui la Pratiquent si mal.

Anfin en sa bone Pratique meme,

il faut que ceux qui s'en servent, soient
creus non seulemant desinteressés &
Justes ; mais ancore bien meus , &
portés d'une part d'un Zele de Dieu,
& de sa Gloire , qui les ronge ; & de
l'autre d'un Zele du Bien des Ames,
& du desir de leur Salut, aussi bien que
de Celuy du bon Etat de l'Eglise, &
de sa Reformation : De maniere qu'on
voye bien , que la seule Hayne du
Peché , l'horreur du Scandale , &
l'Aversiion du Desordre, les obligent
à faire tout ce quils font ; & non pas,
la mauvaise Affection ou la Haine de
quequuun; l'Appetit de la vengeance, ou
meme l'humeur Chagrine , ou le propre & simple Interet Humain.

Certes puisque la plus grande des
Censures Eclesiastiques est sans doute
*l'Excomnnication , le Retranchemant,
& la Livraison selon la Chair à Satan;*
ne doit aler selon St. Paul, qu'*au bien
de l'Ame, & au Salut de Celuy qui y est
Livré* ; combien plus y doit tandre
toute autre peine Eclesiastique ? & sin-
gùlieremant la Reprimande, ou Ad-
monition ? l'Eglise doit elle jamais
quiter le nom, & la qualité de Mere,
pour prandre celuy, & cele de Mara-
tre?

tre? & ne faut il pas toufiours, qu'un vray, & qu'un *bon Pafteur* fe fouvie-ne, qu'il eft *Berger* non pas *boucher*, & bien plus Pere, que Juge, quoy que pourtant il luy apartiene de Juger, c'eft a dire de Chatier Paternelemant des Brebis, & des Anfans?

C'eft ainfi que Dieu eft dit, *Chatier auffi les Siens, & Ceux qu'il aime*, & que le Pere le plus tandre ne laiffe pas *de Corriger* (come dit St. Paul) *fes Anfans*, pour aprandre au Pere Spiri-tuel par l'Example du Celefte, & du Terreftre, à Chatier auffi les Siens toufiours Paternelemant, c'eft a dire d'une part avec Amour, & de l'autre avec Juftice, & tandant toujours en tout à leur veritable Bien.

Aprés la gloire de Dieu, c'eft tout le But qu'ils fe doivent propofer, & auquel ils doivent tandre en s'aquitant de leur devoir; Prenans foignufement garde au Conte Exaɛt, qu'ils doivent randre des Ames, dont le Seigneur les Avertit, qu'*il leur redemandera un jour le Sang*; & fur lequel St. Paul fon-de le foin, & la vigilance, que doit avoir un Eveque, c'eft à dire, *un Sur-veillant.*

C'eft

C'eſt ainſi qu'en ont uſé dans l'Ancien tams les Profetes, & même les Ordinaires Sacrificateurs; & dans le Nouveau les Apótres, & leurs meilleurs Suceeſſeurs. *Les Profetes*, qui ont ſouvant mis le Peuple Infidele à l'Interdit, & le Fidele en Penitance, ainſi que *Moyſe* le fit au deſert, & alant en Canâan. *Joſué* au tams du Crime horrible d'Acan, & ſur le point de l'Antrée en la Terre coulante le miel, & le lait. *Samuel faiſant Juner, & pleurer en Mitſpa le Peuple*, & depuis retranchant *Saul* ſon Roi. *Natan* obligeant *David* aus larmes; *Jeremie* tout Iſraël; *Jonas* Ninive, & ſon Prince & leur faiſant à tous vétir le Sac. *Nehemie & Eſdras* ceus qui monterent de la Captivité de Babilone, devant qu'antrer en Jeruſalem.

Ce fut auſſi la Pratique tant des Grans, que des Petits Sacrificateurs & Levites, qui tuerent d'une porte de Camp à l'autre, *les Adorateurs du veau d'or*; qui retrancherent *Ozias Lepreus*; & ſelon la Loi chaſſoient tous ceus, qui en eſtoient antachés, auſſi bien que tous Immondes. *Samuel, & Elie* firent plus, car ils tuerent, & firent

rent tuer les Prétres de Bâal, & de Jezabel, les frapans du Glaive du Corps, & de l'Esprit à la fois.

Dans les Tams Nouveaus JESUS ordone, *Que l'Eglise, & ses Mambres tienent pour Peagers, & pour Payens*, ceus qui ne les ecoutent pas en choses Justes. La Sinagogue excomunioit bien en une Injuste les Justes de Christ, & ceus qui pratiquoient à sa suite une Justice bien autre, que cele des Fatisiens, qu'ils quitoient. Confessans J. CHRIST, *ils étoient jetés hors des Assamblées*, hè combien plus meritent d'estre Rejetés des sienes, & de celes de ses Eglises, ceus qui le renient, & le rejetent luy meme? un *Simon* mauvais en fut fort à propos chassé par un Bon, aussi bien qu'*Ananias*, & que *Safira* retranché de ce Monde & de la vie par le meme Pierre, qui come *une Pierre* en efet les écrasa, & les fit cheoir morts à ses piés.

S'il mit les uns à l'Interdit, il mit les Autres en Penitance, temoin la Troupe, qui cria, *Que ferons Nous?* Il en usa envers ceus là en rigoureus Juge, & vers ceus ci en bon Pere. Paul ayant aussi uni en soi ces deus grandes Qualités,

Mat. 18.
v. 17.

Jean. 9.
v. 22.

Act. 5.

Act. 3.

tés au regard du Criminel Corinthien, le retrancha come *Juge*, le
retablit come *Pere* ; & par là tira
son Ame des pieges du Diable, apres
lui avoir livré son corps, pour humilier
l'un & l'autre, durant le Tams, qu'il
pleureroit son Peché.

Anfin dans des Siecles memes beaucoup moins Severes que Ceüs là, *Basile*, *Chrisostome*, *Ambroise*, & queques autres Grands Pasteurs, ont re-
sisté non seulemant à de grands Ampereurs Payens, comme *un Gregoire
à un Julien* ; Mais à de *Teodoses*, *des
Constances*, & à d'autres Ampereurs
Chrétiens, & en ont mis meme enPeni-
tance pour des Pechés, qu'ils avoient
fait plutôt cometre, qu'eus memes
n'avoient comis.

Il est vrai, qu'en tout leur Procedé
jamais ils ne sont sortis des bornes de
leur devoir, & du respect d'eu à leurs
Princes, qu'ils ont toujours honorés
come Souverains ; & qu'ils ont neamoins admonetés, & repris come Sujets de Dieu, & de J E S U S Christ,
puis qu'ils estoient des Homes Chrétiens.

Ils ont fait l'une de ces Choses en
qua-

qualité de Fideles, l'Autre en qualité de Pasteurs. En Ministres de la Justice Spirituele de J E S U S, ils l'ont exercée vers des Pecheurs ses sujets ; & en Peres Charitables ils ont ramené à sa Famille ses Anfans Ainés, & les ont repris come les leurs. Tous autres Pasteurs fairont bien d'imiter leur modestie, en imitant leur Courage, & d'acompaigner toujours leur Zele d'humilité.

DISIEME REMEDE,

L'union des Pasteurs Zelés, & le mutüel Ancouragemant par l'Example & par les Poroles des Profetes, des Apotres, & des autres Saints.

NOus pourrions bien traiter de ces vertus Pastorales , & meme de queques autres, si nous ne faisions Etat de le faire en un Ouvrage plus Considerable qu'une Letre ; & qui dóit plus s'atacher à dire ce qu'un vray Pasteur doit estre, que simplemant à marquer queques uns des Biens, qu'il doit faire , pour remedier aus Maux qu'une Letre a decouverts ; c'est pourquoy y renvoyans pour un peu, tous

ceux

ceux qui auroient le Zele, & le defir
d'en voir ici le Portrait, & le Tableau
achevé; Nous nous contanterons &
eux auffi pour maintenant de ce
Crayon, que j'achevé par ce dernier
Trait.

C'eft celuy que j'ofe nomer *le Dernier Remede à nos maux de la part du Paftorat* : Remede fouhaité de tout le Monde pour fon Efficace & fa vertu, ni en ayant point de plus prompt que luy, non plus que de plus Infaiffible & de meilleur. C'eft *l'Union des Pafteurs Zelés & la Comune Jonction de leur Zele, & de leur force en meme deffein, en meme but, & en meme O Euvre de Dieu*; qui eft fa Gloire, cele de JESUS Chrift nôtre Seigneur, *la Reformation des Eglifes, & leur Rétabliffemant, ou Renouvelemant d'Efprit, Euangelique & Chrétien.*

Tout le monde eft generalemant d'acord de laverité du Comun dire, *que la vertu la plus Unie eft la plus forte*; & que l'Union luy done une force, qu'elle n'a pas, quand il y a Divifion. Chaqu'un fçait la Derniere Parole auffi bien que la derniere Action d'un fage Pere mourant, qui fit come la derniere
Claufe

Clauſe de ſon Teſtamant à ſes Anfans, la Recomandation de leur vnion, par l'ambleme d'un faiſſeau de fleches qu'un d'eus rompit aiſemant une par une, aprés n'avoir peu les rompre toutes jointes enſemble, lors qu'elles eſtoient liées en leur faiſſeau : Anfin Perſonne n'ignore, que Pluſieurs mains font un Ouvrage, tirent un Fardeau, Soutienent un Poids, & vienent bien-tôt à bout d'une Antrepriſe ; qu'une Seule, ou meme peu ne ſçavent guere n'y comancer ny achever ; & qu'à péne peuvent eles, ou éclorre, ou remuër. Ce qui fait qu'en matiére de grands Deſſeins Spirituels, & Tamporels, pour les faire reüſſir, on a beſoin d'Union & de Secours bien vni.

Si elle eſt Neceſſaire en rien, c'eſt dans le Deſſein de Reformer les Egliſes, où il faut que Pluſieurs mains travaillent anſamble à bátir ; Pluſieurs langues parlent à la fois, pour le moins en divers lieux, & diſent à peu prés par tout les memes choſes, pour faire les memes Impreſſions ſur toute ſorte de cœurs. C'eſt pour cela qu'il faut ſans doute Corrépondance, non ſeu-

V

lemant

lemant Exterieure de Deſſein pris,
& de Concert par anſamble ; mais ſur
tout d'Eſprit & de Zele, & participation à meme Grace divine, ſeule capable de faire cete Union ; qui ne pro-
duiroit rien que d'humain ſi elle n'e-
toit qu'humaine ; & ne fairoit au plus
qu'une œuvre Juifue & Literale ; ſi
elle n'etoit qu'un Concert, & qu'un
ordre puremant legal.

Mais la Dificulté ſans doute eſt à faire cete *Union*, & qui plus eſt à trouver dequoy la faire, & des Suiets ou
Mambres, propres à s'Unir antr-eus.
Cete deficulté vient d'une part de la
Diverſité des Eſprits, & des Inclinations natureles, auſſi bien que des opinions & des ſentimans divers, & que
que fois opoſés : & de l'autre de la Rareté des memes Dons en pluſieurs, &
des memes Mouvemaus Divins, & des
voyes ou manieres d'aler à Dieu : Les
uns le ſervent, & croyent qu'il le
faut ſervir à la Rigueur, dont d'autres
ne convienent pas. Chaqu'un abonde
en ſon ſens. Chaqu'un Preſume de ſoy,
& la plus part s'eſtiment aſſés habiles,
pour étre creus, ou aſſés forts meme
pour étre ſuivis.

En

En effet *la Sçiance anfle* (come dit *St. Pol*) *& la Charité edifie.* La Pro-pre estime est un des effets de la Pre-miere, qu'une autre suyt de bien prés à sçavoir l'Attache à son propre sens, d'ou naist ordinaremant l'orgueil, & pour le moins la Difficulté à se sou-metre, & à antrer dans les santimans d'autruy. C'est ce qui fait que Cha-qu'un suit son Chemin, ou est son Guide, & que peu se rancontrent tenir le meme. De là vienent mile santiers écartés, dans lequels chaqu'un se-trouve assés seul. Le Defaut de meme Esprit, de meme vocation & Grace, est cause que le Travail de chaqu'un est differant, & par consequant aussi l'OEuvre, & son Avancemant.

Il n'en etoit pas ainsi au Comance-mant de la Primitive Eglise, quand le St. Esprit tomba sur les Apotres, & sur tous ceux, qui deürent agir divi-nemant, pour la Fondation des Egli-ses. Alors l'Esprit fust doné le meme à tous, *& les Brebis des Troupeaus me-mes* estans un *Cœur, & une Ame*, tous les Pasteurs le furent ancore plus ; & bien que les Dons fussent beaucoup differans, ainsi que St. Pol le marque;

toutefois l'Esprit estant Un, fit en tous & par tous une meme OEuvre, qui reüssit tout à fait dignemant d'eus, & de luy.

l'Eglise auroit besoin d'une Seconde Pantecóte au dire de queques uns, & pour le moins *le Pastorat* n'en iroit que mieux ; & se trouveroit non seulemant mieux fourni de Grace , mais sans doute plus uni. Des Homes de bien l'atandent, non pour les miracles , & pour les dons merueilleus, qu'on nome Extraordinaires ; la Foy & la Doctrine etablies n'en semblant pas avoir besoin : Mais pour le Zele, la Ferveur d'Esprit , & les Travaus Apostoliques , dont la Continuation, aussi bien que le Succés a besoin d'une ayde particuliere de la vertu du Saint Esprit , Amen, & ainsi soit il : mais cependant que faire, (dira quequ'un,) s'il se trouve ou peu de Persones à s'Unir, ou à faire l'œuvre de Dieu d'un meme Esprit, & d'un meme Air faute de Grace, ou de moyens?

Certes il est aisé à répondre, que chaque Pasteur bien apelé & bien meu, apres avoir fait ses efforts d'en joindre d'autres à soy, ou de se joindre

dre à queques autres ; & aprés avoir
preſſanti les Eſprits de tous cotés, fon-
dant autant qu'il peut leur Grace,
leur Zele, & leur voyes, ne trouvant
pas dequoi lier & faire une Ligue ſain-
té ; doit ſe reduire à ſe contanter, que
Dieu l'ait fait tel qu'il eſt, & s'il croit
d'eſtre aucunemant delaiſſé ſeul come *Elie* ; faire vraimant ainſi qu'Elie
c'eſt à dire avoir ſon Zele, & ſans imiter ſes plaintes, ou ſon decourage-
mant, ne laiſſer pas l'œuvre de Dieu ;
mais employer toutes ſes forces à travailler à bon eſciant ; & à faire ce qu'il
pourra pour l'avancer, come on void
qu'un Travailleur pour étre ſeul dans
la carriere, ne laiſſe pas de la creu-
ſer ; un autre de defricher un grand
Champ, quoy qu'il ne ſoit pas aidé.

Dieu ne veut propremant d'un Paſteur que ſon Devoir, & le Travail de ſa
Journée, ſans l'obliger au Succés ; &
beaucoup moins à un exceſſif, ou à
un Grand, qu'a un Mediocre, & à un
juſte, qui meme depand plus du Maiſtre, qu'il ne depand du valet. Il doit
parfournir ſa voye, Répondre à ſa
Grace, & ne ſe metre en peine de rien,
que de faire ſon Devoir. Touſiours

 un

un Faucheur, quoi qu'il foit feul, fait
il queque chofe avec fa faus dans un
Pré pour grand qu'il foit, quand il la
manie à tour de bras habilemant. Toûjours void on, que la Coignée mife à
la Racine des Arbres en abat queques uns quoi qu'elle ne les puiffe pas
abatre tous. Toûjours un bon Rameur
fait il aler un peu le Bateau, quoi qu'il
ne le faffe pas voler; & fouvant meme
un bon Maffon batit feul une maifon,
quoi que ce ne foit pas fi-tôt; cóme
un Sculpteur fufit feul à cifeler une figure, quoi qu'il n'en ait pas formé
tous les traits d'un fort long-tams.

Ce n'eft pas, qu'un Ouvrier ne foit
fujet à s'ennuyer atant feul, ou meme à fouffrir beaucoup; mais un Pâ-
fteur fe doit fouvenir, qu'il eft *Berger*,
& que d'un part fouvant un Berger
fuffit à un Troupeau; & que de l'autre il eft fujet à etre feul à la Campaigne & meme fur les Coupeaus. Il ne
laiffe pas pourtant de bien paiftre fes
Brebis, & qui plus eft, il le fait dau-
tant mieus, qu'il n'eft ampeché de
rien, & qu'il n'a ni Compagon, ni
Rival.

Mais quand meme il ne luy arrive-
coit

toit pas de reüffir , feroit il le Premier je ne dis point fimple Pafteur,
ou Miniftre , mais Profete ; qui eut
travaillé en vain ? *Efaye* ne s'en plaint
il point , & tout éploré ne dit-il pas,
que Perfone ne la creu ? Pour cela meme *Jeremie* defolé , & acablé d'an-
nuy d'ailleurs , n'a-t'il pas demandé
une Cabane & une Retraite au defert,
à deffein de fe *retirer dé fon propre
Peuple,* qu'il nome *un Peuple de De-
loyaus.*

Devant eus le Profete *Elie* n'a-t'il
pas failli à tout laiffer là , & n'a-t'il pas
meme par fois quité l'Ouvrage en partie ? & laffé de travailler , & de vivre.
n'a-t'il pas requis *fon Ame de quiter
fon Corps,* ne fachant preque plus que
devenir. Il a pamé jufques au point,
qu'il falut , qu'un Ange vint le rani-
mer , & luy doner plus de Courage
Spirituel par fon Difcours, que de force Corporele par fon Gateau. S. Pol
meme delaiffé auffi feul que luy , a autant foufert que luy ; Et toutefois l'un
& l'Autre n'ont ceffé de travailler autant feuls, que s'ils euffent efté acom-
paignés? L'un ayant fait une courfe de
quarante jours , & l'autre une Autre

de quarante ans sans se poser, jusqu'à ce que l'un est arrivé en un Char, de feu au ciel ; & l'Autre s'est reposé aprés le martire au Sein de Dieu.

Devant eus *Moyse*, qui se plaignit de porter un Fardeau, qui luy pesa tant, qu'il desira cent fois de s'en décharger, ne laissa pas de marcher quarante ans dans le desert, sans le poser. Il n'en cligna pas l'œil en mourant, & fut aussi vaillant à la veille de son agonie aus bors de la terre de Canaän, qu'il le fut, lors qu'il sortit de ceus de l'Egipte, ou de la Mer rouge. *Noé* long-tams devant luy precha tout seul la Penitance à un Monde de Geans, & ce petit Home un Nain au pris d'eus, ne laissa pas de suporter un Travail, qui les eut tous fatigués.

S'il faloit même venir à d'autres Siecles, combien à t'on veu de Pols chargés du soin de plusieurs Eglises, les servir come une Seule ? Combien d'*Hilaires*, & d'*Atanases*, estre l'un seul en Occidant, l'autre seul en Oriant, & seuls avoir tout le Fais de la Foi sur les epaules ? Et neamoins ne ne ployer pas ſous ce Fardeau ? mais ſe roidir contre toutes les oppoſitions du Siécle, ne ſe laſſans ni d'agir ni de patir, ni de parler, ni d'Ecrire pour la bone cauſe de Chriſt ataqué en ſa Perſone, & en tous ſes Atributs.

Aprenés donc de là, Paſteurs, qui avés zele, & qui vous trouvés peu eclairés, ou Alumés par les Autres, à ne laiſſer pas d'eclairer, & bruler ſeuls. Un ſoleil ſufit au Monde, & au moins peu de Planetes brillent la Nuit. *Que votre Lumiere reluiſe*, quoique votre Feu ſoit ſeul, & que peu d'autres s'y joignent, pour l'aider à mieus bruler.

Ce n'eſt pas neamoins, qu'il ne fuſt cent fois meilleur, qu'en matiere de Troupeaus de Dieu pluſieurs Paſteurs ſe joigniſſent pour les paiſtre de meme façon ; pource qu'il eſt tout viſible, en Premier lieu qu'ils y reuſſiroient mieus, & que leurs Oeuvre s'avanceroit bien plus vite. En Second lieu, qu'ils y auroient beaucoup moins d'Empechemans, veu que l'Oeuvre etant comune le Comun s'y rangeroit. Troiſiémemant que quand

V 5

meme

meme il y auroit de l'obstacle, il seroit
surmonté plûtôt & preque aussi-tôt
vaincu, que decouvert. Quatriememant que l'union randroit leur Oeuvre
aprouvée; & qui plus est Invincible
aus Contredisans & oposans, qui auroient seuls à faire à Plusieurs, & à
Plusieurs plus forts qu'eus, come ayans
meilleure cause, & etans plus Reso-
lus. Cinquiememant, pour ce qu'aussi
ils s'encourageroient tous à merveille dans les Rancontres facheuses, &
s'animeroient l'un l'autre par le bon
Example, & le bon Bruit. Sisiéme-
mant pource que dans la grandeur, &
dans la Continuation de leurs travaus, ils allegeroient beaucoup la Pe-
santeur de leur fais, l'amoindriroient
en le partageant, & le prenans doucemant se le rendroient beaucoup plus
Doux.

Ce seroit aussi le vray Moyen, de
faire qu'on se randit, & que generalemant parlant, on donat les mains à une
Oeuvre si generale; c'est a dire *à une
Reformation antreprise par plusieurs*;
Qu'il seroit preque Impossible de vaincre, pource qu'ils seroient unis: Et
de fait le bon Pastorat est Invincible,
quand

quand il est bien joint, c'est à dire,
quand il l'est dans une bone cause, par
un bon Principe, & pour une bone fin :
Et l'experiance a fait voir au tams de la
primitive Eglise, & meme de la derniere, qu'effort aucun ni de l'Anfer, ni
du monde n'a peu rien sur luy, tandis
qu'il a eté bien uni.

Par contre la meme experiance à
tousiours montré & montre ancore,
que si tôt qu'il est des uni, il est vaincu,
& que pour le vaincre, il ne faut que le
deunir. C'est la maxime Euangelique, *que nul Etat divise ne peut subsister
longtams. Qu'il doit perir & luy meme
se detruire. Le cordon à trois filets se
rompt dificilemant,* a dit le Sage ; &
toutefois chacun se casse bien-tôt. Ainsi
en est il des gens de bien, & beaucoup
plus des Pasteurs, que de tous autres,
que le nombre rand plus forts.

Que l'union Pastorale est donc utile ! O qu'elle est meme necessaire ! &
necessaire sur tout en ce tams, auquel
il est si necessaire, que le Pastorat soit
utile, & que toutes ses Fonctions tour-
nent au bien des Eglises, dont nous
deplorons les maus.

Mais si ce grand Remede ne se
trou-

trouve point, ou n'est pas ancore pret
pour le moins en general, faudra t'il
que pour cela, les vrais & les bons Pas-
steurs particuliers se decouragent, &
se relachent du travail, & des Espe-
rances de queque succez ? Faut il que
sous pretexte, qu'ils ne sont pas assez
aydez, ou qu'ils sont seuls, ils ne fassent rien, & laissent là leur besogne sans
y toucher, pource que d'autres mains
n'y touchent pas? certes cela n'est seant
ni juste, chacun debvant faire valoir
son Talant ou ses Talans, & ne debvant pas repondre de ceus des autres,
mais des siens.   Chaque Valet n'est il
pas tenu de servir son Maistre, quand
les autres ne le fairoient pas? & chaque Officier, ou Comis, ou de Justice,
ou d'Armée n'est il pas obligé de faire
bien sa Charge, ou sa Comission,
quand les autres s'aquiteroient mal
de la leur.

Il reste donc (bien aimez Freres)
que chacun de nous panse à soy, & faisant Reflexion sur tant d'Importantes
choses, que nous venons de nous metre devant les yeux, se convainque &
se dispose à faire ce qu'il peut, & ce
qu'il doit, pour s'aquiter de sa Charge
&

& pour s'employer diligeamant, &
vaillamant à l'œuvre que le Seigneur luy a miſe antre les mains : Icy
certes ſont grandemant utiles les Avis
de l'Ecriture, par leſquels il eſt neceſ-
ſére que je finiſſe les miens.

*Sois vaillant & te renforce, car c'eſt toy, qui dois
metre en Poſſeſſion le Peuple. Seulemant fortifié toy, & te* I Joſ. 6,
Renforce de plus en plus, afin que tu prenes garde à faire 7, &c.
*ſelon que j'ai comandé. Ne te detorne ni à droite ni à
gauche, afin que tu adreſſes bien. Ne t'epouvante ni
ne t'effraye aucunemant, car l'Eternel eſt avec toy. Celuy qui ſuis, t'envoye. Parle, & je ſerai avec ta bou-* Exod. 3,
che, & je t'enſeigneray, ce qu'il faut faire. Si l'Eternel 16.
t'apelle, di, Eternel parle, car ton Serviteur écoute. Tu Exod. 4,
iras par tout, ou je t'envoyerai, Ne d'y point, je ſuis un 12, &c.
Anfant, & je ne Scai pas meme parler; car tu iras par I Sam. 3,
tout, ou je t'envoyerai; & tu diras tout ce que je t'or- 9.
doñerai de dire. Ne Crains point de te trouver devant les Jerem. 7,
Homes, car je ſuis avec toy, dit l'Eternel, voycy j'ai mis 8.
mes Paroles en ta Bouche. Regarde bien je t'ay Etably v. 20.
*pour arracher, & pour Planter; pour detruire & pour
batir. Toy donc trouſſe tes reins & te léve, & di leur* v. 37.
*toutes les Choſes que je te Comanderai. Ne ſoy point Epou-
vanté, ny effrayé devant eus, de peur que devant eus je
ne te froiſſe; car voici je t'ay Etabli come une ville munie,
come une Colemne de fer, & come une Muraille d'airain
contre tout ce pais, ſes Princes, ſes Sacrificateurs, & ſon* Eſeche. 2,
Peuple meme. Fils de l'home je t'anvoye vers des Rebelles, 3.
mais ne les crains point, & ne crains point leurs paroles, v. 6.
*quoy qu'ils ſoint des Gens Rebeles, & Epineus; Profere leur
mes Paroles, ſoit qu'ils écoutent, ou non, mais toy fils* v. 5.
de l'home écoute, & fai ce que je te dis.

Voila des Avis donés à des Paſteurs Propheti-
ques, qui ne conviennent pas mal à des Paſteurs
Euangeliques, auſquels auſſi l'Euangile n'en four-

nit

nit pas de moins bons Temoins en ces aussi longs
qu'excelans mots qui leur sont donés par Jesus me-
me: *Vous estes le Sel de la Terre; mais si le Sel perd sa saveur,*
avec quoy le Salera t'on? Il ne vaut plus à rien du tout,
qu'à étre jeté dehors, & etre foulé des homes. Vous estes
la lumiere du monde. La ville assise sur une Montagne ne
peut point etre cachée. On n'alume point une Chandele
pour la metre sous le boisseau, mais bien pour la metre
sur le Chandelier; & elle eclere tous ceus qui sont en la
Maison: Ainsi reluise vôtre lumiere devant les homes, afin
qu'ils voyent vos bones œuvres, & qu'ils glorifient vôtre
Pere, qui est aux Cieux. Come mon Pere m'a anvoyé,
ainsi je vous anvoye. Voyci je vous anvoye come des Bre-
bis, pour estre au milieu des loups. Soyés donc Prudans
come des serpans, & simples come des Colombes: Donés
vous garde des Homes, car ils vous livreront; mais
quand ils le fairont, ne soyez point en souci, comant vous
parlerez, ou qu'est ce que vous direz; car il vous sera
donné de parler, & ce ne sera pas vous, mais l'Esprit de
vôtre Pere parlant en vous & par vous. Vous serez hais
de tous à cause de moy, & de mon Nom. Le Disciple
n'est pas par dessus le Maistre, ni le Serviteur par dessus son
Seigneur. Ne Craignez donc point ceus qui tüent le Corps,
& ne peuvent tüer l'Ame; mais plutot craignez celui
qui put ayant tué le Corps, perdre l'Ame, & les jeter
tous deus en la géne. Alez donc, & andoctrinez toutes
Nations les Batisans au nom du Pere, du Fils, & du
St. Esprit; & les enseignans de garder tout ce que je
vous ai comandé: Voyes je suis tousiours avec vous,
jusques à la fin du Siecle.

Marginal references:
Mat. 5. *v. 13, 14.*
Mat. 10. *v. 16.*
v. 16, &c.
Mat. 28. *v. 19, 20.*

A ceus de J. Christ se conforment ceus des Apotres,
& principalemant ceus de S. Pol, lors qu'instruisant
tous les Pasteurs en la Persone de ceus d'Ephese, il
leur dit: *Vous scavez, come je me suis comporté toujours avec*
vous, des le premier jour, servant au Seigneur avec toute
humilité, & avec plusieurs larmes, & Tantations, & des
epreuves, lesqueles me sont arrivées: Come je n'ai rien
retenu à dire des choses, qui etoient utiles, que je ne les
aye

Marginal references:
Act. 20. *v. 18, &c.*

aye prechées & anseignées Publiquemant & par les Mai- v.24,&c.
sons ; Testifiant tant aux Juifs, qu'aus Grecs, la Re-
pantance envers Dieu, & la Foy en J. Christ Ma vie
n'est point pretieuse, moyenant qu'avec joye j'acheve ma
Course, & le Ministere que j'ai receu du Seigneur Jesus.
J'ai passé parmy vous préchant le Royaume de Dieu,
c'est pourquoy je vous prans aujourd'huy à temoins, que
je suis net du sang de tous ; car je ne me suis point re-
tenu, que je ne vous aye anoncé tout le Conseil de Dieu.
Prenez donc garde à vous memes, & à tout le Troupeau,
auquel le saint Esprit vous a etablis Eveques, pour
Paistre l'Eglise de Dieu, laquelle il a aquise luy meme par
son Propre Sang. Car cela sçai je, qu'aprez mon de-
part il se fourrera des loups tres dangereus, n'epargnans
point le Troupeau. Et d'entre vous memes se leveront des
Homes anonçans des choses perverses, afin d'attirer les
Disciples aprez eus. Pourtant veillez, ayans souvenance,
come par l'Espace de trois ans nuit & jour je n'ay cessé
avec larmes d'admoneter un Chacun. Et maintenant
(Freres) je vous recommande à Dieu, & à la Parole de
sa Grace ; lequel est Puissant de parachever de vous edifier,
& de vous donner heritage avec tous les saints. Je n'ai
convoité l'Argent, ni l'or, ni la Robe de Persone, & vous
memes sçavez, que ces mains ont fourni les choses, qui
m'etoient necessaires, & à ceux qui etoient aussi avec
moy. Je vous ai montré en tout, qu'en travaillant ainsi,
il faut suporter les Infirmes, & avoir memoire des paro-
les du Seigneur Jesus, car il a dit, que c'est chose plus
heureuse de doner que de recevoir.

Voilà nôtre leçon, ou plutot nos leçons (mes
Freres) touchant preque tous les points de nôtre
Charge, soit pour ce qui regarde notre Vocation & notre Etablissemant dans les Eglises par
le St. Esprit ; soit pource qui regarde notre Zele
à bien faire l'œuvre de Dieu avec Diligence &
avec soin ; Anfin meme pource qui concerne la pureté d'Intantion, le Desinteressemant, & la Conversation examplaire ; & non seulemant, touchant

le Bien qu'il nous faut faire , mais ancore touchant le mal qu'il nous faut souffrir ; le Courâge qu'il nous faut avoir , pour vaincre toutes les Difficultés , qui se presantent ; & pour mepriser meme les plus grans Dangers. Ces Avis joints aux Comandemans de Jesus Christ , servent par l'Exemple de l'Apotre à Nous porter à leur Pratique ; & à ne croire pas Impossible par la grace du Seigneur , ce que Dieu a comandé , puis que par elle un Home come nous là fait.

De si beaus mots de l'Apotre nous devroient suffire , & neamoins il en a quecques autres si beaus , & si bons aussi , que puis que c'est par eus , qu'il nous faut finir , nous ne devons pas les oublier. Ce sont ceux , par les quels il instruit en particulier deux de ses Disciples , qu'il fit Maistres des Eglises , à sçavoir *Timotée & Tite* , auquels marquant les Qualitez , qu'un vray Pasteur doit avoir ; il dit , qu'il doit Estre *Irreprehansible, Vigilant , Henorable, Sobre , Attrampé , Benin , Sage , Juste , Saint, Continant* , & enfin doüé des Graces & des vertus, d'un vray Home Chrétien Particulier & Public, ainsi que nous avons marqué precedamant , & ajoute s'addressant tantôt à l'un , tantôt à l'autre , *Que nul ne meprise ta Jeunesse ; mais Sois Patron des Fideles en Parole , en Conversation , en Dilection, En Esprit , en Foy , & en Pureté. Sois Atantif à la Lecture , à l'Exhortation , & à l'Endoctrinemant. Ne mets point à nonchaloir le Don , qui est en Toy , lequel t'a esté donné par la Prophetie & par l'Imposition des Mains de la Compagnie des Anciens. Pratique ces choses & sois y Attantif , Afin qu'il soit conu à tous , que tu profites. Entans à toy , & à l'Endoctrinemant. Sois Perseverant en ces choses , car en ce faisant , tu te sauveras , & toy , & ceux qui t'ecoutent. Si tu proposes ces choses aus Freres , tu seras bon Ministre de JESUS Christ. Norri és Paroles de la Foy , & de la Bone Doctrine , que tu as seigneusemant suivies ; mais rejete les Fables profanes &*

1 Tim. 4.
II. 12.

& t'exerce en la Pieté ; car l'Exercice corporel est Profitable à peu de chose, Mais la Pieté est Utile à toutes. Reprans publiquemant ceux qui pechent, afin que les autres
aussi ayent crainte ; Je t'adiure devant Dieu, & le
Seigneur JESUS Christ, & les Anges Eleus, que tu
gardes ces choses sans preferer l'un à l'autre, & ne fai
rien en panchant tout d'un coté. N'impose bativemant
les mains à Personne & ne comunique point au Peché
d'Autruy. Garde toy Pur. Je t'enjoins devant Dieu, qui
uiuifie toutes choses, & devant JESUS Christ, qui
a fait cete belle Confession devant Ponce Pilate ; que tu
gardes ce Comandemant, estant sans Macule, & sans
Reprehension jusques à l'Aparision de notre Seigneur
JESUS Christ ; Denonce à ceux qui sont Riches en ce
Monde, qu'ils ne soient point Hautains, mais qu'ils soient
Riches en bones œuvres, & fassent du Bien. O Timothée, garde le Depot, fuyant Toutes Crieries vaines, &
profanes ; & les Contradictions d'une Science faussemant
ainsi nommée ; de laquelle queques uns faisans Profession,
se sont devoyés de sa Foy ; la Grace soit avec toy.

Je t'admonete, que tu rallumes le Don de Dieu, qui
est en toy, par l'Imposition de mes mains ; car Dieu ne
nous a point doné un Esprit de Timidité, mais de force
de Dilection, & de Sens rassis. Ne prans donc point à honte
le temoignage de notre Seigneur, ni moy qui suis son Pri-
sonier ; mais sois Participant des afflictions de l'Euangile
selon la Puissance de Dieu. Retiens le vray Patron des
Saines Paroles, que tu as ouyes de moy en Foy, & en
Charité, qui est en Christ. Garde le bon Depot par le
St. Esprit, qui habite en nous. Toy donc mon fils, sois
fortifié en la grace ; laquelle est en Jesus Christ ; & Co-
mets les choses, que tu as entendues de moy, en Presence
de plusieurs Temoins, à des Homes Fideles, suffisans à
enseigner aussi les Autres ; Toy donc souffre, & Endure
des maus & des Travaus come bon Soldat de Jesus Christ.
Nul qui va à la guerre ne s'empeche des affaires de cete
Vie ; afin qu'il plaise à celuy, qui l'a enrollé : pareillemant
nul n'est Couroné, s'il n'a deumant Combatu. Le laboureur

travaille Premieremant, & puis il recueille du Fruit. Considere ce que je dis, & le Seigneur te donne Antendemant en toutes choses. Ramantoy ceci protestant devant le Seigneur contre le Debat des Paroles, qui n'est utile a rien qu'à la Ruine des Auditeurs. Etudie toy de te randre Aprouvé à Dieu, Ouvrier sans Reproche, & Detaillant droitemant la Parole de la verité. Reprime les vaines, & Profanes Crieries, car elles passeront en Impieté plus avant. *Fuy aussi les Desirs de Jeunesse, & pourchasse la Justice, la Foy, la Charité & la Paix, avec ceux qui invoquent d'un Cœur monde le Seigneur; Reiette les Questions foles, & qui sont sans Instruction, sçachant qu'eles engendrent Debats; or il ne faut point, que le Serviteur soit Debateur, mais bien qu'il soit Doux envers tous; Propre à enseigner, & suportant Patiemmént les Mauvais; Enseignant avec Douceur ceux qui ont un contraire Sentimant; si tant est que Dieu leur donne sapiance pour Reconoitre la verité:* or sçache ceci qu'és derniers Jours surviendront des Tams facheus, car les Homes deviendront Amateurs d'eus memes, Avaricieus, Vanteurs, Orgueuilleus, Diffamateurs, Desobeissans d Peres & à Meres, Ingrats, Profanes; sans Afection naturelle, Sans Loyauté, Calomniateurs, Incontinans, Cruels, Haissans les Bons, Traitres, Temeraires, Auslez, Amateurs de leurs voluptez plutot que de Dieu; Ayans l'Apparance de Pieté, Mais ayans renié la Force: Detorne toy aussi de telles Gens. Tu as pleinemant compris ma Doctrine, Conduite, Intantion, Foy, Douceur, Charité, & Patiance. Demeure donc és choses que tu as aprises, & qui t'ont esté Comises. Je te somme devant Dieu, & devant le Seigneur Jesus Christ, qui doit Juger les vivans & les morts, en son Aparition & en son Regne. Preche la Parole, Insiste en tams, & hors tams; Argüe, tansse, exhorte en toute douceur d'Esprit, & de Doctrine; car un Tams viendra, qu'ils ne souffriront point la Saine Doctrine; mais ayans les oreilles chatouillées, ils s'assambleront des Docteurs selon leurs desirs, & detorneront leurs oreilles de la verité, & se tordront aux Fables: mais toy veille en toutes choses; endure

asi-

afliction; fay l'œuvre d'un Euangeliste; & rans pleinemant
Aprouvé t'on Ministere; car de moy je m'en vai Maintenant étre mis pour Aspersion du Sacrifice, & le tams de
mon Delogemant est Prochain. I'ay Combatu le bon Combat. I'ay Parachevé la Course. I'ay gardé la Foy. Quant
au reste la Corone de Justice m'est reservée, laquele Dieu
me randra. Le Seigneur Jesus Christ soit avec ton E-
sprit. Amen.

Paul Serviteur de Dieu, & Serviteur de Jesus Christ *Tit. I. 4.*
à Tite mon vrai fils, selon la Foy comune entre nous;
grace, misericorde, & paix de la part de Dieu le Pere,
& le Seigneur Jesus Christ nôtre Sauveur; la cause pour
laquelle je t'ai laissé en Crete, est afin que tu poursuives
à metre en bon ordre les Choses qui restent, & que tu
Etablisses des Anciens de ville en ville; à sçavoir s'il y là
quequun, qui soit Irreprehansible, non adonné à son sens,
non Colere, non sujét au vin, non Convoiteus de Gain
deshonete, mais Hopitalier, Amateur des Gens de bien,
sage, juste, Saint & continant.

Propose les Choses qui convienent à saine Doctrine, afin *Tit. 2. 1. 2*
que les Homes Anciens soient sobres &c. Les Fames Hon-
etes, modestes, & sages, & les jeunes Gens Attrampez
te montrant toy meme pour Patron des bones œuvres, de
Doctrine pure, d'Incorruption, de gravité, Integrité, Parole saine, & qu'on ne puisse condamner. Propose ces   *Ibid.*
choses, & admonete, & redarguë avec toute Authorité
de Comandemant. Que Personne ne te meprise. Repri- *Tit. 3. 9.*
me les foles questions, Genealogies, Contantions, & Con-
testations de la Loy; car elles sont vaires & Inutiles.
Rejete l'home Heretique aprez la premiere & seconde Ad-
monition, sçachant que celuy qui est tel, est renversé.

Voilà de vray un long, mais aussi un beau Discours & des Avis Apostoliques, donez les uns
sur les autres par un Apotre à deus Pasteurs; &
non seulemant à deus, mais à tous; puis qu'il
n'en est aucun, qui n'y puisse, & n'y doive prandre part. Ils contienent tout ce qu'ils doivent
dire, faire, & meme souffrir. Ils marquent,

X 2

toutes

toutes qualitez qu'il leur faut avoir, toutes les vertus, qu'ils font obligez de pratiquer; & tous les vices memes, qu'il faut qu'ils evitent, s'ils veulent faire leur devoir. Dieu nous donant (mes Freres) par fon Infinie Bonté, le Defir de faire le notre, prenons en de là les Regles, & les vrais Moyens. *Les Timothées & les Tites* etans morts, Prenons leurs places etans vivans; & profitons de la Parole vive de Saint Paul, lequel doit vivre parmi nous, & pour nous en fon Efprit, & en fes Efcrits. Il n'a pas befoin de Comantaire parlant fur notre fujet fi clairemant: Nous n'avons qu'a nous apliquer à l'ouïr & à le lire pour étre merveilleufemant Inftruits de fa part, ou plûtot de cele de Dieu de nos obligations, auffi bien que de nos Charges. Prenons queques heures d'Etude Saint, pour nous Inftruire nous memes, tachans de le bien antandre en une matiere fi nete, cóme nous en prenons tant, pour bien l'Antandre dans les lieus & fujets memes, ou Pierre dit, *Qu'il a des chofes difficiles à concevoir.* Nous memes inftruifons Nous, Puis qu'il faut que nous inftruitons les Autres, & Notre Etude eftant auffi bien pour nous, que pour Eus Profitons en les Premiers; come Nous pretandons bien, que les Autres en profitent. O fi St. Pol communemant apellé *le Docteur des Nations, & l'Apotre des Gentils* etoit bien écouté come le Notre; & l'Apotre meme des Apotres, & le Docteur des Docteurs, c'eft à dire des Pafteurs; qu'il y en auroit d'Apoftoliques, au Nombre defquels defirant que Vous foyés, je defire auffi d'Etre,

Tres-Chers,

De Middelboure en
Zelande ce 1. jour
d'Avril 1668.

Vôtre tres-humble, tres-
cher, & tres-oficieux Serviteur, & Frere en J. Chrift.

JEAN de LABADIE, Pafteur.

2 Pier. 3.
15, 16.

SECONDE LETRE.

Contenant les Remedes aus maus du Christianisme & propres à sa Reformation.

CIN-

TABLE.

TABLE.

FIN.

PREMIERE LETRE

Qui a servi d'occasion & de ma-
tiere aux deux precedentes.

Bien-aimez & honorez Freres en IESVS CHRIST,
Salut en Dieu Pere de nous tous, qui nous a faits anfants &
freres en son Fils unique, & notre Ainé,
Premier-né de tous, Iesus.

SI je prans la sainte liberté de vous ecrire come ie
fais à tous en general & en commun, quoi que mon
devoir seroit de vous ecrire à chacun en particulier,
plusieurs bones raisons m'y obligent. De votre coté, que vous etes tous un en I. C. qui vous a doné une meme
vocation, & un meme esprit; come aussi vous etes tous apelez à une meme fin, & tendez à meme but, qui est de glori-
fier Dieu, le Pere, le Fils, & le S. Esprit, servir à leur unique
conseil & dessein, (come ils sont un Dieu unique, & coope-
rer à leur unique grande œuvre par leur grace, qui est de sau-
ver leurs Elûs, edifier, & sanctifier leur Eglise; & anfin pour
ce que ne faisans qu'un Corps, & qu'un Cœur de saint Ministere, il est juste que je ne vous divise pas, puis que Dieu
vous a conjoints.

De mon coté aussi je vous ecris en corps & en comun,
pource que vous etes tous en mon cœur à la fois, & en comun. Ie vous aime, & vous honore en comun en Dieu. Ie
me joins à vous tous en unité. Ie ne vous distingue non plus
que faisoit l'Apotre, quand il ne distinguoit persone; mais
disoit que tous etoient un en Iesus Christ. Pource que je
vous desire tous de son meme esprit, & vous y voir perfe-
ctioner egalement. Pource que je vous joins en mes prieres,
& mes desirs sont un pour tous. Et anfin pource que vous
ne faites pas dire à l'un, je suis de Pol, à l'autre je suis de
Pierre; mais obligez chaque vrai Fidele à dire, Ie suis de
Christ, Ie suis de Dieu.

Que si j'ose aiouter à ces raisons divines, des humaines,
je vous dirai que je vous ecris aussi en comun ainsi, parce
que je m'epargne non tant de la peine, que du tams qui
m'est cher, & que j'ai court : veu les occupations saintes

Y

qui

qui me vienent, & les chofes qu’il me faut faire, come les
fideles perfones qui vous comuniqueront cete Letre, vous le
pourront temoigner. D’ailleurs auffi ayant prefque les memes chofes à vous dire à tous, je vous prie de ne trouver
pas mauvais que je ne faffe qu’un Autographe, ou Original
de ce dont il m’euft falu faire plufieurs copies, & que
je n’ecrivé qu’une feule fois, ce qu’il m’euft falu décrire
plufieurs.

Ie reduirai le tout à peu de chefs pour ne vous etre point
annuyeux, dont le premier fera la confirmation du dechet
de l’efprit & zele Chretien prefque par tout, & en l’Occidant, & au Nord, auffi bien qu’ailleurs, & fans doute en
ces Provinces & Etats, auffi bien qu’en d’autres : ce qui paroit en la même Tiedeur du Paftorat, & des Troupeaux en
divers lieus, en l’Andormiffement des Guetes & des Veil-
lans, ou obligez d’etre Tels. En la Lanteur aux chofes Divines, en l’Ignorance des Spiritueles, en l’Indifferance des
Saintes, & dans un certain general train d’aler, & de faire,
come l’on va, & come l’on fait, & non pas come il faut aler,
& come il faut faire, & prefque en tous les Exercices de
Religion, & de Pieté tant publique que domeftique, devenus, *Opus operatum,* ou *operandum,* come l’on parle, œuvre œuvré ou à œuvrer, fans prefque rien plus, tant tout eft literal, peu animé, & prefque mortel, ou mortifere.

Ie ne dis rien des Abus, & des Excez en plufieurs lieus:
Excez & Abus crians dans les Tamples & ailleurs, pan defaut de Reverance, d’Atantion, d’Humilité, de Modeftie, &
de Pieté ; à quoy l’infolence & la profaneté famblent avoir
fuccedé, & par une foule de grands maux, qui femblent
avoir inondé come une mer, ou pouffé come mauvaife
herbe dans un champ jufqu’à etoufer la bone, ou pour le
moins la couvrir. Antandons par Ele l’Ambicion, l’Orgueil,
le Luxe, & l’Efprit Mondain ; la Diffolution en Repas, en
Habits, en Meubles, en Paroles, & en Oeuvres de la chair &
des Tenebres contraires à celes de l’Efprit, & de la Lumiere qui n’a gueres plus au Monde que des Lumignons.

Mais je ne veux point m’arreter à vous faire voir ce que
vous voyés, & avés veu mieux que moy ; mais ajouter pour
deuziéme Chef, que come d’une part le befoin de Reformacion & de Renouvelement Chretien ; & que de l’Autre
il y a en affés d’Ames le defir, & par effet j’en ay trouvé par
tout

tout où je me suis trouvé, j'ay veu des bouches, ou plutot
des cœurs ouverts, qui demandent mieux, & veulent ce
qu'ils n'ont pas ; des Gens qui ont & faim & soif de Iustice,
& crient à Dieu, *Ton Regne, viene,* aussi bien que *Ton Nom
soit sanctifié.*

Les uns sont las du joug du Monde, & les autres en sont
memes impatiants. Il y en a qui ne sont satisfaits, ni de la
Parole, ni de la vie des persones Ecclesiastiques, & trouvent
qu'ils n'ont pas assez, ou meme ne sont pas assez la bouche
& la vois de Dieu, la face & la main de I. C. & ne portent
pas assez bien le nom de leurs Ministres, ou Serviteurs ; de
leurs Oeconomes, & Ouvriers ; de Successeurs des Prophetes,
des Apotres, des Euangelistes, & Disciples du Seigneur : &
ne sont pas edifiés & contans selon Dieu soit de la voye de
leurs vocasions, & de leurs antrées en leurs Charges par le
simple apel humain, & souvent le leur propre, ou celui de
leur avarice, ou vanité ; soit de leurs qualitez bien conside-
rées, autant selon la nature que selon la grace, & par leur
Maison, Paranté, Soutien, Etude, Air & Esprit humain aus
si, que par leur Apel Divin, leur pieté, leur vertu, & la pratique de la vie Evangelique, en laquele ils devroient etre
exercez, & plus long tams, & plus versez, qu'en la Science
Polemique, ou dans les Arts Liberaus.

Plusieurs Gens de bien desirent Reformacion en tout
cela, & trouvent etrange, que l'excez se trouve tel au Sanctuaire, qu'en plusieurs lieux il soit aussi grand en vanité, en
pompe, eh richesses, & en vie dereglée, que dans le Parvis,
qu'il est dit de retrancher. Ces memes Esprits ne sont pas
moins pris du desir de voir renouveler le Corps du Christianisme que sa Tete ; & les abus du Bercail, que du Pastorat : n'y
ayant plus ce semble ni cloison, ni haye au dehors, qui am-
pechent les betes d'y antrer ; ni au dedans d'ordre, de soumission, & de retenue, & de forme de Troupeaus Chretiens.
Voilà ce que je trouve, & dont j'ose vous asseurer, y ayant
en plusieurs le mance Divine, ou bon Esprit de Dieu semé,
& preparacion plus grande dans le comun, meme qu'il ne
samble ; surtout dans le comun un peu mediocre, & moins
riche ou elevé, si qu'on peut dire en ce tams, come en celui
du Seigneur, & de ses Disciples, *la Moisson est grande, mais il
y a peu d'Ouvriers.* Ouy peu, & tres peu, & il y a sujet de s'eto-
ner du petit, & tres petit nombre, qui se trouve en la main

                de

deDieu & à sa main, anvoyé de lui, & en partant continuelemant, travaillant sous luy; come instrumant bien uni, &
bien conjoint; & s'employant, toujours à bien agir sans de-
tour, sans ployer, sans rompre, & sans faire un faus œuvre,
& un faus trait.

C'est le troisieme Chef que je vous marque, & dont je
continuë à vous congratuler selon Dieu, aussi bien par
ecrit, que de vive vois; pource que je vous croi, & je vous
voi etre de ceus qu'on peut metre en ce petit nombre, & qui
en ce tams de rareté de foi & de grace, avés cete rare grace
non seulemant d'etre apelés à etre des particuliers Chretiens, & de bons Fideles de Iesus; mais aussi de bons Ministres de Dieu, & Ouvriers de I.C. Publics Herauts de sa Parole, Oeconomes de sa Maison, & Pasteurs en son Bercail.

Ce n'est pas une petite consolation; mais ce n'est pas une
petite obligation aussi, (& come dit l'Apotre) *on Cerche qui est*
& qui sera Ministre de Dieu, Fidele à Dieu, à son Esprit, & à son œu-
vre: on l'est, quand on est ce qu'on doit etre, apelé de lui, meu de
lui, animé par lui; converti, renouvelé, sanctifié au dedans & au dehors;
retiré du Monde, separé de lui, & qui plus est crucifié à lui mutuelle-
mant. On l'est, quand on est aussi *crucifié en I.C. & avec lui, plein*
de son Esprit, sentant son air, ataché à sa suite, & à son imitation, aussi
bien qu'à sa Doctrine, son Expression, & son Image en humilité, en
poureté, en patience; en amour de Dieu son Pere; en saint zele pour sa
gloire, en soumission, & resignation à sa volonté, anfin en sa vie & en
toutes ses vertus.

On l'est, quand come les Prophetes, & les Apotres, les
Moyses, les Samuels, les Elies, les Elisées, les Ieremies, les
Daniels, & tous les grans voyans, & homes de Dieu; avec les
Pols, & les Ieans, les Pierres, les Apollos, & tant d'autres, on
brule, on a soin, on a souci, on a zele pour la Loi, & pour la
Foi, pour le Royaume de Dieu, & pour sa gloire, pour l'E-
vangile de Christ & pour l'Eglise: on prie, on veille, on instruit, on admonete, on exhorte, on menasse, on tance, on reprand, en tams, hors tams, en tout lieu, en toute occasion qui
se presante, on voit toujours, on visite, on paitle Troupeau
de Dieu, & les Brebis de Iesus, saines, & malades, boiteuses,
blessées, & languissantes; & anfin on est toujours en ampres-
semant, & en halaine pour le service de son Maitre, & pour
celui de ses servantes & setviteurs.

Excu-

Excusés-moi (Bienaimez Freres) si je me suis tant etandu
sur ce point, que je vous confesse avoir bien avant imprimé
en mon cœur, come en ce tams le plus important, puis qu'il
samble que la bonté des Troupeaus samble depandre de la
bonté des Pasteurs: ce qui m'oblige à faire ce quatriéme chef
de mes Remarques, à sçavoir qu'il semble aussi qu'en ce
tams les bons Pasteurs mêmes peuvent manquer de n'etre
pas assez bons, particulierémant an trois choses.

La premiere en rigueur & severité de vie vraimant Chretiéne & Evangelique, repondante aus Lois & Maximes de
l'Evangile, se relachans trop en beauté de meubles, ou de lo-
gemans, en recerche d'aises & de comodités tamporeles, en
trop grandes epargnes pour eus, ou pour les leurs outre la necessité & la mesure, & en trop de chicheté vers les povres, &
n'etans pas tous tels, ou toujours tels que les veut S. Pol en
ses letres à Timothée & à Tite, en un mot ne pratiquans pas
ce semble assés les maximes *de Renoncémant à soi & au Monde,
& du Detachemant & Delaissemant Spirituel,* & aus ocasions pres-
santes, du Tamporel, & Eut mêmes, & de toutes choses.

La seconde en ce qu'en efet il samble qu'ils ne sont ni assez hardis, ni assez libres, etans *garrotez* du siecle & de ses
mondaines considerations, *garrotez* d'eus-mêmes, & de leurs
propres interests de bien, d'honeur, ou de parasité, *garrotez*
de leurs maximes humaines, de leurs methodes, prejugez,
ou jugemans, de leur prudance de la Chair, & d'autres an-
gagemans; Etroits en leur cœur, & mêmes en leur Foi, qui
ne se douune & remet pas assés à Dieu & pour cet efet timides, bornés, & parfois lâches, ne faisans les œuvres de Dieu
qu'à demi, ne parlans qu'à demi-bouche, & n'agissans qu'à
demi-mains, ou d'une seule, ou même du bout du doit, come s'ils etoient un peu ou beaucoup Pharisiens.

De là viént qu'aujourd'hui la plus part des bons Pasteurs,
ou de ceus qui sont tenus tels, font si peu, & reüssissent si peu
en l'Œuvre de I. C. convertissent si peu d'Ames, ebranlent
si peu de Monde, & voyent preque echoüer tout antre leurs
mains; fauté qu'ils n'y vont pas assez fortémant & hardimant, ne font qu'à demi les choses, n'enfoncent pas la lance-
te pour percer l'ulcere, & laissent tout là, dés que Satan & le
Monde leur resistent, relachent la voile dez que le vant soufle un peu fort, & souvant de peur de perdre leurs hardes, ca-
lent doucemant, & gaignent le bord: ce qui est le plus grand
mal

Y 3

inal qui arrive dans les saintes Antreprises Pastorales; qu'il
ne faut jamais abandoner, ou trahir, dez qu'on les a une fois
bien concertées, prises avec Dieu, & resoluës come bones,
come justes, & come necessaires en l'Oeuvre de Dieu, & en
son Esprit.

La troisieme est en ce que ce qu'il y a de bons Pasteurs en
ce cas n'est assez uni, soit que la diversité d'opinions peu importantes, ou peu differantes les separe; soit que l'Anvie Spirituele s'y mele, ou au moins l'opinion peu fondée, & le jugemant precipité, ou trop peu auantageus; soit qu'on craigne de s'embarquer avec les Zelez & les vrais Serviteurs de
Dieu, presumez Imprudans ou peu Discrets; soit qu'on aime
si fort sa propre paix, qu'on ne veuille jamais de bruit; soit
anfin qu'on aime tant ou son honeur, ou son bien, ou sa pre-
tansion à parvenir, ou à faire parvenir les siens, à ne doner
sujet de plainte à persone, & à se conserver dans l'estime, &
dans les bones graces de toute sorte de persones; qu'on veut
vivre, & agir à part, tirer come l'on dit du jeu son épingle, &
se tirer soi-meme de l'eau ou du limon; si l'on y est par
amour propre, & par desir de repos charnel, ou de vain
honeur.

Le defaut d'union antre les Saints, est un des grands maus
de l'Eglise, & sur tout d'union en Conduite, en Zele, en
Gouvernemant, & en Oeuvre de Reformacion: veu que
l'un y peut defaire ce que l'autre fait, ou apaiser par son indi-
ferente les Tiedes, & Indiferans; par sa lacheté les laches, &
memes ancourager les hardis Mondains; par sa division, di-
viser; & meme par l'Abandonemant de la Cause de Dieu
la laisser perir, & laisser perir humainemant ceux qui s'y an-
gagent avec plus de Zele; de l'Acablemant desquels come
Meilleurs, & plus Genereus, les Bons menasseur, Constans
& Forts, & Relachans sont Réponsables, come des Oficiers,
ou Soldats qui ont abandoné les Autres, & que leur lacheté
a fait tüer.

Il n'y a pourtant rien à presant de plus necessaire que cete vnion, & comune inteligeance, & sur tout cete Fidelité à
Dieu, à Christ, & à leur Oeuvre que de ne s'abandoner jamais quand l'on est ansamble Ouvriers, & à tenir bon jusques à la fin, essujans tous les memes Perils. Ce n'est pas à
dire, que quand on ne seroit qu'un, & l'on se verroit Seul, on
doive pour cela se decourager, & ne rien antreprandre, ou
faire

faire de ce qu'il faut. Noé etoit seul, aussi bien qu'Enoch en
sa predication de Repantance. Ioseph fut seul en Egypte, &
preque Moïse aussi en Ele, & dans le desert où parfois lui-
meme manqua. Samuel, Elie, & plusieurs Prophetes se trou-
verent seuls de leur tams à trauailler à l'Oeuvre de Dieu;
Ezaïe, Ieremie, Ezekiel, & tant d'autres ont-ils moins fait,
pour etre moins acompagnez ? S. Pol se plaint d'avoir souvant eté seul, & abandoné, & il n'a pas pourtant eu moins de
cœur. S. Iean l'etoit en son Exil & ailleurs, & Pierre aussi &
plusieurs autres grans Serviteurs de Dieu, qui n'ont pas
moins dit, & moins fait aussi, pour n'etre, & pour n'avoir
qu'une bouche, & qu'une main.

Mais ô qu'il seroit à desirer, qu'on en eust plusieurs, &
qu'au moins toutes les bones s'unissent, & fussent une, d'une
Egale force en tout. Mais cete œuvre n'etant pas de l'home,
il faut prier (come dit Iesus) *le Maitre Ouvrier, & le Maitre de la
Moisson, pour qu'il anvoye, & qu'il joigne les Moissoneurs & les Se-
meurs.* Qu'an suite ils travaillent sans s'epargner, & fassent
ce qu'ils ont à faire, diligemmant, fortemant, & constamant.

Et ce Chef, & le Cinquieme que j'ai au cœur, sur nos tams
& sur nos besoins, est que nous nous relachons de l'Ouvrage
avec le tams, que nous negligeons un peu notre metier dès
qu'il dure, & que nous ne travaillons pas toujours avec la
meme force, le meme zele, & la meme assiduité, avec laquelle nous avons parfois comencé, ou avons pris, & repris le
travail : Cela vient de ce que nous me somes pas asseuremant
assés Interieurs, Spirituels, & Divins, ne prenons pas assez
halaine & Respiration du Ciel. Ne nous Elevons & tenons
pas assez Elevez, & unis à Dieu ; Mais au contraire nous relachons, retombons en bas, & nous convertissons trop à
nous memes, & aus choses exterieures, Temporeles, &
parfois Mondaines.

Que si nous avions soin come les Apotres, non seulemant
d'Anoncer la Parole, mais de Contampler & de Prier ; d'a-
voir notre Conversation avec Eus au Ciel, de tirer vertu
d'enhaut, & de nous refaire & renouveler en Esprit, en juste
Retraite, Elevation, & union à Dieu Pere, Fils, & S. Esprit;
asseuremant nous nous trouverions d'egale force, de meme
zele & ferveur, & aussi prets aus derniers travaus qu'aus
premiers, Infatigables en Eus, & toujours pleins d'Esprit, &
d'Eau d'Esprit pour la répandre.

II

Il nous faudroit aussi sans doute un peu plus experimanter que nous ne faisons, la vie Spirituele & Chretiene ; plus santir les Misteres & l'Esprit Divin ; plus gouter ses voyes, tant pour les savourer nous memes, que pour les faire sçavoir & savourer aussi aus autres ; & qui plus est nous aurions besoin sans doute un peu plus , & beaucoup plus que nous ne faisons de la Crois de Christ & de sa Mortification, & beaucoup plus porter l'une & l'autre en nos corps, & en nos esprits ; ce qu'il y a danger que nous prechons & disons bien, mais ne faisons pas, ou ne faisons pas assez bien.

Mais Courage ; Eveillons nous, & tachons d'Eveiller les Autres en ce tams où tout est si Andormi, & auquel il samble que le Ciel crie, *Eveillez vous, vous qui dormez, & Christ vous Eclairera. Oyez Mors, ou Mourans la vais du Fils de l'home & Fils de Dieu. Il est tams, & l'heure est venuë, que nous depouillions les Oeuvres de tenebres, & fassions Celes de la Lumiere ; aussi bien que nous en revetions les Armes, & les Instrumans. Voici au milieu de la Nutt, la vais crie que l'Epous arrive. Alumons nos lampes , & les tenons Alumées. la Nuit a passé & le iour est arrivé, le Prince des tenebres doit etre ietté, & mis hors.*

Cent Paroles samblables peuvent etre ajoutées à Celes-ci , afin de nous ancourager à tout dire, & tout faire pour le service de Dieu & pour la gloire de Iesus Christ. Vnissons nous donc en son Oeuvre, & en l'Esprit de sa force. Consultons nos Cœurs, & nos Consciences. Consultons l'Ecriture, & la Providence. Voyons nos Vocations, & nos Devoirs. Ne faisons rien à la legere ; mais l'ayans bien dicerné & conclu Divin, Important, & Necessaire, n'en reculons pas, & cometons tout à Dieu, nous y cometans nous memes, & avec nous toutes nos Afaires & les Sienes. Ne reculons point l'Oeuvre de Dieu par Nous, non plus qu'en Nous, & n'y soyens point Infideles.

Voilà (mes bien-aimez & honorez Freres au Seigneur) ce qui m'est venu en la Pansée, & à la plume, à la hate, & come en foule, *ne vous disant rien de ce qui se passe en cete Eglise, où Dieu merci de bons coups se font, & se comace en continue bien l'Oeuvre de Dieu. Ie laisse aus Persones qui vous fairont voir cete Letre à vous reciter ce qu'Eles ont ouy & veu de Doctrine, & de Pratique, de Rigueur Santé, & d'ouverture à l'Evangile non des homes, mais de Dieu , & des Dispositions à faire une bone & vraye Eglise.* Le Seigneur nous vnisse tous en ce Dessein, & en ce but de lui preparer vne Chaste Epouse, & d'Anoncer son Regne en la Terre en tout Zele, Constance, & Amour ; En lui je suis & veus etre toûjours tout Votre

IEAN de LABADIE *Pasteur*

De 6. Sept. 1666,
de Middelbourg.